Memorias de Bernardo Vega

CONTRIBUCIÓN A LA HISTORIA DE LA COMUNIDAD PUERTORRIQUEÑA EN NUEVA YORK

Editadas por
CÉSAR ANDREU IGLESIAS

ediciones huracán

Primera edición: 1977
Segunda edición: 1980
Tercera edición, revisada: 1984
Cuarta edición, revisada: 1988
Quinta edición, revisada: 1994

Portada y arte gráfico: José A. Peláez
Tipografía: Mary Jo Smith

©Ediciones Huracán, Inc.
Ave. González 1002
Río Piedras, Puerto Rico 00925

Impreso y hecho en la República Dominicana/
Printed and made in the Dominican Republic

Número de Catálogo Biblioteca del Congreso/
Library of Congress Catalog Card Number: 800904
ISBN: 0-940238-26-8

Quiero hacer público testimonio de reconocimiento al *Centro de Estudios Puertorriqueños* de la City University of New York, sin cuya subvención difícilmente hubiera sido posible la preparación de esta obra para su publicación. Va mi agradecimiento, especialmente, a los profesores Frank Bonilla y Ricardo Campos; el primero, Director de la institución mencionada, por el interés que ambos demostraron, desde el primer instante, en el manuscrito de Bernardo Vega.

Otras personas me estimularon en la realización de esta tarea, sin que sea preciso nombrarlas para dejar constancia de mi agradecimiento. Pero hay una que no debo pasar por alto: la señora Evi Viró de ·Pietri, quien conoció a Bernardo, y con cariño y devoción mecanografió el manuscrito.

Para todos, mi gratitud puertorriqueña.

C.A.I.

Introducción

DONDE EL EDITOR DA CUENTA DE ALGUNAS OPINIONES DE BERNARDO, DEL ORIGEN DE ESTAS MEMORIAS Y DE COMO REALIZO EL TRABAJO PARA PUBLICARLAS

Bernardo Vega escribió una "Advertencia a los Lectores", a manera de prólogo, en el invierno de 1955, y ahí expresó la razón de esta obra. Hace falta, dice, "una memoria honrada acerca de cómo han vivido y qué han hecho los puertorriqueños en Nueva York".

No es que se creyera "la persona más autorizada para hacerlo". Sencillamente, alguien debía comenzar. Ahí tenemos, sin ir más lejos, uno de los rasgos sobresalientes de Bernardo. Estamos frente a un puertorriqueño que no se sienta a esperar por otros. Tarea que debe hacerse, la emprende. Este tipo de hombre no abunda en Puerto Rico —no abunda en ninguna parte del mundo.

Leyendo su obra, salta a la vista la reverencia que sentía Bernardo por la historia. No sólo la historia de los llamados grandes hombres (sólo algunos lo son, que no todos), sino más bien la historia que forjan los hombres día tras día. Ese es el sentido de sus palabras cuando escribe: "Los puertorriqueños debemos conocer nuestra historia".

Su empeño por estimular el conocimiento de nosotros mismos es también razón de esta obra. No hay aquí exaltación sin medida. Nadie tan lejos de la ceguera patriótica como Bernardo, internacionalista a carta cabal. Al propio tiempo, nadie tan apegado a su tierra. Ese equilibrio, sin el cual no hay juicio justo ni apreciación certera, lo demostró toda su vida.

Hay quienes han querido ver en la experiencia puertorriqueña la repetición de la historia de emigraciones anteriores: irlandeses, italianos, etc. Similitudes las hay, dice Bernardo, pero "el caso de los puertorriqueños es más complejo". Y apunta algunas diferencias: "Procedíamos de una colonia y carecíamos de una ciudadanía propia''. Por otra parte, "nuestra tolerancia racial introducía un elemento extraño a la modalidad predominante''. Esa "despreocupación racial de los boricuas no era bien vista ni siquiera por otros emigrantes, aunque ellos también estuvieran recibiendo patadas de los americanos puros''.

Hay notables diferencias, según Bernardo, en el curso de la emigración. Los puertorriqueños que arribaron más tarde hallaron un camino desbrozado: por lo menos, tenían ya aquí familiares y amigos establecidos. Refiriéndose a los que constituyeron la vanguardia de los primeros tiempos, dice: "Si los tabaqueros hubieran carecido de espíritu combativo y se hubieran amilanado, tornándose fatalistas, ¿tendrían las ventajas de que hoy gozan los que le sucedieron?''

Lo que no significa, naturalmente, que las generaciones actuales se hallen libres de problemas. Los hay, y grandes. Pero algo se ha avanzado por persistencia de los puertorriqueños. Y a ese respecto, vale apuntar lo que, a juicio de Bernardo, ha sido su mayor contribución a la cultura de Estados Unidos: "Nuestro esfuerzo puede calificarse de circunstancial, pero ha sido positivo. Los reclamos del negro americano por más oportunidades económicas y derechos políticos recibieron gran impulso por el ejemplo de tolerancia de los trabajadores puertorriqueños. Vivimos con ellos y ellos vivieron con nosotros a despecho de los que nos odiaban a ambos...''

Esa contribución "a la mejor inteligencia racial'' es seguida, en orden de importancia, por la "difusión de nuestra música''. Sí, nuestra música en toda su dimensión antillana y latinoamericana, y nuestro idioma —el español—, han enriquecido la cultura de Estados Unidos, afirma Bernardo. Y explica: no porque creamos (¡vana presunción!) que la cultura hispánica era desconocida en este país. La presencia española y mexicana en el suroeste norteamericano, muy anterior a nosotros, es bien conocida. Pero cupo a los puertorriqueños un papel especial: el sacar a la cultura hispánica de academias y universidades, donde se estudiaba, y llevarla al plano de la vida cotidiana en los grandes centros urbanos. Estas son sus palabras:

"Cuando llegué a esta ciudad a mediados de 1916, había

DATE DUE

MEMORIAS DE BERNARDO VEGA

COLECCION NORTE

muy poco interés en la cultura hispánica. Para el ciudadano promedio, España era un país de toreros y bailarinas. De América Latina, nadie se preocupaba. En cuanto a Cuba y Puerto Rico, se tenían por dos islas semisalvajes a quienes los americanos habían rescatado piadosamente de las garras del león ibero. Alguna que otra vez hacía su aparición en Nueva York una compañía teatral española. Su público no pasaba de la pequeña colonia de españoles peninsulares y latinoamericanos, junto a algún prrofesor excéntrico que padecía la locura de aprender español. ¡Eso era todo!"

"La formación de la comunidad puertorriqueña, siempre en crecimiento, causó disturbios, escándalos, controversias, odios. Pero hay un hecho que resalta: cuando apenas éramos medio millón nuestro impacto en la cultura de Estados Unidos resultaba mucho mayor que el de los cuatro millones de méxicoamericanos. Y se explica: aunque compartiendo con nosotros un mismo origen cultural, los procedentes de México se hallaban dispersos por el suroeste norteamericano, dedicados a faenas agrícolas. Los puertorriqueños, por el contrario, nos radicamos en grandes centros urbanos, especialmente en Nueva York donde el ambiente, a pesar de todo, es más propicio al intercambio y al enriquecimiento cultural, quiérase que no".

Valor especial adjudica Bernardo al hecho de que fueron tabaqueros los que dieron el mayor impulso a la corriente migratoria de Puerto Rico. También de Cuba. Apreciación que puede parecer subjetiva —parcialidad, llamémosla así, para con los tabaqueros—. Ahí radica, creo yo, una medida de su grandeza. Porque bien pudo, por su educación formal, por su gran acopio autodidacta, y por el éxito relativo y temporal, pero éxito al fin, en los negocios, dejar atrás el tabaco... ¡Jamás! Su mayor orgullo fue ser tabaquero, torcedor de cigarros, lo que ostentaba como galardón de su irrenunciable identificación con la clase obrera.

Bernardo atribuye gran importancia a la preponderancia de los tabaqueros en la emigración. Y a ese respecto, dice: "Los nuestros no fueron hombres sumisos que venían aquí a servir de instrumento a la clase patronal para degradar el nivel de vida de los trabajadores ayudando a la destrucción de sus gremios. Al contrario, si los obreros puertorriqueños no contribuyeron más a las luchas del trabajo se debió a que los líderes del sindicalismo americano no mostraron el menor interés por atraerlos. Como se puede apreciar en estas *Memorias*, fueron nuestros propios compatriotas quienes tuvieron que forzar su entrada en las uniones obreras. Bien recuerdo las muchas veces que los tabaqueros puertorriqueños tuvimos que defender nuestras huelgas frente a esquiroles de distintas nacionalidades europeas. Así de arraigadas estaban las ideas socialistas entre nosotros. Y los tabaqueros que nos precedieron, tómese buena nota de ello, supieron apreciar las ideas republicanas y de fraternidad humana de Betances, Hostos, Molina León y Pachín Marín... La nuestra no fue una emigración de bestias obedientes al látigo del domador sino de hombres identficados con el bienestar general''.

Ese empeño de contribuir a clarificar el pasado movió a Bernardo a pensar en la necesidad de escribir una ''memoria'' que diera cuenta de ''cómo han vivido y qué han hecho los puertorriqueños en Nueva York''. Pero, pensando que ''hay muchas personas a quienes no agrada la prosa seca de la historia'', quiso imprimir a la narración cierto aire de novela. No interesaba, sin embargo, hacer una obra de ''ficción'' sino dar a la estampa un libro de divulgación histórica.

Con esas ideas en mente escribió el relato de su vida en tercera persona, creando un personaje a quien llamó Bernardo Farallón. Creo que lo hizo así por la vergüenza que todos sentimos al escribir sobre nosotros mismos. También, supongo, por creer que en esa forma imprimía mayor objetividad al relato. Pero el encubrimiento no es mucho —a mitad de la obra se olvida por completo de sus personajes de ficción y se concentra en la crónica de los hechos—. También es de notar que bautiza a su personaje con su propio nombre y lo apellida con el nombre del barrio rural en que nació.

Bernardo me entregó un día este manuscrito con la petición de que lo editara para publicarlo. Lo leí con sumo interés, y, cuando nos encontramos de nuevo manifesté mi desacuerdo en lo que respecta a la forma que adoptó para escribirlo. A mi juicio, tenía en sus manos una obra de indiscutible valor. No veía razón para encubrir o disimular su testimonio. El relato sincero y franco era su mayor fuente de interés, y nada le añadían los retazos novelescos. Por lo mismo, debíamos comenzar por hacer una versión en primera persona. ¡No aceptó!

No pudimos llegar a un acuerdo. Pospusimos la discusión para un momento más propicio, ya que para entonces estábamos ambos enfrascados en muchas actividades. Desgraciadamente, ese día de mayor sosiego nunca llegó en vida de Bernardo.

Diez años han pasado desde su muerte, y es ahora cuando cumplo la obligación que me impuse de editar el manuscrito. Debo confesar que he utilizado mi juicio exclusivamente, pero de estar aún entre nosotros, creo que Bernardo me hubiera dado la razón finalmente. He dejado fuera los personajes que en la "Advertencia a los Lectores" él mismo afirma que son "imaginarios". Tanto así que encabeza la nota con el siguiente subtítulo: "Cómo separar la parte novelesca de la histórica en estas crónicas". No otra cosa he hecho yo.

Pero vaya como confesión adicional: no eliminé lo novelesco por completo. Como verá el lector, Bernardo realizó una valiosa labor de investigación histórica sobre el elemento hispánico y puertorriqueño en Nueva York en el siglo 19. Interesaba incorporar esos datos a su relato, y para ello se valió de un recurso legítimo: su encuentro con el tío Antonio.

Respetando ese deseo suyo que creo enriquece su obra, intercalo los antecedentes históricos, incluyendo la ascendencia de los Vega, con mucho de leyenda, según relato de su tío Antonio. Ello se justifica no sólo por el respeto que merece su autor, sino también, y sobre todo, porque es un buen punto de partida y un enlace indispensable para los sucesos auténticamente históricos relacionados con la lucha de independencia de las Antillas y la comunidad cubana y puertorriqueña en Nueva York. Bernardo da plena fe de esos sucesos y de los hombres de relieve que desfilan por sus páginas. Textualmente dice: "Son figuras de la historia y sus actuaciones están sujetas a la verdad histórica".

Por mi parte, doy fe de haber transcrito con el mayor rigor el manuscrito, conservando, en todo lo posible, su estilo original. Dicho lo cual, creo que puedo redondear esta Introducción con la reproducción del artículo que, con motivo de su muerte, publiqué en *El Imparcial* el 15 de junio de 1965.

"El último tabaquero" titulé yo aquel artículo por distintas razones, pero también porque, liando sus últimos cigarros, murió una tarde en su casa del reparto Santiago Iglesias, en San Juan. De su propia mesa de tabaquero recogí, minutos después, un papel en que había escrito: "La juventud tendrá que seguir la lucha y completar nuestro trabajo". Es que, al sorprenderle la muerte, preparaba un cursillo de capacitación política para la juventud del Movimiento Pro Independencia.

Así fue Bernardo Vega. Fundió en su vida, hasta la avanzada edad de ochenta años, el trabajo manual y la labor intelectual. Magnífico ejemplar de hombre, llegó hasta el umbral mismo de la muerte sirviendo al prójimo. Y en el curso todo de su vida tradujo la teoría en práctica y unió la acción a la palabra.

Bernardo nació en Cayey, en el barrio Farallón. Desde muy joven se inició en el oficio de torcedor. En diversas etapas de su vida fue dueño de alguna sustancial fortuna. Pero nunca dejó de ser tabaquero en cuerpo y alma. Fue, sin duda, el último vástago de la tradición de tabaqueros criollos, nacida al calor de aquellos talleres de antaño que fueron verdaderas universidades obreras. Talleres de Caguas, Cayey, Bayamón, Puerta de Tierra, en los que se forjó una legión de hombres de alta conciencia social, artesanos finos, orgullosos de su oficio, y revolucionarios en pensamiento y acción. Y si afirmo que Bernardo fue el último vástago de esa tradición, es porque le fue fiel hasta la hora misma de su muerte.

Asistió como delegado por Cayey a la Convención Constituyente del Partido Socialista, celebrada en ese pueblo en 1915. Militante sindical y político, luchó al lado de Santiago Iglesias, con la diferencia de que siempre repudió el coloniaje y laboró por la independencia de su patria. Emigró a Estados Unidos y durante varias décadas se destacó por su calidad de líder en el Barrio Latino de Nueva York. Junto a otros compatriotas fundó en 1926 la Liga Puertorriqueña e Hispana, precursora de las batallas cívicas, económicas y culturales de la creciente comunidad puertorriqueña. En 1927 sacó a luz, y dirigió durante varios años, el popular semanario *Gráfico*. Escritor jocoso y viril, fue colaborador asiduo de los periódicos *Nuevo Mundo* y *Liberación*. Militó en el Partido Progresista de Henry Wallace cuando al abandonar éste la vicepresidencia de la república se postuló para presidente de Estados Unidos. Trabajó como Director Nacional de la división hispana de ese partido. Más tarde, regresó a Puerto Rico y se reintegró a la lucha dentro de las filas del Partido Socialista. Se esforzó por rescatar ese partido del oportunismo y conducirlo de nuevo al camino de las luchas emancipadoras. Cuando se convenció de que eso no era posible, prestó sus esfuerzos al Partido Independentista Puertorriqueño. Finalmente, se unió al Movimiento Pro Independencia. Desde 1961 actuó como Secretario de Organización de la Misión Nacional, y no hubo pueblo que no visitara en su persistente trabajo. Su propia labor es su mayor monumento.

Lo excepcional de Bernardo Vega es que parecía un hombre sin edad. A los pocos minutos de conocerle, cualquier joven se sentía en pie de igualdad con él. Su amor a la vida y el gozo que la misma lucha le prodigaba lo transmitía a todo aquél que se le acercaba. Extraordinario autodidacto, fue hombre de sólida cultura. Tuve el privilegio de que me considerara su amigo por muchos años y creo que se merece el mayor elogio: fue un maestro de vida.

Su legado a la posteridad son estas *Memorias*. Como se verá, no se trata del simple relato de la vida de Bernardo Vega. Son mucho más, y por eso representan una verdadera contribución a la historia de la comunidad puertorriqueña en Nueva York.

C.A.I.

Diciembre de 1975.

PRIMERA PARTE

Vida de emigrantes

Capítulo I

DE SU PUEBLITO DE CAYEY A SAN JUAN Y DE COMO BERNARDO LLEGO A NUEVA YORK SIN RELOJ

El 2 de agosto de 1916, temprano en la mañana, partí de Cayey. Abordé el automóvil en la plaza y ocupé un asiento pillado entre los pasajeros y las maletas. De los compañeros de viaje, nada recuerdo. No creo haber abierto la boca en todo el trayecto. Iba con la mirada fija en el paisaje, sumido en extraña pesadumbre. Había dejado un novia en el pueblo...

Pero el lector se equivoca si piensa que habrá de hallar aquí confesiones amorosas. No escribo para desahogarme, y me cargan las historias sentimentales. La mía propia, más que ninguna. Baste el apunte: padres, hermanos, parientes y dolientes de la muchacha me hicieron la guerra. No fue exactamente por eso que decidí partir, pero el pueblerino drama de montescos y capuletos no dejó de influir. En fin, partí de Cayey en aquel verano caluroso, el ánimo agobiado, pero presto a enfrentarme a una nueva vida.

Desde muy joven me había iniciado en el tabaco como torcedor de cigarros. Había cumplido ya los treinta años, y si bien no era la primera vez que salía de mi pueblo, no había traspuesto nunca las costas de Puerto Rico. Había estado en la capital varias veces. Pero ahora se trataba de ir más allá, a un mundo extraño y distante. No tenía la menor idea de lo que me esperaba.

Era yo para entonces un hombre de estatura mayor que la corriente entre los puertorriqueños. Jíbaro de la montaña, era blanco, y en mi rostro había un matiz de cera, característico de los hombres del corazón de nuestra patria. La cara redonda, de pómulos salientes; la nariz, aventada y chata; los ojos pequeños, de pupilas azules; la boca, pues diré que tenía labios de un cierto aire sensual; buena dentadura, con bien formados dientes. Tenía abundante cabellera de color castaño claro, y en contraste con la redondez de la cara, se me figura que tenía las quijadas cuadradas. En conjunto, me sentía bastante feo, aunque nunca faltaron mujeres que me tuvieran por lo contrario.

No inspiraba mucha simpatía a primera vista, estoy seguro. No he sido nunca hombre de fáciles amistades. Sin duda, mi físico ha tenido mucho que ver en esto. A poco de vivir en Nueva York, me di cuenta de lo difícil que se le hacía a la gente adivinar mi procedencia. En infinidad de ocasiones se me tomó por judío polaco, por tártaro, y aún por japonés... ¡Dios perdone a mis padres por esta humanidad, que en fin de cuentas fue lo único que me legaron!

Llegué a San Juan alrededor de las diez de la mañana. Ordené al chofer que me llevara a un hotelito barato, que ya conocía, de nombre *El Comercio,* situado en la calle Tetuán. Deposité allí mi maleta y salí a dar una vuelta por la ciudad.

El sol calentaba el empedrado de las calles estrechas. Añoré el friíto matinal de mi Valle del Toa. Decidí darme un paseo en troley, y a la vez despedirme de una vieja maestra. Para ella fue mi primera visita. Elisa Rubio se llamó aquella para quien guardo aún cariñoso recuerdo. En su casita de Santurce me habló con optimismo de Estados Unidos y alabó mi decisión de emigrar. Tendría allí oportunidad de estudiar. Todavía hoy, después de tantos años, repercute en mí el exagerado estímulo de sus palabras: "Tienes talento y voluntad. Triunfarás, estoy segura. ¡Y te llenarás de gloria!" Dios perdone a mi ingenua maestra.

De vuelta al viejo San Juan, dediqué la tarde a despedirme de mis compañeros de lucha: Manuel F. Rojas, electo secretario general en la Asamblea Constituyente —del Partido Socialista—, celebrada precisamente en mi pueblo de Cayey, poco tiempo antes, a la que asistí como delegado; Santiago Iglesias, Prudencio Rivera Martínez, Rafael Alonso Torres... Todos se dolieron de mi decisión de partir, por la pérdida, según dijeron, que significaba para nuestro naciente movimiento obrero, pero no se esforzaron por disuadirme. Como socialistas, nuestra trinchera estaba en cualquier lugar del mundo.

Regresé al hotelito cansado y sudoroso. Antes de subir, compré los periódicos del día: *La Correspondencia, El Tiempo, La Democracia...* En mangas de camisa, tirado en la cama, me sumí en los sucesos de la hora.

Para aquel entonces nuestros periódicos no eran tan grandes como los de hoy. Cuanto más, salían a la calle con doce páginas. La información, especialmente la del exterior, no era mucha. Pero abundaban las plumas del país en constante polémica: comentarios originales, crítica aguda, humorismo criollo. Reflejaban la vida entera del pueblo —más propiamente, de sus capas dirigentes— mal o bien, pero ciertamente con mayor veracidad que los periódicos de hoy.

Cuando cayó la noche, me lavé y me vestí y me tiré nuevamente a la calle. Departí largamente con Benigno Fernández García, vástago de una prestigiosa familia de Cayey. Hablamos de la guerra europea, en la que Estados Unidos se veía próximamente envuelto. Regresé luego al hotelito, me acosté y traté de dormir, pero me fue imposible. La mente se me llenaba de recuerdos y el pecho se me oprimía. Hasta ese momento había actuado como un autómata, o como un hombre bajo los efectos de una droga. Ahora, solo, en la oscuridad de mi cuarto, recordaba las lágrimas de mi madre, las caras tristes de mis hermanitos... Imposible dormir.

Me lancé de nuevo a la calle. Había llovido. Una brisa agradable aireaba la ciudad. La claridad de la luna iluminaba las calles. La humedad hacía relumbrar los adoquines. Y yo me di a andar, calle arriba y calle abajo, entregado a un coloquio íntimo con las piedras de esa ciudad que tanto significa para los puertorriqueños.

El alba me sorprendió en la Plaza de Armas, sentado en uno de los bancos, mirando de vez en cuando el reloj del Ayuntamiento. El estruendo alegre del primer troley me volvió a la triste realidad. En apenas unos minutos, el bravo sol del trópico tomó posesión de San Juan y sus calles comenzaron a congestionarse. Señores de chaqueta y sombrero salían de sus hogares, rumbo a sus ocupaciones. Pero el mayor conglomerado lo formaba la gente que afluía del campo, traficantes de productos agrícolas. Todavía el *corn-flakes* no había desplazado a la mazorca de maíz, aunque ya se imponía la corriente.

Las horas transcurrieron con rapidez. A eso de las dos de la tarde abordé el barco, aquel famoso *Coamo* que tantos viajes hizo de San Juan a Nueva York y viceversa. Tan pronto di un vistazo a mi camarote, subí a cubierta. No quería perder ni un hálito de los últimos minutos en mi patria, últimos para mí, quizás.

Pronto despegó el barco del muelle, giró en la bahía y comenzó a moverse perezosamente en dirección a la Boca del Morro. Una monjita del Asilo de Damas, en lo alto de las murallas, decía adiós, y yo me figuraba que era para mí. Tan pronto salimos mar afuera, comenzó el barco a cabecear, y allí mismo se inició el desfile de los pasajeros hacia sus camarotes, víctimas la mayoría del mareo. Yo no. Yo permanecí en cubierta, y estuve allí hasta que se perdió la isla en las primeras sombras de la noche.

Los días transcurrieron plácidos. Ya al amanecer del primer día, los pasajeros comenzaron a comportarse como si fueran miembros de una misma familia. No tardamos en conocer la vida de cada cual. El tema corriente de la conversación era, naturalmente, lo que se esperaba: la vida en Nueva York. Con los primeros ahorros, se mandaría a buscar al familiar más cercano. Luego, al cabo de unos años, se regresaría a la patria con buenas economías. Quien más quien menos, tenía vista la finca que compraría o concebido el negocito que montaría en su pueblo... Todos llevábamos nuestro castillito en el aire.

Al amanecer del cuarto día, hasta los que pasaron el viaje encuevados en sus camarotes emergieron a cubierta. Vimos las luces de Nueva York aun antes de que rompieran las nieblas de la madrugada. Cuando el barco entró a puerto, el cielo estaba claro y limpio. La excitación crecía a medida que nos acercábamos al muelle. Reconocimos a lo lejos la Estatua de la Libertad. Un sinnúmero de barquichuelos recorría la bahía. Frente a nosotros se levantaban, imponentes, los rascacielos. La línea del horizonte era igual que las estampas tantas veces admiradas. Muchos pasajeros conocían a Nueva York sólo de oídas, y estaban boquiabiertos, hechizados... El *Coamo* atracó al fin en el muelle Hamilton de Staten Island.

Del compartimiento de primera comenzaron a bajar hombres de negocios, familias pudientes y estudiantes. De segunda, en la que yo me encontraba, bajamos los emigrantes, tabaqueros en su mayoría. Juntos abordamos el vaporcito que hacía la travesía de Staten Island al Bajo Manhattan. Suspiramos al pisar tierra firme. Se abrían para nosotros las fauces del dragón de hierro de la inmensa urbe neoyorquina.

Todos los recién llegados estábamos muy bien vestidos. Quiero decir, llevábamos nuestro ajuar dominguero. Por mi parte, vestía yo un flus —como decían en mi pueblo— de cheviot azul marino. Llevaba sombrero borsalino de pajilla italiana. Calzaba zapatos negros de punto a la vista. Lucía chaleco blanco y corbata roja. Debí haber llegado con un flamante reloj pulsera, pero un compañero de viaje me aseguró que esa prenda la usaban sólo los afeminados en Nueva York. Ya a la vista de la ciudad, cuando el barco penetraba en la bahía, arrojé el reloj al mar... ¡Y pensar que poco más tarde esos relojes-pulsera se hicieron moda y acabaron por imponerse!

Llegué, pues, a Nueva York sin reloj.

Capítulo II

EXPERIENCIAS Y TRIBULACIONES DE UN EMIGRANTE EN LA BABEL DE HIERRO EN VISPERAS DE LA PRIMERA GUERRA MUNDIAL

En el Battery, que así se llama, según me enteré luego, el lugar del Bajo Manhattan donde atracó el vaporcito que nos condujo desde Staten Island, hacían escala todos los trenes elevados. Entroncaban allí las líneas de la Segunda, Tercera, Sexta y Novena Avenidas. Entré a la inmensa estación acompañado de Ambrosio Fernández, quien me recibió en el muelle. El ruido de los trenes me agobiaba, y ahogado por la multitud, ahora que estaba en tierra, me sentía mareado. La gente circulaba en todas direcciones, como si no tuviera punto fijo a dónde ir. Alguno que otro miraba burlonamente a los viajeros que portaban maletas y bultos. Me vi al fin en un vagón del tren, estrujado entre la multitud de pasajeros, a flote sólo por la confianza que me merecía mi amigo.

El tren partió culebreando en carrera desenfrenada. Yo pretendía observarlo todo, con los ojos como un dos de oro de la baraja española. A medida que avanzaba y los edificios prietuzcos desfilaban ante mi vista, se desvanecía la ilusión de lo bello, que había concebido a Nueva York. Los rascacielos se me figuraban altos panteones. Y yo me preguntaba: "Si Estados Unidos es tan rico, como sin duda lo es, ¿por qué su más grande ciudad parece tan grotesca?" Allí y en aquel instante tuve la intuición de que la gente en Nueva York no podía ser tan feliz como se la concebía en mi pueblito de Cayey.

Ambrosio me sacó de mis cavilaciones. Habíamos llegado a la estación de la Calle 23. Abandonamos el tren y caminamos hacia la Calle 22. Estábamos en el oeste de la ciudad. En esa calle, en el número 228, tuve yo mi primer aposento. Se trataba del hospedaje de la señora Arnao, en el que residía Ambrosio.

En mi primer día en Nueva York no salí a la calle. Había mucho que hablar, y Ambrosio y yo hablamos largo y tendido.

Hablé yo de Puerto Rico, de nuestras familias, de nuestros amigos comunes. Habló él de la ciudad, de cómo se vivía, de las posibilidades de conseguir empleo... Me presentó un cuadro totalmente pesimista.

El mismo Ambrosio, en aquellos momentos, carecía de trabajo. Y yo preguntaba para mí: "Si Ambrosio, que lleva muchos meses en Nueva York, y que además de tabaquero es platero y relojero, no tiene empleo, ¿cómo voy a conseguirlo yo?" La mente se me empezó a nublar de dudas. Terribles sombras cayeron sobre mi inmediato futuro. Sentí miedo de hallarme a la intemperie en una ciudad tan grande y tan poco hospitalaria. Pagué por adelantado varias semanas de abono a la dueña del hospedaje. Y luego, mientras continuaba la conversación con Ambrosio, cosí en un pliegue en el interior de mi chaqueta el dinero para el boleto de regreso a Puerto Rico. Tenía por delante varios meses para conseguir trabajo antes de que se nos viniera encima el invierno. De no ocurrir así, mandaría al diablo a Nueva York y levaría anclas.

La señora Arnao decía ser esposa de un dentista puertorriqueño, pero al mentado sacamuelas jamás lo vi en la casa. Era mujer laboriosa y el hospedaje estaba amueblado con gusto y elegancia. Tenía buena mano para la cocina y era capaz de preparar un plato apetitoso hasta con cáscaras de guisantes. Para el tiempo de mi llegada su único abonado era Ambrosio, lo que me llevó a sospechar que no eran muy florecientes sus finanzas.

Pero en aquel entonces no se necesitaba mucho para vivir en Nueva York. Las papas se compraban a una fracción de centavo por libra; los huevos, a 15 centavos la docena; una libra de tocineta costaba 12 centavos, y un filete de la mejor calidad, 20 centavos. Los vegetales se vendían a montón por níquel. Un buen traje para caballero se obtenía por 10 dólares. Costaba poco, también, el transporte urbano. Con un vellón de cinco centavos se recorría la ciudad, cambiando de una línea a otra, en cualquier dirección, sin tener que volver a pagar.

Al día siguiente salí con Ambrosio a conocer a Nueva York. Caminamos en dirección de la Quinta Avenida y abordamos allí un autobús de dos pisos. ¡Era la primera vez que montaba en uno de aquellos extraños vehículos! El viaje me pareció delicioso. Tomó rumbo al norte la guagua, dobló en la Calle 110 y recorrió la Avenida Riverside. En la Calle 135 torció hacia Broadway y continuó por esa ruta hasta la Calle 168. Pasó entonces a la Avenida Saint Nicholas hasta la Calle 191... Ibamos cómodamente sentados en el piso superior, contemplando las vitrinas relumbrantes de las tiendas, y luego las mansiones, y más tarde, el panorama mustio del Hudson.

Años después, muchas veces, repetí el viaje, pero ninguno me impresionó como aquel primero. Y conste que en otras ocasiones lo hice mejor acompañado. No digo mejor en detrimento de Ambrosio, ¡claro!

Al final de la ruta abandonamos la guagua. Había allí un parquecito y nos dimos a pasear leyendo inscripciones conmemorativas de la Guerra de Independencia. No pudimos menos que percatarnos de los novios que se hacían el amor. Al principio, no era poca mi turbación al sorprender una escena de alto colorido. Pero en seguida me di cuenta de que no les importaba nuestra presencia, y Ambrosio me lo ratificó. No era poca la diferencia entre las costumbres en Puerto Rico y el comportamiento de neoyorquinos y neoyorquinas.

Volvimos atrás por la misma ruta, pero nos bajamos de la guagua en la Calle 110. Recorrimos la Avenida Manhattan hasta la 116. Vivían en esa calle los hermanos León (Antonio, Pepín y Abelardo), quienes poseían una pequeña fábrica de cigarros. Se trataba de una familia cayeyana que emigró a Nueva York en 1904. Los miembros de esa familia figuran entre los primeros puertorriqueños que se instalaron en el Barrio Latino de Harlem. Para aquel entonces residían allí los Nadal, Matienzo, Pietri, Escalona, Umpierre. Sé también de un Julio Ortiz. En total, según mis investigaciones, a principios de siglo poblaban esa sección de la ciudad unos 150 puertorriqueños.

Antes que nuestros paisanos, residieron allí otros hispanos. Hubo una nutrida colonia cubana en el último cuarto del siglo 19, miembros de las familias Quesada, Arango y Mantilla. Entre esos residentes de antaño se menciona a Emilia Casanova de Villaverde. Debieron ser personas de algunos medios, ya que ocuparon apartamentos pertenecientes a hebreos sefarditas en la Calle 110, frente al Parque Central.

Para el año en que fijé mi residencia en Nueva York, 1916, como ya dije, los edificios de apartamentos y negocios en lo que vino a ser *El Barrio*, nuestro barrio o Barrio Latino, pertenecían a judíos. Las avenidas Séptima, Saint Nicholas y Manhattan, así como las calles inmediatas, estaban pobladas por israelitas pudientes, cuando no ricos. La Calle 110 era el centro profesional del distrito. En la Avenida Lenox estaban situados los comercios de lujo o fantasía. Las tiendas de menor categoría ocupaban la región Este de la Quinta Avenida. El gueto de los judíos pobres se extendía a lo largo de la Avenida Park, entre las calles 110 y 117 y en las calles al Este de la Avenida Madison. En esta última parte del barrio, ocupada por judíos pobres, vivían algunas familias puertorriqueñas y cubanas, aunque para este tiempo no pasaban de cincuenta. Pero aquí también residían algunos tabaqueros boricuas solteros, que ocupaban habitaciones amuebladas ("furnished rooms"), las que abundaban en las manzanas comprendidas entre las avenidas Madison y Park.

Esta última avenida, la Avenida Park, era la lonja del comercio barato. Funcionaba allí un mercado al aire libre. Los comerciantes montaban sus tiendas en las aceras debajo del puente del ferrocarril temprano en la mañana y recogían sus tenderetes por la tarde. El lugar era sucio y pestilente, y lo siguió siendo hasta los tiempos del alcalde Fiorello La Guardia, quien organizó el mercado en la forma que existe en la actualidad.

Poblado como estaba en aquel entonces de hebreos, muchos de los cuales eran emigrantes recientes, parecía aquello una torre de Babel. Había judíos sefarditas que hablaban en antiguo español o portugués; los había de Levante y del Mediterráneo, que hablaban italiano, francés, provenzal, rumano, turco, árabe, griego... Abundaban los individuos que manejaban cuatro y hasta cinco lenguas. En los mostradores y anaqueles improvisados, cuando no colgando de paredes y alambres, se exhibía toda clase de mercancías. Se podía comprar allí desde la más insignificante aguja hasta un ajuar completo de novia. Y lo mismo se compraba por 25 centavos un par de zapatos usados que por dos o tres centavos un montón de frutas o verduras.

Después de recorrer el barrio con Ambrosio nos detuvimos a

cenar en una fonda llamada *La Luz*. Nos atrajo el nombre hispano, pero lo cierto es que su dueño era un judío sefardita. La comida no estaba condimentada al estilo ortodoxo y reconocimos salsas de origen español. Los parroquianos que llenaban el lugar hablaban en castellano antiguo. Por cierto, discutían con calor sobre la guerra en Europa. Por lo que pude colegir, la mayoría creía que Estados Unidos no tardaría en participar en el conflicto, y que a la larga los alemanes serían derrotados.

Me impresionó el restaurante porque, ciertamente, era difícil imaginarlo situado en Estados Unidos. El ambiente era exótico. Mobiliario y adornos lo hacían parecer un café de España o Portugal. Las personas mismas que lo poblaban, sus ademanes y su manera de discutir, los identificaba como gallegos, andaluces, aragoneses, o de cualquier región ibérica. Comencé a comprender lo que era Nueva York: una moderna Babilonia en la que se cruzaban gentes de todas lsa regiones del mundo.

Para este tiempo Harlem era un baluarte socialista. El partido tenía numerosos clubes establecidos en el vecindario. En ellos se reunía la juventud artesana, no por simple interés político, sino también por preocupaciones culturales. Además, los clubes realizaban actividades deportivas y celebraban fiestas populares. Funcionaban dos centros principales inspirados por el Partido Socialista: el Harlem Terrace, sucursal de la Rand School, en la Calle 104, y el Harlem Educational Center, en la 106, entre Madison y Park. A éstas se sumaban otras sociedades culturales y grán número de cooperativas obreras. El centro de asambleas y de los grandes actos bajo techo era el Park Palace, auditorio relativamente grande. Foro público era la esquina de la Calle 110 y Quinta Avenida. Allí se discutía de todo —problemas políticos, económicos, sociales, filosóficos— y todas las noches había más de media docena de oradores que expresaban sus puntos de vista con la participación activa del público.

Las viviendas en ese creciente vecindario eran propiedad, en su mayoría, de las familias que las habitaban. En no pocos edificios, los propietarios ocupaban un apartamento y tenían el resto alquilado. No se había impuesto aún la explotación del inquilinato por dueños ausentistas, totalmente extraños a la comunidad. Los apartamentos eran amplios y relativamente cómodos. Se conservaban en buen estado, por lo mismo que los propietarios vivían, por lo general, en el edificio. Sin duda, los judíos que para aquel entonces residían en Harlem lo consideraban *su barrio* y sentían ciertas ataduras sentimentales. Allí habían crecido varias generaciones de hebreos. Tenían allí sus propias instituciones educativas, sus sinagogas, sus teatros... Todo esto fue cambiando rápidamente durante los años de la primera guerra mundial y de la postguerra.

Tarde ya, cuando estaban próximos a cerrar, llegamos a la pequeña fábrica de cigarros de los hermanos León. Nos recibieron con gran alborozo. Antonio, el mayor, conservaba vivos recuerdos de su pueblito de Cayey, del que hacía tantos años había partido. Sus hermanos menores, Pepín y Abelardo, habían emigrado más tarde y sentían la misma nostalgia. Añoramos juntos la patria distante, hasta que al fin Ambrosio sacó a luz mi preocupación: la apremiante necesidad de un empleo... "¿Trabajo aquí?" —exclamó el mayor de los León—. "¡Si este chinchal apenas da para nosotros!" Así se derrumbó mi ilusión de comenzar a liar cigarros en la fabriquita de los hermanos León. Ese fue el comienzo de mis tribulaciones en la Babel de Hierro.

Capítulo III

LOS PROLETARIOS SE TIENDEN LA MANO, PERO EL HAMBRE APRIETA Y NO HAY MAS REMEDIO QUE TRABAJAR EN UNA FABRICA DE MUNICIONES

Al día siguiente me entregué con Ambrosio a la tarea difícil de la búsqueda de trabajo. Nos dirigimos a la barriada en que para aquel entonces residía el grueso de los tabaqueros: cuadras de la Tercera Avenida, entre las calles 64 y 106. Diseminados por ese extenso territorio se encontraban muchos puertorriqueños. Los había también en Chelsea y en la parte Oeste de Manhattan. En esa última sección residían los más pudientes.

Después de Manhattan, le seguía en densidad poblacional puertorriqueña el condado de Brooklyn, en la vecindad de Boro Hall, especialmente las calles Sand, Adams, Pearl y el distrito cercano al Astillero Naval. Todavía no habían nacido las barriadas boricuas del Bronx y de otros puntos distantes de Manhattan.

Entre las calles 15 y 20 al Este de Manhattan había casas de hospedaje que servían especialmente a tabaqueros puertorriqueños. Recuerdo en particular las de Isidro Capdevila y Juan Crusellas. En éstas moraban, entre otros, Francisco Ramos, Félix Rodríguez Infanzón, Juan Cruz, Lorenzo Verdeguez, Pedro Juan Alfaro y Alfonso Baerga.

Para 1916 se calculaba en 6.000 almas la colonia puertorriqueña de Nueva York. La formaban tabaqueros y sus familiares, en su mayoría. En general, la población de habla hispana se calculaba en 16.000 personas.

No existía separación notable de color entre los núcleos poblacionales puertorriqueños. Especialmente en el sector de las calles 99 y 106 vivían no pocos paisanos negros. Algunos de éstos, como Arturo Alfonso Shomburg, Agustín Vázquez e Isidro Manzano, se desplazaron hacia el barrio negro norteamericano. En los vecindarios puertorriqueños, como regla general, se vivía en armonía, sin tomarse en cuenta las diferencias raciales.

Aquel día visitamos no pocas fábricas de cigarros. Los compañeros de oficio nos ofrecieron su amistad. Muchos manifestaron su intención de socorrernos, si es que lo necesitábamos. Así eran los tabaqueros, lo mismo en Puerto Rico que en Cuba, en Tampa que en Nueva York. Tenían un alto espíritu de compañerismo. Pero no pudieron hacernos lugar en la mesa de trabajo de ninguna fábrica.

Aproveché los días que siguieron para continuar recorriendo la ciudad y visitar lugares de interés. Socialista de "carta roja", encaminé mis pasos a la redacción del *New York Call*, el periódico del Partido Socialista que para aquel entonces tenía una circulación de cientos de miles de ejemplares. Mostré una carta de presentación que me había dado Santiago Iglesias antes de partir de San Juan, y me recibieron fraternalmente. Algunos de los miembros de la redacción hablaban nuestro idioma y mostraron gran interés por la situación de Puerto Rico. Se habló de las condiciones de los trabajadores, las huelgas, la personalidad de Iglesias... Insistieron que volviera esa misma tarde para que hablara con Morris Hilquit, dirigente máximo del partido.

La conversación con el camarada Hilquit giró sobre la cuestión de la soberanía política de Puerto Rico. En su opinión, nuestro país debía constituirse en una república conservando su amistad con Estados Unidos. Me dijo que así lo había aconsejado a Santiago Iglesias. "No comprendo", añadió, "cómo esa aspiración política no figura en el Programa del Partido Socialista de Puerto Rico".

Salí muy bien impresionado de mis entrevistas con los camaradas norteamericanos. A los pocos días me presenté en la Sección Socialista de Chelsea. El secretario era un irlandés de apellido Carmichael. Me atendió con mucha amabilidad y me inscribió como miembro, presentándome luego a un camarada de nombre Henry Gotay, marinero de oficio. Descendía de Felipe Gotay, célebre puertorriqueño que comandó uno de los regimientos del ejército de Narciso López en su última y desventurada invasión a Cuba. Fue Henry quien me presentó a Ventura Mijón y a Emiliano Ramos, dos militantes tabaqueros puertorriqueños. Pertenecían al grupo anarquista que lidereaba Pedro Esteves, ligado al periódico *Cultura Proletaria*, órgano de los ácratas españoles en Nueva York.

A juicio de Henry, Mijón, Ramos y Esteves, aquéllos estaban desperdiciando su inteligencia y perdiendo su tiempo propulsando una causa tan utópica como la anarquía. Henry era hombre de profundas convicciones socialistas. Con él y con Carmichael almorcé aquel día en una cantina griega en la Calle 27 esquina Octava Avenida. Tuve una particular experiencia: fue la primera vez que tomé whisky. Como no estaba acostumbrado al uso de bebidas alcohólicas, cogí una soberana borrachera y mis dos nuevos amigos tuvieron que llevarme al hospedaje... Fue mi primera *mona* en Nueva York.

Los licores eran en esos años baratísimos. Un buen trago de lo mejor costaba diez centavos. En todos los bares había *mesa libre*, de la que se podía tomar infinidad de golosinas gratis: queso, jamón, arenques, huevos, papas, cebollas, aceitunas... Confieso que fui un frecuente parroquiano de esas cantinas en mis días de miseria. Cebaba mi trago de diez centavos y comía como un camello. ¡Fué una desgracia cuando años más tarde la prohibición puso fin a aquellos paraísos de los insolventes!

La *juma* me costó varios días de cama. Cada vez que tomaba agua creo que la bebida se me revolcaba en el estómago y me volvía a emborrachar. Cuando me repuse, mi primera visita fue al Club Socialista. Seguí yendo allí con frecuencia, a tal punto que Carmichael, Henry y yo nos hicimos amigos íntimos. Me ayudaron a resolver ciertos problemas personales e hicieron muchos esfuerzos por conseguirme un empleo. Pero las cosas andaban muy mal. No había trabajo, y cada día que pasaba veía que mi situación se iba poniendo color de hormiga brava... "En último extremo", me dijeron mis amigos, "cuando se te acabe el dinero y no puedas pagar el hospedaje, traes aquí tus pertenencias y duermes en el club. Y en cuanto a la comida, no te ocupes. Ya aparecerá. El partido tiene un fondo de emergencia para estos casos". Aquellas palabras me reanimaron.

Días después visité la Unión de Tabaqueros, la Local 90, que estaba dirigida por los *progresistas* de la Unión. Jacob

Ryan desempeñaba el puesto de secretario y a él mostré mi "carta de viaje" que me acreditaba como miembro de la Local en Puerto Rico de la Unión Internacional de Tabaqueros A.F.L. El recibimiento no fue muy acogedor que digamos. La entrevista se condujo, por parte del secretario, fría y formalmente.

Comencé inmediatamente a asistir a las reuniones periódicas de la Unión, cuyo local estaba situado en la Calle 84, este, cerca de la Segunda Avenida. Allí conocí a muchos paisanos que residían en Nueva York desde finales del siglo pasado. La militancia de estos tabaqueros puertorriqueños fue factor decisivo en la elección de candidatos *progresistas* a la dirección de la Local.

A pesar de todas las gestiones realizadas, con más de un mes en Nueva York, todavía me hallaba desempleado. Si no conseguía una *pega* pronto se me agravaría la situación. Ya no podía estirar más el dinerito que tenía. El que llevaba cosido en el interior de mi chaqueta era sagrado para mí. Decidí recurrir a una Agencia de Empleos y "comprar" un trabajo. Ya me habían enterado de que en su mayoría eran trampas para coger incautos. Sabía que robaban miserablemente a los extranjeros "vendiéndoles" empleos imaginarios. Pero estaba dispuesto a recurrir a cualquier cosa, y la menor esperanza era mejor que nada. Así que me presenté con mi amigo Ambrosio, quien igualmente se hallaba aún desempleado, en una de las tales agencias. Entregamos quince dólares y nos dimos a esperar por nuestros respectivos empleos.

Día tras día visitábamos la agencia y de allí nos mandaban a varios sitios distantes. Muchas veces la numeración del edificio, y aún la calle, resultaba desconocida. En ocasiones, hallábamos la dirección, pero descubríamos que se trataba de un edificio abandonado. De regreso, explicábamos el percance en la agencia, y allí nos trataban de brutos y de que no sabíamos siquiera orientarnos en la ciudad. Hasta que comenzamos a darnos cuenta que se trataba de una burla inicua.

Un día me levanté con el *espíritu jíbaro* bulléndome en la sangre. Hallamos la agencia llena de nuevos incautos. Fui directo al que fungía de jefe y formé tamaño alboroto, increpándolo, parte en inglés y la mayor parte en español, y reclamé inmediatamente mi dinero. Había varios españoles entre los presentes y comenzaron a hacerme coro, *exigiendo* también la devolución de su dinero. Dos empleados me agarraron por los brazos y pretendieron arrojarme escaleras abajo, pero los españoles me defendieron. Finalmente el dueño, tratando de evitar un escándalo todavía mayor y la posible intervención de la policía, nos devolvió la plata.

En una próxima reunión del Club Socialista relaté mi experiencia con esa Agencia de Empleos y se acordó presentar una denuncia a las autoridades. Luego me enteré de que hicieron una investigación y que le suspendieron la licencia. Pero lo cierto es que los abusos de las mentadas agencias de empleo continuaron, y los puertorriqueños en particular vinieron a ser sus víctimas propiciatorias.

En aquellos años, y durante mucho tiempo, el Partido Socialista, la Unión de Tabaqueros y la Unión de Marinos eran las únicas agrupaciones que se preocupaban por la defensa de los trabajadores extranjeros. Otras uniones obreras no mostraban interés o eran demasiado débiles. En este último caso se hallaba la Unión de Costureras, la misma que años más tarde se transformó en la poderosa International Ladies Gàrment Workers Union. Aunque debo dejar constancia de que la Unión de Peleteros, la Fur and Leather Workers Union, se solidarizaba también con la lucha de los trabajadores extranjeros.

La influencia socialista era notable entre los judíos. Muchas de sus organizaciones cooperaban con el Partido Socialista y las Uniones Obreras. En ese campo se destacaban especialmente el Workers Circle israelita y el periódico *Forward*, de tendencia liberal.

Dentro de esos círculos comencé a moverme, asistiendo a múltiples actos. Pero la verdad es que, en cuanto a conseguir empleo, de nada me valió. Y mientras tanto, la dueña del hospedaje, la señora Arnao, nos preguntaba todos los días a Ambrosio y a mí si habíamos conseguido trabajo. A pesar de que le pagábamos religiosamente todas las semanas, comenzó a ponernos mala cara.

·Simultáneamente, las finas atenciones se acabaron para nosotros en el hospedaje. La comida ya no tenía la gran variedad de los primeros días. Las habitaciones no se arreglaban como al principio. Y el hacha cayó un viernes, después de la cena. De buenas a primeras, la Arnao nos informó que pensaba irse de viaje y que, por lo tanto, debíamos marcharnos.

Por aquello de que bien poco puede ayudar la miseria a la necesidad, decidimos Ambrosio y yo separarnos. Tomamos rumbos distintos. A poco me enteré de que mi amigo había conseguido empleo en una fábrica de pólvora. Por mi parte, conseguí hospedaje en casa de un tal Rodríguez, tabaquero de Bayamón, quien administraba una pensión en la Calle 86, este. Se trataba de la primera planta de un edificio moderno. El apartamento era amplio y cómodo. Los inquilinos de la casa eran en su mayoría húngaros y bohemios. El estilo de vida en el vecindario era estrictamente europeo. Había muchas trazas de Viena, Berlín o Praga.

La esposa del tal Rodríguez era una puertorriqueña excelente. Para su desgracia, su marido bebía whisky como un camello agua. Sobrio era apacible y bonachón, pero metido en palos, que era lo corriente, era amigo de la bronca.

Vivían en la casa varios puertorriqueños, muy buenas personas, por cierto. Otros, de no menor calidad, la visitaban con frecuencia. Allí conocí a los paisanos Paco Candelas, J. Amy Sanjurjo, J. Correa, Pablo Ortiz y Pepe Lleras. El vecindario era agradable. El ambiente, pulcro y limpio. La gente, amable y tolerante. Cada cual se expresaba en su lengua vernácula. La mayoría hablaba inglés, pero muy mal, y todos lo hacían con acento foráneo.

Había excelentes restaurantes en el vecindario. Los había para escoger: húngaro, alemán, checo, italiano, montenegrino... No pocos imitaban el estilo de los cafés de Viena y de Bohemia. Abundaban las mujeres hermosas, generalmente rubias. Sólo entre las húngaras se daban los tipos morenos de cierta belleza gitana. Confieso que aquellas mujeres, parecidas a las de mi patria, perturbaron mi lado romántico. Pero ¿qué podía hacer un hombre desempleado, casi insolvente?

Me agradaba sobremanera el vecindario. En la Calle 86 había cinco teatros. Además de películas, se presentaban espectáculos llamativos. Me encantaba la diversidad de gentes. Allí cerca estaba la colonia alemana, en la que predominaban los socialistas. Tenía numerosos centros de reunión, y entre éstos se destacaba el Templo del Trabajo. Poco más abajo quedaba la colonia checa. Su centro de actividades era la Sala Nacional Bohemia (Narodni Budova), entre la Segunda y la Primera avenidas. Allí se reunían los seguidores de Benes y Masaryk antes del establecimiento de Checoslovaquia como república independiente.

Para la época en que fui a residir a esa vecindad, comenzaron a establecerse allí muchos puertorriqueños. No pocos hispanos, y en particular cubanos de los tiempos de José Martí, vivieron en aquellas calles. Allí, en el 235 Este de la Calle 75, residió durante largo tiempo nuestro ilustre paisano Sotero Figueroa.

Menos mal que el ambiente me agradaba, porque lo cierto es que mi situación era desesperante. Se aproximaba el invierno y carecía de ropa apropiada. En los comienzos del otoño, pasaba los días palpando el interior de mi chaqueta, donde llevaba cosido el dinero de mi regreso a Puerto Rico. Pero no habría de darme por vencido hasta la hora undécima... Una mañana mi compueblano Pepe Lleras me invitó a que le acompañara a Kingsland, estado de Nueva Jersey.

El amigo Lleras, quien también estaba desempleado, me convenció de que donde únicamente podríamos encontrar trabajo era en la industria de municiones. Así pues, nos dirigimos hacia una de aquellas fábricas inmensas. A la pregunta en la oficina de personal de si teníamos experiencia, respondimos que sí. Tan resuelto estaba yo a pegar en lo que fuera, que poco faltó para que dijera que me había criado jugando con pólvora. Fue aquél mi primer trabajo en Estados Unidos.

La guerra de Europa estaba en su apogeo. Los alemanes acababan de sufrir el revés de Verdún. En Estados Unidos se producía material bélico en cantidades fantásticas. El trabajo en las fábricas de municiones era muy duro. Solamente hombres curtidos en faenas rigurosas podían soportarlo. En verdad, aquello era demasiado para las manos blandas de tabaqueros como nosotros. Se trabajaba ocho horas corridas. Hasta para las diligencias íntimas había que pedir permiso al capataz de brigada, y éste sustituía a uno sólo por breves minutos. Nunca antes había experimentado, ni siquiera presenciado, una manera tan salvaje de trabajar.

A las cinco de la mañana salíamos Pepe y yo de la casa. El viaje nos tomaba casi dos horas. A las siete iniciábamos la jornada de trabajo y pasábamos el día entre granadas y explosivos de todas clases. Trabajaban allí, en general, italianos de origen campesino, duros como los mármoles de su tierra; noruegos, suecos y polacos, fuertes como mulos... Pepe Lleras y yo, aunque más desarrollados que los puertorriqueños corrientes, estábamos *hechos leña* a las dos semanas.

De regreso a la casa nos tirábamos en el asiento del tren como dos borrachos exánimes. A nuestra llegada, apenas teníamos ánimo para comer. Nos ardían las manos, destrozadas y sangrantes. Nos friccionábamos el uno al otro los músculos de la espalda y nos arrojábamos como bestias cansadas a la cama. De madrugada, con la sensación de que apenas habíamos dormido unos minutos, nos levantábamos para salir a la carrera y repetir la jornada.

Un día —no llevábamos mucho tiempo en ese trabajo— nos asaltó la desgracia. Acostumbrábamos llegar minutos antes de la hora de entrada para desvestirnos y ponernos el traje de faena. Una tarde, a la hora de salida, no encontramos nuestra ropa de calle. Nos quejamos al individuo del lugar, pero éste nos respondió socarronamente: "Esto no es oficina de banco ni cosa que se parezca. Si les robaron la ropa, mala suerte".

Y bien que era mala nuestra suerte. El robado era el único buen traje de vestir que teníamos, y para mí fue mayor la desgracia: con la chaqueta del traje me llevaron el importe de mi pasaje a Puerto Rico. Aquello fue como si me hubieran quemado la nave del regreso.

Capítulo IV

COSTUMBRES Y TRADICIONES DE LOS TABAQUEROS Y COMO SE TRABAJABA EN LAS FABRICAS DE CIGARROS EN NUEVA YORK

Desde el día en que nos robaron nuestros trajes de calle y tuvimos que regresar a casa sucios y haraposos, comenzamos Pepe y yo a pensar en abandonar el trabajo en la fábrica de municiones. Pero no teníamos ningún otro en perspectiva, ni tiempo para hacer gestiones. Un día hallé a Pepe más mustio que un gallo después de una pelea. Traté de consolarlo, y de pronto se echó a llorar a moco tendido. Le era todavía más difícil que a mí resistir el trabajo. Enfermó y tuvo que rendirse. Yo continué en aquella terrible batalla diaria unas cuantas semanas más. Pero una mañana vi un mechón de trapos encendidos cerca de un depósito de pólvora, y de no haber sido porque corrí, agarré un extinguidor y ahogué a tiempo el fuego, allí y en aquel instante hubiera desaparecido del mundo de los vivos.

Tuve miedo de perder el pellejo y decidí largarme. La fábrica pagaba por quincenas vencidas y estábamos a mediados de jornada. Decidí irme aquel día de cualquier manera, pero tenía que asegurarme la paga. Había una manera segura de lograrlo: buscando pelea con alguno para provocar el despido. Escogí como víctima al primer compañero de trabajo que apareció. Nos separó el capataz y nos llevó a la oficina para despedirnos a ambos. Cuando tuve en la mano el importe de mi jornal, le aseguré al capataz que la gresca la había formado yo, que el otro compañero era inocente. El capataz me llamó *son of a bitch* —fue la primera, y no la última vez, que me apostrofaron así en Estados Unidos.

Un día, varias semanas después, al comprar el periódico de la mañana, el corazón me dio un vuelco: la fábrica aquella —¡enterita!— fue totalmente destruida por una explosión.

Con lo que había economizado compré ropa de invierno. No tenía idea de lo que esa estación demandaba, así es que pequé comprando dos trajes de colores flamantes y un abrigo de más o menos igual colorido. Amigos que habían pasado varios inviernos en Nueva York se burlaron de mi compra. Me hallé así, después de tantos trabajos, en las mismas: sin dinero y sin ropa apropiada para el invierno.

Me salvó de esta situación *El Salvaje*. Llamaban así a Ramón Quiñones, compueblano de Cayey, excelente tabaquero. Aunque-manso y bueno, recurría a los puños a la menor ofensa y saltaba a la palestra inmediatamente. Jamás portaba armas, pero pretendía resolver cualquier problema a trompadas. De ahí el mote.

Mi amigo *El Salvaje* me llevó a Fuentes & Cía., fábrica de cigarros localizada en la calle Pearl, cerca de Fulton, en el Bajo Manhattan. Comencé a trabajar inmediatamente, pero a la semana me rebajaron el precio de la vitola, y abandoné el empleo. Se enteró *El Salvaje*, y fiel a su costumbre, se personó en el taller y la emprendió a golpes contra el capataz. Tuvo que pagar una multa para evitar que lo zamparan en la cárcel.

Por mi parte, tuve suerte al abandonar aquel trabajo. A los pocos días conseguí empleo en la tabaquería *El Morito*, situada en la Calle 86, cerca de la Tercera Avenida, a unos metros apenas de donde residía. En aquel magnífico taller trabé amistad con gran número de cubanos, españoles y paisanos míos que estimularon mi afán de estudio. Recuerdo en particular a dos cubanos prominentes: Juan Bonilla y J. de Castro Palomino. El primero fue amigo íntimo de José Martí, orador notable y miembro de la redacción de *Patria*, el periódico que fundó en Nueva York el Apóstol de la Revolución Cubana. El segundo, hombre de vasta cultura, se destacó también en las luchas emancipadoras antillanas.

Entre los españoles, recuerdo con cariño al entonces jovencito Maximiliano Olay, quien tuvo que huir de España acusado de complicidad en un atentado anarquista contra un ministro. Fue amigo leal de la emigración puertorriqueña, y más de una vez le oí decir que el destino lo había llevado a ser hermano de los boricuas, pues un boricua le había salvado la vida. Esta es, en síntesis, la historia que me narró en una ocasión:

Había nacido en Colloto, pequeña aldea de las montañas de

Asturias. Prestaban servicio en su pueblo dos guardias civiles naturales de Puerto Rico. Eran amigos de su familia. Lo vieron crecer desde niño. Hombre ya, al meterse en líos graves por razones políticas, fue arrestado y bien pudo la acusación costarle la cabeza. Uno de los guardias civiles lo escondió en su propia casa y le facilitó los medios para que se fugara. Traspuso la frontera y desde Francia logró partir hacia Nueva York. "Por eso veo en todo puertorriqueño un hermano", decía Maximiliano.

Buen español y mejor amigo de los puertorriqueños fue también Rufino Alonso, a quien llamaban Primo Bruto. Entre los hijos de nuestra tierra que allí conocí recuerdo a Juan Hernández, quien fue director del periódico obrero *El Internacional;* Enrique Rosario Ortiz, escritor de buena pluma; J. Navas, Tomás Flores, Francisco Guevara, Ramón Rodríguez, Matías Nieves, conocido como El Cojo Ravelo, activos en la lucha de los tabaqueros y de la comunidad hispana en general.

Con trabajadores de ese calibre, la fábrica de cigarros *El Morito* parecía una universidad. En ese tiempo, su lector oficial era Fernando García. Leía una hora por la mañana y otra por la tarde. El turno de la mañana lo dedicaba a la información cablegráfica: las noticias del día y artículos de actualidad. El turno de la tarde para obras de enjundia, tanto políticas como literarias. Una Comisión de Lectura sugería los libros a leer, los cuales se escogían por votación de los obreros del taller. Se alternaban los temas: a una obra de asunto filosófico, político o científico le sucedía una novela. Esta se seleccionaba entre las obras de Emilio Zola, Alejandro Dumas, Víctor Hugo, Gustavo Flaubert, Julio Verne, Pierre Loti, José María Vargas Vila, Pérez Galdós, Palacio Valdés, Dostoievsky, Gogol, Gorki, Tolstoi... Todos estos autores eran bien conocidos por los tabaqueros de ese tiempo.

Al principio, el lector de la fábrica, por su cuenta, escogía las obras. Predominaba entonces la literatura de puro entretenimiento: novelas de Pérez Esrich, Luis Val, etc. Pero con el desarrollo político de los tabaqueros, éstos comenzaron a intervenir en la selección. Se impuso la preferencia por las doctrinas sociales. Se leía a Gustavo Le Bon, Luis Buchner, Darwin,

Marx, Engels, Bakunin... Conste que ningún tabaquero se dormía.

La institución de la lectura en las fábricas de cigarros hizo de los tabaqueros el sector más ilustrado de la clase obrera. Tuvo su origen en los talleres de Viñas & Cía., Bejucal, Cuba, allá por el año 1864. Se sabe que aún antes se leía en las fábricas, pero no diariamente. La emigración a Cayo Hueso y Tampa introdujo la costumbre en Estados Unidos en o alrededor de 1869. Tengo noticias de que en ese año el taller de Martínez Ibor, en Cayo Hueso, contaba con un lector oficial.

En Puerto Rico la institución de la lectura se generalizó con el desarrollo de la producción de cigarros. Cubanos y puertorriqueños introdujeron la costumbre en Nueva York. Por lo general, no había fábrica con tabaqueros hispanos sin su lector. La costumbre, sin embargo, no regía en los talleres de habla inglesa, en los que, hasta donde yo tengo conocimiento, nunca se leyó.

En *El Morito*, como en todas las otras fábricas, se observaba un silencio de iglesia durante la lectura. Cuando nos entusiasmábamos con algún pasaje, se demostraba la aprobación tocando repetidamente con las chavetas sobre la tabla de hacer cigarros. Esta particular forma de aplaudir resonaba como una sinfonía de un extremo a otro del taller. Durante los temas polémicos, especialmente, nadie perdía una palabra. Si acaso no se oía bien en un extremo del salón, cualquier compañero lo hacía saber. El lector repetía el pasaje en cuestión alzando aún más la voz.

Al final de los turnos de lectura se iniciaba la discusión sobre lo leído. Se hablaba de una mesa a otra, sin interrumpir el trabajo. Sin que nadie formalmente dirigiera la discusión, se alternaban los turnos. Si la controversia persistía y los contendientes seguían insistiendo en sus puntos de vista, alguno de los obreros más ilustrados intervenía como árbitro. Cuando datos o cuestiones de hecho provocaban discusiones, nunca faltaba quien exigía ir al *mataburros*... Llamábamos así a las obras de referencia o consulta.

No era raro que alguno de los operarios tuviera en su propia mesa de trabajo un diccionario enciclopédico. Así ocurría en *El*

Morito, donde Juan Hernández, Palomino, Bonilla, Rosario y el joven Olay se destacaban como árbitros de discusiones. Y cuando éstos fallaban, se acababa la perrera, como se decía entre nosotros, apelando al *mataburros* de una enciclopedia.

Tabaquero había que se entusiasmaba tanto defendiendo su posición en una polémica, que no temía perder más de una hora de trabajo —se trabajaba por tareas— tratando de probar su punto de vista. Citaba de los libros que tenía a mano, y cuando no los hallaba en el taller, volvía al día siguiente con libros de su casa, cuando no de la biblioteca pública. Estas discusiones giraban especialmente sobre las distintas tendencias del socialismo y el anarquismo.

El tema obligado de discusión —recuérdese que se trata de los años de la Primera Guerra Mundial— era el imperialismo frente al pacifismo. En *El Morito* acabábamos de leer *El fuego*, de Henri Barbusse. La horripilante descripción de la vida en las trincheras provocó interminables discusiones entre socialistas, anarquistas y los pocos germanófilos que había en el taller. Anteriormente habíamos leído *La hiena enfurecida*, de Pierre Loti, uno de los autores que leíamos como pasatiempo. Pero esa obra en particular contribuyó mucho a desarmar a los pacifistas. La descripción de las ruinas de Reims y de Arras, la desoladora avalancha de los soldados del Kaiser, maravillosamente descrita, conquistó nuestras simpatías y arrancó en nosotros imprecaciones de venganza. No caímos menos que los camaradas de Francia, y los propios camaradas de Alemania, en la "defensa de la patria", olvidándonos del internacionalismo proletario en que está fundado el socialismo. De más está decir que Lenin y el bolchevismo eran totalmente desconocidos en Nueva York en este tiempo.

Cuando la prensa católica de Francia comenzó sus ataques contra Marx y el marxismo, leímos al ardiente defensor del maestro del socialismo, Jean Longuet. Sus artículos recrudecieron las polémicas entre los tabaqueros. Desapareció por un momento la impresión, favorable a la defensa de la nación francesa, producida por las obras de Barbusse y Loti. Los pacifistas más militantes entre nosotros volvieron a la carga con su argumento: "Tanto los franceses como los alemanes representan al capital imperialista... ¡Los obreros no debemos favorecer a ninguno de los dos!" Esa posición revolucionaria fue socavada por la lectura del Manifiesto de marzo de 1916, firmado por los líderes de internacionalismo pacifista, Juan Grave, Carlos Malato, Pablo Reclús y Pedro Kropotkin. Esa declaración fue un golpe mortal para los antiimperialistas del mundo. Decía el Manifiesto: "Hablar de paz es hacer el juego al partido ministerial alemán... La agresión teutónica es una amenaza, no solamente contra nuestra esperanza de emancipación social, sino contra toda evolución humana. Por eso nosotros, que somos antimilitaristas, enemigos de la guerra y partidarios apasionados de la paz y de la fraternidad entre los pueblos, nos colocamos junto a los que resisten".

Los que resistían, naturalmente, eran los franceses. De ahí que se difundiera entre los socialistas una corriente cada vez más fuerte de afrancesamiento. La gran mayoría de los tabaqueros veían en esos momentos a Francia como la abanderada de la democracia y el progreso, cuando no del socialismo.

Pero entre los socialistas norteamericanos la tendencia predominante, y quizá también entre el pueblo de Estados Unidos, era la del neutralismo. Entre los obreros de habla española en Nueva York se destacaba como dirigente pacifista anarquista Pedro Esteves, quien para ese entonces publicaba el periódico *Cultura Proletaria*. Como ya apunté, la mayoría de los tabaqueros entendía que era indispensable la derrota de los alemanes. Muchos de ellos ingresaron voluntariamente en el ejército francés. Entre éstos debo destacar a Juan Sanz y Mario César Miranda, dirigentes ambos del movimiento obrero, quienes partieron de Puerto Rico y fueron muertos en la primera batalla de Verdún. Florencio Lumbano, tabaquero puertorriqueño de Nueva York, cayó también en los campos de batalla de Francia. Otro tabaquero que peleó como los buenos fue Justo Baerga. De éste tuve noticias, hace ya años, de que se hallaba viejo y achacoso, en Marsella.

No son pocos los puertorriqueños que han peleado en la defensa de otras patrias, quizá por lo mismo que en la pelea por la suya propia se han hallado tan solos. Precisamente en *El Morito* fue donde oí por primera vez referir la historia de las contribuciones de los tabaqueros en las guerras de independencia de Cuba. También allí comencé a saber de los paisanos nuestros que se distinguieron en la Revolución Cubana. Muchas verídicas historias oí de boca de Juan Bonilla y de Castro Palomino, y conste que ambos las conocían de primera mano. Desde entonces data mi idea de escribir una memoria sobre la participación de los puertorriqueños en la lucha de independencia de Cuba, que en fin de cuentas lo fue también por la independencia de Puerto Rico.

Pero no todo era empaque y seriedad entre los tabaqueros. Reinaba mucho humorismo, especialmente entre los camaradas cubanos. No era extraño que tras una discusión borrascosa saltara uno al ruedo con la chispa de un cuento. Se calmaban los ánimos caldeados, resonaba la risa en todo el taller y una corriente de *choteo* saltaba de mesa en mesa.

En ninguna fábrica faltaba el tipo alegre que se pasa la vida haciendo chistes. En *El Morito* el hombre de la alegría era un compañero cubano de nombre Angelito. Se conocía por la poca tarea que realizaba. Entraba por las mañanas al taller, ocupaba su mesa, liaba un cigarro, lo encendía e iba luego a cambiarse de ropa. Volvía a su mesa de trabajo, se quitaba el cigarro de la boca y hacía su primer chiste. Los compañeros más cercanos le reían las gracias, y tras cada cigarro que terminaba hacía otro chiste. Cuando había fabricado suficientes cigarros para el pago de la habitación en que vivía, lo anunciaba así. Comenzaba luego a liar los tabacos para sus gastos del día. Una vez cubierto el diario vivir, no hacía un solo cigarro más. Abandonaba la mesa de trabajo, se lavaba, se vestía y acicalaba de nuevo, y marchaba a los teatros de Broadway.

Hombre bien parecido, Angelito era alto y esbelto como un junco. Tenía una cara seráfica. Vestía elegantemente. Llegó a Estados Unidos con una idea fija, y lo confesaba a todo el que quisiera oírle: la de conquistar a una mujer rica. Persiguiendo su presa, andaba calle arriba y calle abajo, como él mismo decía, buscando el lote de esquina que necesitaba. Y la verdad es que no tardó mucho en hallarlo. Unos cuantos meses después de mi ingreso a *El Morito* consiguió una muchacha, hermosa y violinista por añadidura. Casó con ella y vivía —dicho por él mismo— como un príncipe. Pero nunca se olvidó de nosotros: con frecuencia venía al taller a contar sus hazañas y a darnos las primicias de su variado repertorio de chistes.

Para este tiempo nos llegaron noticias a *El Morito* de una gran huelga que tenía lugar en la industria azucarera de Puerto Rico. Se llamó a una asamblea de solidaridad con la huelga y la misma se celebró en la Calle 85, cerca de la Avenida Lexington. Asistieron más de cien tabaqueros, en su mayoría puertorriqueños. Presidió Santiago Rodríguez y actuó como secretario Juan Fonseca. Muchos de los asistentes hablaron, entre éstos, Ventura Mijón, Herminio Colón, Angel María Dieppa, Rafael Correa y Antonio Vega. Este último me llamó mucho la atención por su manera de hablar, y más aún por su aspecto.

Mientras oía hablar a Antonio Vega, recordé que mi padre a menudo hacía referencia a un hermano perdido, a quien desde muy joven no había vuelto a ver. No sé si fue por aquel recuerdo, pero lo cierto es que me sentí hondamente emocionado ante aquel hombre que llevaba mi apellido. Era un tipo alto, de frente despejada, cabellera canosa, pero abundante, tenía un bigote grande, de manubrio de bicicleta, nariz roma, ojos verdes, cara ovalada... Cuando me le acerqué se puso de pie con destreza militar y correspondió muy cumplidamente al felicitarlo por su discurso. Allí mismo entablamos un diálogo íntimo, al término del cual nos abrazamos efusivamente. Era el hermano perdido de mi padre.

Capítulo V

UNA EXPERIENCIA AMOROSA Y OTROS INCIDENTES QUE DAN SUSTANCIA A ESTA VERIDICA HISTORIA

Tan pronto tuve asegurado el trabajo en la fábrica de cigarros, me inscribí en una escuela pública en la Calle 86, cerca de la Primera Avenida. Asistían a clase unos veinte puertorriqueños, todos tabaqueros. El resto de la matrícula se componía de húngaros y alemanes. Dictaba la clase una maestrita típica de ascendencia irlandesa. Habló una noche de las ventajas de la ciudadanía norteamericana y del procedimiento que había que seguir para adquirirla. "¿Cómo podría yo hacerme ciudadano americano?", pregunté. La *Miss* replicó que bastaba con cumplir con los requisitos que ella había enumerado. Tomé yo entonces la palabra y señalé que, a diferencia de los compañeros de clase húngaros y alemanes, los puertorriqueños no teníamos ninguna ciudadanía. Fuera de Puerto Rico, no se reconocía nuestra ciudadanía natural. Y no teniendo ciudadanía que renunciar, mal podíamos adquirir la americana.

Un tanto corrida, la maestra se reafirmó en lo que ya antes había explicado: bastaba renunciar a la ciudadanía propia, seguir el procedimiento, etc. ¡Y eso regía igual para todo aquel que fuera residente de Estados Unidos!

"Para todos, sí", dije yo, "excepto para los puertorriqueños".

La maestra tomó a mal mi actitud. Seguramente pensó que yo pretendía poner en duda sus conocimientos ante la clase. Llamó al principal, y al comparecer éste, una vez enterado de la situación, creyó que estaba en la obligación de salvar del ridículo a la maestra. Luego de dar múltiples rodeos, terminó diciendo que la situación se debía a lo poco que se sabía en Estados Unidos de Puerto Rico.

No valdría la pena hacer mención de ese incidente a no ser por sus consecuencias. A ello se debió que me trasladaran a otra escuela, tan distante del lugar en que residía que tuve que abandonar los estudios. Más valdría haberme callado. Así aprendí que callar es regla indispensable para el "éxito" en Estados Unidos.

Para estos días algunos compatriotas intentaron iniciar una campaña de telegramas solicitando del Congreso la ciudadanía americana para los puertorriqueños. Rehusé unirme a esa campaña por entender que lo que debíamos demandar era la solución de nuestro problema de soberanía. Cualquier otra cosa era, a mi juicio, prolongar el régimen colonial. Pero mal podía triunfar mi posición en aquellos momentos.

La suerte me volvió a ser adversa. El trabajo en la fábrica escaseó. Los últimos operarios en ser empleados fuimos los primeros en ser suspendidos. Otra vez me hallé sin empleo. Y de nuevo pasé por la experiencia de notar el cambio de actitud en la patrona del hospedaje. Tan pronto se olió que me hallaba desempleado, aun cuando le pagaba por adelantado, comenzó a tratarme como a pariente pobre. Sin duda, temía que me convirtiera en una carga, y por lo mismo que éramos de la misma sangre... Miseria que no se ve, no se siente, diría para sí, y con todo cariño me echó a la calle diciéndome que tenía que mudar a la familia a un apartamento más pequeño, ¡y patatín, patatán!

Recordé a mi tío Antonio, a quien recién había conocido, y pensé que quizá podría ayudarme. Me recibió en su hogar con gran afecto. No contando en su propia casa con habitación disponible, me llevó a un hospedaje cercano. Quedé allí instalado —Calle 79, entre la Segunda y Tercera Avenidas— en un cuarto muy limpio, por el cual pagaba dos dólares semanales. La casa era de una familia húngara y en la misma se respiraba un ambiente culto y refinado.

A los pocos días conseguí *mesa* en una pequeña fábrica de cigarros en la Calle 103, cerca de Broadway. El dueño, de nombre Leonardo Viñas, era un español de Asturias, solterón, simpático y alegre. Trataba a sus empleados con afecto y camaradería y pagaba la vitola a buen precio. Tenía este taller la peculiaridad de ser lugar de tertulia para los *latinos*. Allí trabé amistad con Cristóbal Cañas, Alfonso Torres, Lorenzo Semidey, Concepción Gómez García y Basilio Fernández, todos puertorriqueños. Entre los españoles recuerdo a Víctor Simón,

Atanasio Fueyo y Juan Cuadrado.

Si gozaba de buen ambiente en el trabajo, no era menos agradable el que reinaba en el hospedaje. Los esposos Bude, dueños de la casa, procedían de Hungría y eran amantes de la música y del baile. Jan y Malvina, que así se llamaban, tocaban el acordeón y hacían unos dúos exquisitos. Su hija Rina era pianista notable. El hijo mayor, Clodoveo, tenía una buena voz de barítono. De manera que la casa estaba llena de artistas. Y para resultarme más agradable el lugar, todos eran socialistas.

Los Bude eran amantes de la buena literatura. A lo largo de la sala de recibo había anaqueles llenos de libros. En el primer piso, oculto por unas cortinas, había una pequeña pero muy acogedora habitación, con ventanales al patio, destinada a sala de lectura. En el entresuelo estaba el salón para fiestas y recepciones. Allí tenía Rina su piano. La casa, pues, era un verdadero hotelito con refinamientos de buen gusto.

Por lo menos una vez al mes se celebraba una velada a la que asistían los abonados, los miembros de la familia y no pocos amigos. Los artistas de la casa se lucían con su repertorio de música húngara, rusa, española... En la primera velada a la que asistí conocí a Lauri Brodi, quien nos deleitó con selecciones de ópera.

Rápidamente nos hicimos amigos. Al poco tiempo, Lauri y yo fuimos inseparables, y de la amistad pasamos a relaciones más íntimas, y también más complicadas. Fue mi primera aventura amorosa en Estados Unidos. Lauri, según decía, era viuda. Tenía un hijo, Lucio, de diez años de edad. Los viernes por la noche el chico nos acompañaba al teatro, pero los sábados y domingos salíamos solos. No había fin de semana que no asistiéramos a algún concierto. Luego cenábamos, escogiendo siempre entre restaurantes de países distantes. Nuestros paseos eran como largos viajes por tierras exóticas. Era una manera de huir de la trillada vida de todos los días. Así hubiéramos continuado mucho tiempo, a no ser por un incidente que nos volvió a la realidad.

Un sábado, casi a la hora en que acostumbrábamos iniciar nuestro paseo, irrumpió en la casa un hombre borracho. Preguntó por una mujer y dio su nombre. Le dijeron que no vivía allí nadie de tal nombre. El individuo insistió, diciendo que no trataran de engañarlo, pues él la había visto entrar en varias ocasiones y la encontraría de cualquier manera. Y diciendo esto, cruzó el umbral y avanzó resuelto hacia el pasillo. En ese momento bajábamos Lauri y yo. El intruso se lanzó sobre Lauri como una fiera, esgrimiendo una navaja. Yo me interpuse y logré dominarlo. Cayó el hombre sobre sus rodillas y la navaja rodó al piso. Cuando creí que se abalanzaba sobre el arma con nuevas intenciones agresivas, el sujeto se dejó caer en las gradas de la escalera y rompió a llorar como un niño, pidiendo perdón por su acción. Pero un instante después, con el rostro desencajado, comenzó a increpar a Lauri y a acusarla de mil infidelidades. Tras de haberle arruinado y deshonrado, según él, Lauri le había quitado su hijo, a quien no le permitía ver, a pesar de que le pasaba regularmente una mesada.

Jan, el dueño de la casa, era individuo tolerante y conocedor de las tragedias humanas. Intervino en el drama. Le habló al intruso con calma, casi con simpatía, y sin condenar su conducta impropia, le rogó que se marchara. El intruso cayó en un nuevo arrebato de cólera y gritó que no se marcharía. Malvina, la esposa de Jan, corrió al teléfono y marcó el número de la policía. Al percatarse Lauri de ello, bajó rápidamente la escalera y suplicó que no se llamara a la policía. Malvina colgó el teléfono. Mientras tanto, Clodoveo, el hijo mayor de la familia, había avanzado hacia el intruso, le dobló el brazo en la espalda y con gran destreza lo arrojó a la calle. Terminó así el incidente, pero no con ello se borraron sus consecuencias.

Interrogada por Jan, Lauri aceptó que el individuo aquel había sido su esposo, de quien se había divorciado. Alegó que todas sus acusaciones eran falsas. Afirmó que su antiguo marido, además de beodo habitual, eran un degenerado sexual. Los Bude, marido y mujer, tras de oírla, rindieron su fallo: debía marcharse inmediatamente.

De más está decir que se desplomaron los planes del paseo de aquel día. Lauri volvió a su cuarto y yo me lancé a la calle y no regresé hasta bien tarde. Me levanté temprano y marché a mi trabajo, evadiendo volverme a ver con Lauri. Esta se mudó ese día, y cuando regresé por la tarde, Malvina me mostró lo que había hallado mientras limpiaba su habitación: cigarrillos de marihuana escondidos en una de las gavetas del ropero y varias agujas hipodérmicas. Según Jan, esos artículos pudieron ser olvidados por Lauri en la premura de la mudanza, pero pudieron también pertenecer a algún pupilo anterior. Como quiera que fuera, lo cierto es que esos hallazgos me llenaron de dudas.

Varios días después Lucio me entregó una carta de su madre. Se excusaba Lauri de haberse hecho pasar por viuda y hacía ardientes promesas de amor. Incluía sus nuevas señas y rogaba que fuera a verla. La misiva —¿por qué negarlo?— me trastornó más de la cuenta. Pero tomé una decisión: debía romper para siempre con aquella mujer.

Las cartas de Lauri continuaron. Eran mensajes plenos de promesas. Recordaba nuestras horas juntos. Me invitaba a vivir la vida y a gozarla, echando a un lado las preocupaciones. Hablaba del "invierno de la vida" y de que para entonces lo único agradable sería el recuerdo. Confieso que no me había encontrado nunca con una tentación tan grande. Pero el *jíbaro* que hay en mí, ante tales cantos de sirena, decía: ¡unjú!

Y una tarde se desvanecieron mis dudas y con ellas las tentaciones. El domicilio de Lauri fue allanado por la policía y le ocuparon un cargamento de drogas. Se llevaron a la mujer esposada y a uno de sus amigos. Aun desde la cárcel me siguieron llegando cartas de Lauri.

Me compadecí de la hermosa mujer, pero con mayor razón me sentí obligado a no responder a sus cartas. Opté por mudarme de domicilio, y lo hice con pena, tan a gusto me hallaba en casa de los Bude. Pero ante insistencia de mujer, a falta de un océano que poner entre ambos, hay que recurrir por lo menos a un cambio de dirección.

No dejé por ello de frecuentar el hogar de Jan y Malvina. Por nada del mundo me perdía yo sus deliciosas veladas. Hice allí valiosas amistades. La relación con personas de distintas nacionalidades despertó mi interés por los idiomas. Además de perfeccionar mi dominio del inglés, me inicié en el aprendizaje del italiano y del bohemio. Ese último me llevó al Centro Checo y allí trabé amistad con una muchacha de Praga. Amalie Lotiska me ayudó a mitigar el doloroso recuerdo de Lauri.

Mis relaciones con Amalie fueron puramente platónicas. Mujer ardorosamente patriótica, estaba entregada a la lucha por la reconstrucción de Checoslovaquia. Viajaba a menudo por Estados Unidos en misiones de propaganda. Escribía una columna en un periódico checo. La perdí cuando se formularon los planes definitivos para el establecimiento de Checoslovaquia. La joven partió hacia Londres. Nos despedimos en el muelle, y ése fue el último día que la vi... ¡Gloria a ti, Amalie Lotiska, en cualquier lugar de Checoslovaquia en que vivas o en que se hallen tus restos!

Mientras tanto, vivía yo en la casa de un gran tabaquero y mejor puertorriqueño: Flor Baerga. Conservaba innumerables papeles viejos sobre la emigración cubana y puertorriqueña en la ciudad de Nueva York. Entre sus muchas posesiones de gran valor histórico tenía un magnífico retrato de Pachín Marín, el héroe puertorriqueño muerto en la manigua cubana. El retrato, realizado en la Fotografía Moreno y López, 4 Este, Calle 14, según decía en el margen, estaba dedicado así: "A mi dilecto amigo Flor Baerga - marzo de 1892".

Acostumbraba pasear de tarde con Baerga por el Parque Central oyendo sus relatos sobre los tiempos de Martí en Nueva York, las expediciones armadas a Cuba, las actividades para llevar la revolución a Puerto Rico... Recorriendo un día la Calle 89, leímos un rótulo que decía: "Apartment to let. No Cubans, Puerto Ricans or dogs allowed". Traducido al español: "Apartamento para alquilar. No se admiten cubanos, puertorriqueños ni perros". Al día siguiente hice mención del hecho en la fábrica de cigarros en que trabajaba. Da la casualidad que se hallaba allí de tertulia El Salvaje que, como ya se sabe, era hombre que prendía de medio maniguetazo, como se decía de los Fords que comenzaban a salir en ese tiempo. Reunió varios tabaqueros, marcharon hacia la casa en cuestión y en un santiamén arrancaron el cartel ofensivo, y no conforme con ello, rompieron a ladrillazos varios ventanales del edificio.

Escaseaban los pedidos en el taller del asturiano Viñas, y tuve que cambiar de lugar de trabajo. Conseguí en esta ocasión empleo en una fábrica conocida por la del Gallego Fares, en la calle Pearl y Hanover Square. Contaba con un buen número de cultos tabaqueros, entre otros, los puertorriqueños **Santiago Rodríguez, Juan Fonseca, Rafael Acosta, Lalí Jiménez** y **Pepe Alicea.** No había allí lector oficial. Pero el propio dueño nos leía los periódicos del día. Era hombre muy liberal. Había militado en su juventud en un grupo anarquista. Tenía una extensa cultura, gustaba de discutir y utilizaba en la polémica un lenguaje mordaz y cortante. En este taller, al igual que en *El Morito*, había montada una continua discusión sobre los temas del día.

En la calle Pearl, y en otras calles del Bajo Manhattan, había muchas fábricas de cigarros. Entre éstas se contaban empresas mayores, como Calero, Suárez y Crespo; Cosío y Texeiro; Mancebo y Muiña; Escobar y Díaz; Gangemi, Fuentes, Starlight... Pagaban unos 25 dólares semanales a los operarios. Había operarios que sobrepasaban ese salario, según el promedio de producción. En casi todos los talleres el trabajo se hacía a mano. La producción *a molde* era limitada. La rama que se empleaba procedía de Cuba. Se utilizaba poco tabaco de Puerto Rico.

Conocí numerosos hombres de negocios y empleados de oficina puertorriqueños que trabajaban en el distrito financiero de Nueva York. Muchos acostumbraban almorzar en la fonda de Borrel y en un restaurant llamado *La Chorrera*, dos excelentes establecimientos españoles de la época. El primero estaba situado en la Calle Water, cerca de Wall, y el segundo en Front, al lado de John. Allí confraternizaban, por lo menos en la hora de almuerzo, empleados de oficina, tabaqueros y hombres de negocios.

Por la tarde regresábamos los tabaqueros a nuestra barriada, la que ya para entonces comenzaba a conocerse como Barrio Latino. Muchos de nosotros frecuentábamos los teatros de la Calle 86. En uno de ellos se proyectaba una película de ambiente tropical y según anuncios la acción se desarrollaba en Puerto Rico. Excuso decir la gran atracción que ejerció en los puertorriqueños.

Indefectiblemente, las películas de ese tiempo, realizadas en Hollywood, seguían un mismo patrón: si el escenario era supuestamente España, había profusión de bailarinas de flamenco y corridas de toros; si se trataba de México, los sombreros llenaban la pantalla y los hombres eran unos vagos que siempre estaban durmiendo y despertaban sólo para tirar tiros; los franceses eran afeminados; los italianos, comilones de spaguetis, etc. Todos los extranjeros eran bandidos; los países sudamericanos estaban poblados de gente semisalvaje... En fin, sólo el protagonista —yanqui, naturalmente— era un hombre limpio, generoso, valiente, presto siempre a fajarse a los puños por la inocente muchacha, la que al final caía rendida en sus brazos.

La mentada película que supuestamente se desarrollaba en Puerto Rico seguía el mismo patrón. Abundaban los muchachos semisalvajes que subían palmas de coco con agilidad de monos. Las mujeres descalzas y casi en cueros recorrían las veredas con enormes canastas llenas de frutas tropicales, mientras los hombres dormían a pata suelta a la sombra de los árboles. Los caimanes peleaban en una laguna al mismo tiempo que innumerables culebras se calentaban al sol. Y el héroe yanqui superaba todos los peligros para ir a salvar a la ingenua muchacha ansiosa de que la ilustraran en las artes de la civilización americana. El público, compuesto en su mayoría por alemanes, se reía. Los puertorriqueños que nos hallábamos presentes comenzamos a protestar y a mitad de película nos reunimos en un pasillo del cine. Un tabaquero de Caguas, llamado Panchito Carballo, asumió la dirección de la protesta. Con nuestro apoyo se personó en la oficina del gerente y le anunció nuestro repudio a la película, exigiéndole permiso para hablar al público desde el escenario. Se nos otorgó, y en el intermedio entre tandas, Panchito habló varios minutos en muy correcto inglés. Excusó al empresario del cine y culpó a la compañía productora de lo que calificó de "crasa estupidez". Denunció las películas de pacotilla que fomentan odios y prejuicios entre los pueblos. Explicó brevemente el estado cultural de Puerto Rico y, cuando terminó, recibió un prolongado aplauso.

Panchito Carballo era periodista y magnífico orador. Hablaba varios idiomas, además de su español vernáculo. No fue ésta la única vez que se dirigió a la concurrencia de un cinematógrafo. En estos años de guerra participó activamente en la campaña de *three minute talks* a favor de los Aliados.

No había abandonado yo mis intenciones de estudio. Ya para este tiempo había terminado un curso de tenedor de libros y dominaba la taquigrafía. Intenté liberarme del tabaco y emplearme en una oficina. Pero los sueldos en esos empleos eran tan bajos —diez dólares semanales a lo sumo— que opté por continuar en mi oficio. Además, entre los tabaqueros predominaban grandes inquietudes culturales. No habría yo de separarme de ese ambiente.

Entre las instituciones más importantes de los tabaqueros se contaban el Círculo de Tabaqueros de Brooklyn, en el condado de ese nombre, y la Escuela Francisco Ferrer y Guardia, situada en la Calle 107, cerca de la Avenida Park. El círculo funcionaba a manera de un casino europeo, mezcla de ateneo y sociedad festiva. En sus salones se jugaba ajedrez, damas y dominó. Tenía cantina abierta todas las noches y días de fiesta, en la que se vendían café y cigarros. No se permitían juegos con dinero ni se celebraban bailes. Se daban conferencias frecuentemente y se realizaban actividades artísticas.

La Escuela Ferrer era de ideología anarquista. Para que se pueda apreciar cómo funcionaba, he aquí uno de sus actos un domingo en la tarde. Se trataba de un seminario con la participación de intelectuales anarquistas de fama internacional. El día en particular que estoy recordando, Carlos Resca, director del periódico *Il Martelo* habló en italiano sobre el anarquistmo y la teoría de Darwin; Elizabeth Gurley Flynn habló en inglés sobre las comunidades libres y el libre acuerdo entre los seres humanos; Pedro Esteves habló en español sobre la guerra, la paz y la posición del proletariado y, finalmente, un anarquista católico, Frank Kelly, habló, también en español, sobre Jesucristo, "primer comunista". Después de los discursos había siempre un período de preguntas. En esta ocasión actuó de mantenedor Maximiliano Olay.

La concurrencia en estos actos no bajaba de doscientas personas. No faltaban mujeres, aunque en número inferior al de los hombres. Lo que llamaba más la atención a cualquier visitante era la paciencia del público, que se mantenía atento a programas que a veces se extendían por más de cinco horas. El interés en la discusión lo demuestra el hecho de que continuaba, por lo regular, en el restaurante de la esquina, al que iban muchos de los asistentes a tomar un refrigerio después de los actos.

Los tabaqueros compraban y hacían circular muchos libros, especialmente las obras de las ideologías más avanzadas que se publicaban en Europa y América. Circulaban también múltiples periódicos y revistas que postulaban toda clase de doctrinas sociales y filosóficas. En la ciudad de Nueva York se publicaban varios periódicos en español: *Cultura Proletaria*, de tendencia anarquista; *El Heraldo*, de interés general; *Las Novedades*, antiguo vocero español que se inició en 1887, y *La Prensa*, diario que había comenzado a publicarse en 1913. Circulaban también varios mensuarios, entre ellos, *El Comercio*.

Esa variedad de periódicos es reflejo del ambiente cultural, político y cívico de la comunidad hispana de Nueva York en 1917. Los tabaqueros y sus familiares componían más del 60 por ciento de la población puertorriqueña. Para ese tiempo cumplí yo mi primer año de estadía en la Babel de Hierro.

En esos días me enteré de la enfermedad de mi tío Antonio. Como apunté antes, el hermano de mi padre desapareció de Puerto Rico cuando todavía era casi un niño. Durante años soñó con el regreso al terruño, pero hipnotizado por la relativa prosperidad de Nueva York pospuso el viaje una y otra vez. Y ahora, anciano y achacoso, como tantos otros boricuas, sentía dolor en el alma al pensar que moriría en el destierro.

Pero la enfermedad de mi tío tuvo para mí su lado positivo: fue lo que hizo posible que estableciéramos una estrecha relación. Pasaba con él mucho de mi tiempo libre, y durante horas le oí hablar. Fue así como me enteré de la historia de su vida y de las luchas y afanes de los puertorriqueños que me habían antecedido en Nueva York.

Lo que sigue es un compendio de su narración que abarca los sesenta y tantos años que vivió mi tío Antonio en Estados Unidos. Todo lo que me relató lo he verificado en documentos históricos y relatos de otras personas. Esta es la ascendencia de los Vega —ascendencia también de los emigrantes puertorriqueños.

SEGUNDA PARTE

Antecedentes históricos

Capítulo VI

ASCENDENCIA DE LOS VEGA EN AMERICA, CON ALGO DE MITOLOGIA Y MUCHO DE HISTORIA

Explicando los orígenes de nuestro linaje en América, mi tío Antonio se remontó hasta su abuelo. En tiempos de la guerra de España contra la invasión napoleónica, sirvió a las órdenes del general José Palafox, el célebre defensor de Zaragoza. Finalizada la contienda, tomó parte en una conspiración republicana en Cataluña. Como consecuencia, fue arrestado e internado en el presidio de Ceuta. Logró evadirse y se estableció en Pantelería, una islita cercana a Sicilia, no lejos de la costa africana de Túnez. Allí se dedicó, como tantos otros del lugar, al comercio de contrabando.

En ese ambiente se crió el padre de mi tío Antonio —mi abuelo—, quien también, naturalmente, se hizo marinero y contrabandista. Recorrió los puertos del Mediterráneo en una fragata bajo bandera británica, y a sus viajes comerciales sumó el negocio de rescatar presos políticos de Ceuta.

Para 1820 la Guerra de Independencia en América estaba en todo su apogeo. El gobierno español había desencadenado una terrible represión en las colonias. Ceuta estaba lleno de presos políticos de Caracas, Bogotá, La Habana, y aun de San Juan de Puerto Rico. Y siempre había forma de organizar la fuga, previo soborno de los carceleros.

La relación con los presos políticos despertó, tanto en el abuelo como en su hijo, gran interés por América. En una ocasión lo abordaron para rescatar ocho presos, entre los cuales figuraban dos oficiales del ejército de Simón Bolívar. Decidieron acometer la empresa, y siguiendo los planes convenidos, en un punto de la costa subieron a bordo a los recién libertados. La mala suerte les sobrevino horas después al percatarse de que un barco de guerra español los perseguía. No pudieron entrar en el puerto británico de Gibraltar y tuvieron que avanzar hacia el Atlántico. Como era mucho más veloz el barco del gobierno, se vieron pronto bajo la amenaza de que los alcanzara. El abuelo tomó la decisión de hacerle frente: le descargó unos cañonazos, que al parecer tomaron desprevenido a su perseguidor, y pudieron escapar.

Se salvaron, pero con ello cerraron las puertas de regreso a España. No hubo más remedio que hacer proa a América. Así fue como estos Vega arribaron al mar Caribe.

Agradecidos los venezolanos por el gesto del abuelo, no le escatimaron ayuda. Hicieron puerto en Curazao, vendieron la fragata, que como ya se dijo navegaba con bandera británica, y compraron otro barco con inscripción holandesa. Siguieron viaje hasta Venezuela, donde desembarcaron los ocho patriotas, y desde ese día en adelante el abuelo y su hijo se dedicaron a transportar material bélico para el ejército del Libertador. Con su larga experiencia de contrabandistas burlaban fácilmente la persecusión naval española.

Un día, a fines del año 1823, el barco del abuelo coincidió, cerca de la costa de La Guaira, con una goleta yanqui. Ejerciendo los derechos de corsario revolucionario, decidió inspeccionar la nave y descubrió que se trataba de la *Midas*, el velero en que viajaron los comisionados cubanos que fueron a entrevistarse con Bolívar. Pretendían que éste extendiera la guerra de independencia a Cuba y Puerto Rico. Entre los comisionados se encontraban José Agustín Arango, Juan Antonio Miranda, José Aniceto Iznaga, Fructuoso del Castillo y Gaspar Betancourt Cisneros.

La Guaira no daba entrada a la goleta de los ilustres antillanos por ser ya avanzada la hora de la tarde. Enterado el abuelo del propósito del viaje, sirvió de intermediario y desembarcó sin dificultad a los comisionados. De ahí nació la relación del abuelo y de su hijo con la revolución antillana.

Los emisarios cubanos fueron recibidos por Francisco Javier Yáñez, cubano él mismo, residente en La Guaira. Por mediación de éste se llevó a cabo una entrevista con el puertorriqueño general Antonio Valero, quien venía de México a ponerse a las órdenes de Simón Bolívar. Había renunciado a su comisión en el ejército de Agustín Iturbide cuando éste manifestó sus intenciones de repudiar los principios republicanos y proclamarse emperador.

El general Valero acogió con entusiasmo la idea de llevar la guerra a las Antillas. En la ciudad de México se había establecido una Junta Patriótica con ese objetivo. Se planeaba coordinar esfuerzos con Caracas y Bogotá, y ya se hablaba de una tropa de desembarco de cinco mil hombres bajo las órdenes del general José Antonio Páez, trasladada por una escuadra al mando de Juan Padilla. Valero manifestó su deseo de unirse a la expedición.

El gobierno de Caracas puso a disposición de los comisionados un buque que los condujo de La Guaira a Maracaibo. De allí continuaron viaje hasta Bogotá. A la comisión cubana se había sumado el general Valero, quien por su origen puertorriqueño daba a la encomienda dimensión antillana. El objetivo del viaje se vio frustrado por hallarse el Libertador entregado a su campaña del Perú. Dieron a José Agustín Arango la encomienda de continuar viaje por los Andes hasta entrevistarse con Bolívar y el resto de los comisionados permaneció en Bogotá para discutir el proyecto con el general Francisco de Paula Santander.

El general Santander, quien ejercía las funciones de gobierno, coincidió con el propósito de llevar la guerra a las Antillas. Era evidente que una vez derrotadas las tropas españolas en el continente, el gobierno de Madrid haría de Cuba y Puerto Rico su último reducto en América. Convenía, sin duda, obstaculizar la retirada al enemigo. Pero la jornada andina, en la que estaban enfrascados todos los elementos de guerra, no permitía, por el momento, abrir un nuevo frente, máxime cuando había un mar de por medio. Todo dependía de la entrevista con Bolívar y el desenlace de la campaña del Perú.

Los comisionados cubanos regresaron a Nueva York, que era su centro de operaciones. Mientras tanto, Arango volvió a La Guaira sin haberse podido entrevistar con el Libertador. Finalizaba el año 1825. Halló al general Valero enfrascado en la tarea de organizar refuerzos para la guerra del Alto Perú. Le puso Arango en conocimiento de los informes recibidos de Nueva York sobre actividades de la emigración. Reiteró el general puertorriqueño su promesa de ponerse a las órdenes de la revolución antillana, y para facilitar la entrevista con Bolívar incorporó a Arango a su Estado Mayor como secretario privado. Meses más tarde, en Lima, en 1826, se logró discutir formalmente con el Libertador los planes de llevar la guerra a Cuba y Puerto Rico.

Para este tiempo, ya el gobierno de Estados Unidos manifestaba, directa e indirectamente, su oposición a que se extendiera la revolución al Caribe. Se hacía evidente que Washington prefería el mantenimiento del poderío español en Cuba y Puerto Rico. Con referencia a estos primeros intentos a favor de la independencia de las Antillas, recuerdo que el tío Antonio se expresó así: "Nuestro pueblo no ha hecho aún el reconocimiento que merece el general Antonio Valero y Bernabe, ilustre hijo de Fajardo. Jamás olvidó a su patria antillana y estuvo siempre presto a poner su espada al servicio de la revolución de Cuba y Puerto Rico".

El tío Antonio se desbordaba con frecuencia por la vía de la exaltación histórica. Una de sus mayores preocupaciones era sacar del olvido a destacadas personalidades, que como él mismo decía, "por el hecho de haber nacido en nuestra pequeña isla, se les posterga". Las nuevas generaciones ignoraban nuestros valores. Por eso, según él, "los jóvenes de hoy día son víctimas de los que repudian a su país y reniegan de sus orígenes pretendiendo excusar su alevosía diciendo que Puerto Rico no tiene historia". Llamaba a esos tipos "hijos de mala madre", y como si quisiera fulminarlos con un derroche de erudición, hacía mención de innumerables hijos ilustres de Puerto Rico que se distinguieron. En una ocasión le tomé los nombres que siguen:

"Juan Avila, capitán de los Tercios españoles en Flandes, quien murió gloriosamente en el sitio de Maestrilict; Antonio Pimentel, quien se distinguió en las guerras de Italia; Andrés Rodríguez Villegas, gobernador de la isla Margarita y de la Florida; Juan de Amézquita y Quijano, héroe de la defensa de San Juan cuando la invasión holandesa, gobernador de Cuba; Matías Otazo, sargento mayor y capitán en las islas Filipinas; Felipe Lascano, gobernador militar de La Habana; Andrés Franco, general del reino de Nueva Granada; Antonio de Ayala, doctor en teología de la Universidad de Valladolid; Diego de Cárdenas, decano de la Catedral de Caracas; Fernando de Altamirano, célebre prelado de Tlaxcala; Juan Salinas, tesorero del municipio de Caracas; Gregorio Pérez de León, catedrático de la Universidad de Sevilla; Francisco M. Rivera, canónigo de Yucatán; Demetrio O'Daly, compañero del general Riego en la lucha por restaurar la Constituión de 1812 en España; general Juan de Saint Just, héroe militar de las guerras carlistas; Felipe Gotay, comandante en la segunda invasión del general Narciso López a Cuba..."

Como puede apreciarse, el tío Antonio no hacía distinción en cuanto a creencias o convicciones de las personalidades de origen puertorriqueño. El solo hecho de haber visto la luz en nuestra isla justificaba a sus ojos el elogio. Criterio más estricto calificaría ese juicio de simple ingenuidad. Pero es una respuesta válida a quienes en su ignorancia pretenden que Puerto Rico es un vacío en el tiempo. Porque, ciertamente, para poder ponernos de pie, los puertorriqueños de cada generación tenemos que comenzar por afirmarnos en nuestra historia. Como si dijéramos: tenemos un origen, ¡luego, somos!

Continuando el relato de la ascendencia de los Vega en el Caribe, el tío Antonio me informó que, tras la muerte de Bolívar en 1830, el abuelo estableció su residencia en la isla Margarita, cerca de la costa de Venezuela. Su hijo se hizo de un buque moderno, con motor auxiliar, y continuó sus correrías. Se dedicó especialmente al contrabando de perfumes, jabones y artículos similares. Pero no sólo traficaba en tales mercancías. Servía también de enlace para la propaganda revolucionaria en Cuba y Puerto Rico. Para este tiempo, el puerto de Nueva Orleans era centro de actividades de la emigración, y de allí partía el padre de mi tío Antonio y de mi propio padre, es decir, mi abuelo.

Mi abuelo, que así le he de llamar de aquí en adelante, en una de sus escalas de contrabando, por Boquerón, en la costa de Cabo Rojo, conoció a la mujer puertorriqueña que vino a ser mi abuela. Todo indica que era mujer playera, amante del mar. Cuando la familia se opuso a estos amores, accedió a irse en el barco con el abuelo y formalizaron el matrimonio aunque no se sabe en qué puerto del Caribe.

Quiso el abuelo que su mujer permaneciera en casa de su padre, en la isla Margarita, pero ésta se negó. Insistió en acompañarlo en la vida de mar, y a poco resultó, por el hecho mismo de ser mujer, magnífico medio para hacer llegar la propaganda revolucionaria a Puerto Rico. Se inició en tan delicada misión a petición de unos emigrados puertorriqueños residentes en Caracas, quienes le encomendaron un mensaje para sus familiares en San Germán. En el desempeño de esa misión se encontró con Guida Besares, amiga suya de la infancia. Se había transformado ésta en una *laborante,* como llamaban los españoles a los separatistas en Puerto Rico y Cuba; de ahí que se estrechara aún más la amistad de las dos mujeres.

La abuela tomó muy en serio su tarea. Haciéndose pasar por vendedora de santos, escapularios y artículos religiosos, recorría los pueblos del oeste de Puerto Rico, después de desembarcar con papeles falsos en algún punto de la costa de Cabo Rojo, Lajas o Guánica. Su primera visita era a las esposas de los oficiales del gobierno y a las beatas de las familias de los milicianos. Encubriendo así el verdadero propósito de su viaje, entregaba los mensajes que le habían encomendado, originados en Caracas o en Nueva Orleans. El profuso despliegue de símbolos católicos ayudaba a burlar la vigilancia de los opresores del pueblo.

"Un serio incidente vino a interrumpir esas actividades", dijo mi tío Antonio. Y al percatarse de mi creciente expectación, continuó sonriendo: "Vine yo al mundo".

Después del nacimiento de mi tío Antonio, se las agenció la abuela para cumplir otras misiones en Puerto Rico. Pero apenas un año más tarde arribó a este mundo quien habría de ser mi padre, y ya con dos niños la vida a bordo se hizo muy difícil. Quiso la madre que se criaran en su tierra de origen, y entregó los dos vástagos a su amiga entrañable, Guida Besares. "Fue ella nuestra madre de crianza", concluyó el tío Antonio.

La andariega madre acostumbraba visitar a sus hijos en San Germán varias veces al año. Pero sus visitas comenzaron a escasear. La vida se hacía difícil a quienes traficaban entre las islas del Caribe burlando la soberanía de España. Inglaterra coincidía con Estados Unidos en la conveniencia de mantener el equilibrio de fuerzas en esa región del mundo. Esto hizo que ambas potencias actuaran como aliadas de España en la lucha contra todo intento revolucionario en las Antillas.

Bajo tales condiciones se hizo sumamente arriesgado el comercio de contrabando y, más aún, la actividad de corsario revolucionario a que estaba entregado el abuelo. Y se hicieron cada vez más prolongados los intervalos entre las visitas de la abuela a Puerto Rico, hasta que cesaron totalmente.

La abuela Guida, que así justamente debo llamarla, trasladó su residencia de San Germán a Caguas en 1855. Para esa fecha el tío Antonio tenía unos 19 años y su hermano, mi padre, era un año menor. Mi padre estudiaba en la misma población de Caguas bajo la tutela del maestro Nicolás Aguayo y Aldea. El tío había sido enviado a San Juan a iniciar estudios superiores. Y para ese tiempo azotó a Puerto Rico la epidemia del cólera.

Caguas fue uno de los pueblos que más sufrieron a causa de la terrible enfermedad. La gente se desplomaba en las calles y ni siquiera había tiempo para enterrar los cadáveres. Una de las víctimas fue la abuela Guida. Mi padre, huérfano, se refugió en casa de su padrino, en Cayey, mientras el tío Antonio, en San Juan, desaparecía poco tiempo después, y no se supo más de él... hasta nuestro encuentro, muchos años más tarde, en Nueva York.

Fue entonces cuando se despejó el misterio de la desaparición del tío Antonio. En vez de ingresar a la escuela en San Juan, se colocó de aprendiz en el chinchal de cigarros de Fermín Baerga. Había sido éste en sus mocedades un tabaquero trotamundos que, tras de pasar por Nueva York, recaló en Nueva Orleans, y allí participó en expediciones revolucionarias contra el dominio español en Cuba. Al cabo de los años, apartado de la actividad subversiva, regresó a Puerto Rico y estableció una pequeña fábrica de cigarros en la capital. Los fracasos insurreccionales no le habían desanimado del todo y vivía como quien espera la hora... Fermín Baerga ejerció, sin duda, una gran influencia en mi tío Antonio.

"De Fermín", me relataba muchos años más tarde en Nueva York, "aprendí el oficio de torcedor y las primeras lecciones revolucionarias. Sus relatos encendieron mi imaginación. De sus labios escuché la historia de Narciso López y sus prodigiosas invasiones a Cuba. Aquellas conversaciones sellaron mi destino, y a la primera oportunidad embarqué con rumbo a Nueva York".

Mi tío Antonio desembarcó en Nueva York a principios de 1857. Para ese tiempo tenía lugar la gran emigración de Irlanda. Cerca de dos millones de irlandeses arribaron a Estados Unidos en el breve período de quince años. El hambre los arrojaba de su país y venían dispuestos a todo. La miseria más espantosa asolaba las barriadas de los emigrantes en Nueva York, Boston y otras grandes ciudades. Reinaban el discrimen y la persecución policíaca. Fueron estos los años del *know-nothing*, del chauvinismo nacional, del atropello rampante contra los extranjeros... El tío Antonio comenzó a conocer en carne propia las realidades de la llamada "tierra de promisión" para los desheredados del mundo.

Consiguió hospedaje con una familia irlandesa e inmediatamente se entregó a la búsqueda de empleo. Su primer trabajo lo desempeñó como torcedor de cigarros en la fábrica Rosen, López y Cía., situada en el Bajo Manhattan. Allí trabó conocimiento con personas de habla hispana, entre éstas, los puertorriqueños Martín Castro, negro natural de Santurce, Lisandro Rodríguez, de Guayama, y Jesús Rodríguez, de la Playa de Ponce. Fue en ese lugar donde tuvo la fortuna de conocer al judío sefardita Jacobo Silvestre Bresman, a quien le unieron lazos de amistad por toda la vida.

Bresman fue para el tío Antonio un verdadero maestro. Lo cobijó bajo su ala, por así decirlo, y en el pausado sefardita halló un padre el joven recién llegado. Con él amplió su visión del mundo y supo explicarse los conflictos humanos. Se colocó con mayor fervor al lado de los trabajadores y comenzó a absorber las doctrinas del socialismo.

A poco de residir en Nueva York casó con una puertorriqueña que había salido de Río Cañas, Mayagüez, de nombre Dolores Betances. Establecieron su hogar en el 209, Este, de la Calle 13, y ese apartamento vino a ser lugar de reunión de los exiliados de Cuba y Puerto Rico.

Los años de Guerra Civil en Estados Unidos transcurrieron sin que ocurrieran acontecimientos notables en las Antillas. Pero a Nueva York continuaban llegando emigrantes de las islas. Crecía la comunidad cubana y puertorriqueña, a lo que sin duda contribuía el comercio entre las colonias de España y Estados Unidos. Este había cobrado impulso a mediados de siglo, y año tras año aumentaba. Barcos norteamericanos transportaban azúcar y melazas de los puertos antillanos a Nueva York, y no era extraño que en cada viaje desembarcara alguno que otro joven puertorriqueño. Por lo regular iban a vivir a las calles 14 y 15, cuando no a Waverley Place. Un hospedaje muy frecuentado era el de la familia de Salvador Gely, natural de Patillas, establecido en el 5, Oeste, de la Calle 29.

Las casas de vecindad tenían pocas comodidades. Consistían, por lo regular, de tres habitaciones: una servía de sala por el día y de dormitorio por la noche; contaban con un aposento al fondo, y al medio tenían el comedor y cocina. Estaban alumbrados por un mechón de gas. Tenían ventanas solamente al frente. En la mayoría, la calefacción se limitaba a la estufa de carbón. Eran raros los apartamentos con baño particular. El aseo personal se hacía en el mismo fregadero que había en la cocina.

Cubanos y puertorriqueños se debatían en la gran ciudad sin demostrar, en estos años, mayores preocupaciones. Nueva Orleans, más que Nueva York, había sido hasta entonces centro de las actividades antillanas. Dominaba la tendencia anexionista, reflejo de los intereses esclavistas de los estados del sur de Estados Unidos. Pero finalizada la guerra civil y abolida la esclavitud, el centro de la emigración antillana se desplazó a Nueva York.

Un nuevo acontecimiento vino a fortalecer esa tendencia: el fracaso de las Juntas Informativas sobre Cuba y Puerto Rico en Madrid... A principios de julio de 1867 llegan a Nueva York, después de haberse evadido de las garras del general José María Marchesi, Segundo Ruiz Belvis y Ramón Emeterio Betances.

Capítulo VII

NUEVA YORK: FOCO DE LA REVOLUCION ANTILLANA. PAPEL DE LAS COMUNIDADES CUBANA Y PUERTORRIQUEÑA

Con la llegada de Ruiz Belvis y Betances a Nueva York cobró vida la Sociedad Republicana de Cuba y Puerto Rico. Esta había sido fundada por un grupo de cubanos encabezado por Juan Manuel Macías y por el desterrado puertorriqueño doctor José Francisco Basora. Las ilusiones reformistas provocadas por las juntas informativas, elegidas en Cuba y Puerto Rico y reunidas en Madrid, mantuvieron inactiva a la naciente agrupación. Pero con el desplome de esas ilusiones, al dar al traste las promesas de reforma colonial, se avivó nuevamente la idea revolucionaria. Así pues, los dos nuevos desterrados puertorriqueños hallaron ambiente propicio en Nueva York.

Ramón Emeterio Betances y Segundo Ruiz Belvis no eran individuos desconocidos por la emigración. La fama del primero por su actuación como médico en la epidemia bubónica que azotó a Puerto Rico, y como abolicionista, le había precedido. En cuanto al segundo, se conocía también su destacado papel en Madrid como miembro de la Junta Informativa. Tanto es así, que en no pocas fábricas de cigarros se había leído la brillante *Memoria Sobre la Esclavitud* que había redactado juntamente con José Julián Acosta. Su histórica frase de "queremos la abolición, con indemnización o sin ella", corría de boca en boca.

Inmediatamente después de su arribo a Nueva York, los dos ilustres desterrados se reunieron con el doctor Basora y se constituyeron en Comité Revolucionario. Bajo sus tres firmas dieron a la publicidad un manifiesto que concluye con las siguientes palabras: "¡Cubanos y puertorriqueños! Unid vuestros esfuerzos, trabajad de concierto, somos hermanos, somos uno en la desgracia; seamos uno también en la Revolución y en la Independencia de Cuba y Puerto Rico. ¡Así podremos formar mañana la Confederación de las Antillas!"

Por esos mismos días apareció en el diario *New York Herald* un despacho de La Habana dando cuenta de la "desaparición" de Betances y Ruiz Belvis de Puerto Rico e implicándolos en el Motín de los Artilleros ocurrido recientemente en San Juan. Reaccionando inmediatamente, los dos exiliados hicieron publicar en el mismo periódico, el 2 de agosto de ese año, una declaración en que manifestaban no tener "la menor intención de sincerarse ante el gobierno español, ahora ni nunca". Y añadían: "El gobierno de la isla, procediendo arbitrariamente, como es su costumbre, sin forma alguna de proceso, decretó la expulsión de varios individuos de buena posición social, entre ellos los infrascritos, a quienes se pidió una palabra de honor de presentarse en Madrid al ministro de Ultramar. Hemos rehusado dar nuestra palabra de honor por varias razones que a su tiempo serán conocidas, y porque sería perder tiempo, trabajo y dinero confiar en la buena fe de tal gobierno".

Según relato de mi tío Antonio, Betances, Ruiz Belvis y Basora promovieron una reunión de cubanos y puertorriqueños en casa de Salvador Gely, Calle 29, Oeste. Entre los asistentes se contaban varios tabaqueros, Flor Baerga, Lisandro Rodríguez, además de mi tío, y el judío sefardita Jacobo Silvestre Bresman. Las conversaciones giraron alrededor de la posibilidad de iniciar la revolución en las Antillas.

Bresman puso en duda la participación de los grandes hacendados y subrayó la necesidad de apoyarse en los guajiros de Cuba y en los jíbaros de Puerto Rico. Según sus informes, España tenía catorce barcos de guerra en aguas de Cuba y se podía esperar la llegada de más buques a La Habana. Las fuerzas del ejército español habían aumentado, de 12,000 soldados regulares estacionados en Cuba, a 40,000. La revolución que se proyectaba tenía que tomar en cuenta esas condiciones.

En esa y en reuniones posteriores, se elaboró un vasto plan de acción. Como parte de ese plan, Betances partió hacia distintos puntos del Caribe con la encomienda de reunir fuerzas de desembarco. Ruiz Belvis se dirigió a Santiago de Chile, adonde arribó el 27 de octubre de 1867, con la encomienda de trabajar, junto a Benjamín Vicuña Mackena, por lograr apoyo a la próxima insurrección. El doctor Basora permaneció en Nueva York dirigiendo el reclutamiento de hombres para una expedición armada que habría de partir de Estados Unidos. Se estaba en vísperas del Grito de Lares puertorriqueño y del Grito de Yara cubano.

Por desgracia para la causa de la independencia antillana, semanas después de su llegada a Chile, Ruiz Belvis murió inexplicablemente en un hotel de Valparaíso. La noticia de la muerte de su entrañable amigo conmovió a Betances, pero no detuvo su obra revolucionaria. Continuó enviando clandestinamente sus mensajes a Puerto Rico, desde Saint Thomas, y reuniendo hombres y armas en distintos puntos del Caribe. Pero unos y otras no llegaron a entrar en acción. Las autoridades españolas se adelantaron a la insurrección y lograron reprimirla entre el 23 de septiembre y los primeros días de octubre de 1868.

Se sabe que Betances había concertado una alianza con revolucionarios de la República Dominicana que conspiraban contra el presidente Báez. El material de guerra que había reunido para la expedición a Puerto Rico se perdió en Santo Domingo, y esa actuación de Betances fue duramente criticada en Nueva York.

El 10 de octubre estalló en Yara lo que vino luego a conocerse como la Guerra de los Diez Años, proclamándose Carlos Manuel Céspedes jefe del Ejército Libertador de Cuba. Esto despertó un vivo entusiasmo entre la emigración cubana y puertorriqueña de Nueva York.

Iniciada con relativo éxito la revolución en Cuba, la Sociedad Republicana de Cuba y Puerto Rico adoptó el nombre de Junta Revolucionaria Cubana. Se designó presidente a J. Morales Lemus, quien había sido delegado por Cuba a la Junta Informativa de Madrid.

Otro destacado cubano, Francisco Javier Cisneros, se incorporó a la Junta Revolucionaria. Se nombró tesorero al puertorriqueño Basora y se encomendó a Agustín Arango la dirección del reclutamiento de voluntarios.

El primer embarque de hombres y armas se despachó por Jacksonville, Florida, en el vapor *Henry Burden* y en la goleta

Mary Lowell, bajo la dirección de **Cisneros. Pero** el *Burden* resultó un barco demasiado viejo para hacer la travesía. Los expedicionarios tuvieron que trasbordar en alta mar a la goleta, logrando hacer puerto en **Ragged** Island, una de las islas británicas de las Bahamas. Los revolucionarios decidieron seguir rumbo a Cuba, pero la tripulación de la nave se negó a continuar. Hubo que deshacerse de los tripulantes y reclutar unos nuevos, y cuando al fin estaban próximos a zarpar, un barco-patrulla español intervino. Como resultado, las autoridades inglesas tomaron la goleta bajo su custodia, fracasando así el primer embarque bélico hacia Cuba.

Mientras tanto, Morales Lemus se entrevistaba en Washington con el presidente Grant pidiéndole que mediara en el conflicto con España. La mediación no se materializó, pero según Lisandro Rodríguez y Juan Arnao, se prometió ayuda a la revolución armada. Y así se le hizo saber a Céspedes, quien se batía en los campos de Cuba.

La supuesta ayuda de Estados Unidos a la República de Cuba en Armas subió al rojo vivo el entusiasmo entre cubanos y puertorriqueños de Nueva York. En las fábricas de cigarros, hospedajes y fondas se hablaba ya de que "las próximas Navidades se celebrarían comiendo *ajiaco* en el suelo nativo".

Otra cosa muy distinta fue lo que ocurrió.

Alarmados por los rumores sobre la posible intervención de Estados Unidos en Cuba, la representación diplomática de España se querelló en Washington contra la Junta Revolucionaria Cubana. Morales Lemus fue llamado a Washington y recriminado por las autoridades norteamericanas.

Por otra parte, los frecuentes viajes de Morales Lemus a Washington provocaron recelos y divisiones entre la emigración. Se comenzó a acusar de "anexionismo" al presidente de la Junta Revolucionaria Cubana, y la lucha revolucionaria contra España adoptó dos actitudes: la consecuentemente independentista y la que se manifestaba, más o menos abiertamente, por una futura anexión de las Antillas a Estados Unidos.

Para este tiempo comenzaron a incorporarse las mujeres a la lucha de emancipación antillana. Por iniciativa de Emilia Casanova de Villaverde se fundó la sociedad patriótica Hijas de

Cuba, el 6 de febrero de 1869, en el Hotel Saint Julien, cerca de Washington Place, Nueva York. Catorce damas se sentaron alrededor de la mesa presidencial. En esa reunión la señora Casanova de Villaverde acusó a la Junta Revolucionaria Cubana de "manejos anexionistas y de estar traicionando el movimiento de independencia".

A pesar de sus fallas, la Junta Revolucionaria Cubana logró enviar una segunda expedición a Cuba en mayo de 1869. Antes de fin de año se envió una tercera. Pero tanto ésta como la anterior fueron interceptadas por barcos patrulleros españoles. Para poder huir tuvieron que echar parte del equipo bélico al mar. Igual cosa ocurrió con expediciones posteriores.

El ejército insurgente comenzó a carecer de material de guerra, lo que lo obligó a limitar sus planes de campaña. La crítica situación fue motivo de discusión en la Junta Revolucionaria Cubana. Se formularon cargos contra Cisneros, jefe de las expediciones, y éste presentó su renuncia. Al final se le disculpó, considerándose que la verdadera causa de que los barcos fueran sorprendidos era la poca discreción de quienes trabajaban en la preparación de las expediciones. Era evidente que el espionaje español averiguaba la fecha y puerto de salida y transmitía la información a sus patrullas navales.

A principios de 1869 llegó a Nueva York el doctor J.J. Henna, una de las víctimas de la represión provocada por el Grito de Lares. Henna se incorporó inmediatamente al Comité Republicano Puertorriqueño que dirigían Betances y Basora.

Ese mismo año, el 31 de octubre, arribó a Nueva York Eugenio María de Hostos. Venía de Europa *echando chispas* y con el alma incendiada de *santo fanatismo* por la independencia de su patria. Hacía poco había quebrado sus últimas lanzas frente a los "progresistas" españoles en el Ateneo de Madrid. Sus años de compromiso y transigencia con España habían terminado. Había llegado a la conclusión de que las colonias tenían que ganar su libertad "a pura sangre, en los campos de batalla".

A sugerencia de Basora, Hostos se incorporó a la redacción de *La Revolución*, vocero del Comité Republicano Puertorriqueño en Nueva York. Su labor en esa publicación fue objeto de apasionadas polémicas. De acuerdo con Baerga, Hostos *hacía y dirigía* el periódico, pero nunca se le acreditó como *director*.

Hostos se percató de la sorda división entre los partidarios consecuentes de la independencia antillana y los que aspiraban a la anexión de las islas a Estados ·Unidos. Quiso ganarse la confianza de Morales Lemus y demás líderes cubanos. Esperaba convertirse en el dirigente indiscutible de la lucha de independencia, y a tal fin trabajaba desde la redacción del periódico.

El ambiente reinante entre exiliados y emigrantes puertorriqueños y cubanos en Nueva York llenó a Hostos de suspicacias. Pero, fiel a sus propósitos, inició su batalla en actitud constructiva. Redactó un manifiesto llamando a los puertorriqueños a incorporarse a la lucha revolucionaria y logró la adhesión de varios miembros de la Junta Revolucionaria Cubana.

Para este tiempo se presentó en el Congreso de Estados Unidos una resolución para que se hiciera a España una oferta de compra de la isla de Cuba. La proposición recibió el apoyo de uno de los más importantes diarios de Nueva York. El Comité Republicano Puertorriqueño asignó a Enrique Piñeiro, quien fungía como director de *La Revolución*, la encomienda de contestar al periódico neoyorquino. Así lo hizo, pero la respuesta fue considerada "muy vacilante" por Hostos. El artículo no establecía claramente que la independencia era el objetivo de la revolución antillana y dejaba entrever que la idea era echar a los españoles de Cuba, fuera como fuera. Esto provocó un serio altercado entre Hostos y Piñeiro. La intervención de Betances y Basora evitó la renuncia de Hostos. Pero su permanencia en la redacción del periódico se hizo muy incómoda.

Como representantes del Gobierno Revolucionario de Cuba, la Junta Revolucionaria Cubana en Nueva York tuvo que asumir funciones diplomáticas. Esto restringía sus actividades en otros campos. Hacía falta otro organismo que sirviera de tribuna de discusiones públicas, centro para recolectar fondos y reclutar voluntarios, etcétera. Con esos fines se creó el Club de Artesanos. Y Hostos se sirvió de esta agrupación para divulgar sus ideas y tronar contra el anexionismo.

La presencia de Hostos dio inusitado impulso al Club de Artesanos. Tabaqueros, artesanos y obreros, tanto cubanos como puertorriqueños, comenzaron a nutrir sus asambleas. Las conferencias o charlas de Hostos eran una gran atracción. Se le reconocía ya como el dirigente de los trabajadores separatistas.

En los talleres de tabaqueros revivió la fe en la independencia de las Antillas. Pero las actividades del Club de Artesanos comenzaron a hacer patente la división de la emigración. Los elementos burgueses y profesionales conservadores de la Junta Revolucionaria Cubana empezaron a encontrar tropiezos para sus planes. La animosidad contra Hostos arreció.

En ese año de 1869 llegó también a Nueva York otro puertorriqueño ilustre: Juan Rius Rivera. Había cumplido apenas veinte años. Se unió al Comité Republicano Puertorriqueño y ofreció sus servicios a Cuba. No permaneció en Nueva York mucho tiempo. Se incorporó a la expedición de Melchor Agüero que desembarcó en Las Tunas, Cuba, el 19 de enero de 1870.

Deseando aunar la opinión norteamericana, la Junta Revolucionaria Cubana resolvió organizar a los simpatizantes de la causa en Estados Unidos. Con ese fin, por iniciativa de Manuel Macías, se fundó una agrupación que vino a conocerse como La Liga. Pero el nuevo organismo se desvió de su objetivo central al engrosar sus filas norteamericanos que más que al deseo de independencia, aspiraban a la anexión de Cuba a Estados Unidos. Esto avivó la hostilidad del Club de Artesanos, y de los tabaqueros en particular, contra los líderes burgueses del exilio a los que calificaban de "aristocracia".

El 23 de febrero de 1870 se celebró un acto auspiciado por La Liga en Cooper Union. Hostos fue invitado a hablar y en su discurso se manifestó en contra de la formación del nuevo grupo. Esto intensificó la enemistad de los anexionistas. Y la madeja acabó de enredarse cuando Hostos presentó en el Club de Artesanos una resolución que instaba a la Junta Revolucionaria Cubana a prestar su apoyo financiero a la lucha revolucionaria en Puerto Rico.

Las posiciones adoptadas por Hostos lo distanciaron de Basora, y aun de Betances. Pero sus ideas tenían cálida acogida entre los artesanos de la época, como lo prueba la comida celebrada en su honor el 12 de marzo de 1870. El ágape tuvo lugar en el hogar de Flor Baerga, en el 227 de la Calle 17, Este. Asistieron Martín Castro, Juan de Dios Núñez, Jesús Rodríguez, Isidro Ferrer, Jesús Picón, Lisandro Rodríguez, Flor Baerga y Hostos, naturalmente. Todos puertorriqueños. El único que no lo era fue el hebreo, de quien ya antes he hablado, Jacobo Silvestre Bresman.

Los recuerdos de esa reunión se encuentran en el *Diario* de Hostos y en las *Memorias* escritas por Flor Baerga. Discutieron sobre la situación de la emigración y las posibilidades de llevar la guerra a Puerto Rico. Acordaron volverse a reunir y en el curso de esos encuentros se debatió la necesidad de transigir en cuanto a las aspiraciones inmediatas de la revolución.

No por ello amainó Hostos su campaña contra los anexionistas. Pero, finalmente, disgustado consigo mismo, enfermo de impaciencia, partió de Nueva York el 3 de octubre de 1870. Y con la partida de Hostos, ausente también Betances, sin buenas noticias de los campos de Cuba, dividida y desalentada la emigración, la incipiente comunidad puertorriqueña pareció despreocuparse de la suerte de las Antillas.

Capítulo VIII

*VICISITUDES DE LA REVOLUCION, FIN DE LA
GUERRA EN CUBA, PERO APARECE EN NUEVA YORK
LA LUMINARIA DE JOSE MARTI*

La instauración de la República, al dimitir el·trono de
España Amadeo de Saboya, alentó el optimismo revolucionario
entre exiliados y emigrados puertorriqueños y cubanos en
Nueva York. Pero la esperanza de que Madrid iniciara una
política de reconocimiento a los derechos de los pueblos antillanos se vio pronto frustrada. Y nada contribuyó tanto a la evapo-
ración de las ilusiones como la tragedia del *Virginius*, en
octubre de 1873.

Se trataba, posiblemente, de la expedición más nutrida y
mejor armada: 150 hombres, la mayoría soldados de fortuna con
vasta experiencia militar. El barco fue apresado por un crucero
español y conducido a Santiago de Cuba. Los expedicionarios
comenzarn a ser fusilados sumariamente por las autoridades
españolas. Hasta miembros de la tripulación fueron fusilados.
Tan grande fue la matanza, que el comandante de un barco de
guerra inglés que se hallaba en aguas de Cuba, enterado del
suceso, pidió clemencia. No le hicieron caso, y el comandante
inglés apuntó los cañones de su nave contra la ciudad amena-
zando con bombardearla si no se suspendía aquel asesinato en
masa. Se dice que esto salvó a los últimos prisioneros.

Esa acción de represión inhumana se realizó bajo la República de Castelar.

El 22 de abril de 1874 regresó Eugenio María de Hostos a
Nueva York. Betances se había radicado en París y estaba entregado por entero a la tarea de levantar fondos para la lucha
militar en Cuba. Basora se hallaba en Saint Thomas. No existía
ya en Nueva York el Club de Artesanos.

Se promovieron nuevas reuniones por iniciativa de Antonio
Molina León y de Flor Baerga. Hostos se incorporó al grupo y el
20 de junio de 1874 salió a la luz el primer periódico propia-

mente puertorriqueño publicado en Nueva York: *La Voz de Puerto Rico.* Molina contribuyó con la mayor parte de los recursos. Se compró una prensa y los tipos indispensables. Hostos asumió la dirección y administración de la empresa.

En julio de ese año se declaró una huelga en las fábricas de cigarros. Como consecuencia, el periódico perdió el apoyo económico que le prestaron desde sus inicios los tabaqueros. Se recurrió a los puertorriqueños pudientes. Nadie quiso contribuir, y apenas un mes después de su primera edición se apagó *La Voz de Puerto Rico.*

Meses más tarde se realizó un nuevo esfuerzo por reanudar el periódico. El 11 de septiembre, en un salón de la Calle 4, cerca de la Segunda Avenida, se reunió un grupo de tabaqueros, artesanos y algunos jóvenes recién llegados de Puerto Rico. Se interesaba constituir un nuevo comité puertorriqueño. Al cabo de larga discusión, se decidió concentrar todos los esfuerzos en la reanudación del periódico. Para cumplir esa tarea se designó un comité integrado por Flor Baerga, Jesús Picón, Antonio Molina, Silvestre Bresman y Lisandro Rodríguez.

El grupo giró visitas a Basora, Henna, Mercado y otros puertorriqueños que se hallaban en buena posición económica. Todos prometieron ayudar, pero nadie soltó ni siquiera una perra. El comité recorrió las tabaquerías que recién comenzaban a trabajar y recolectaron cerca de cien dólares. La exigua suma aseguraba la publicación de tres ediciones. Pero cuando fueron a la imprenta descubrieron que las fuentes de tipos habían desaparecido. Definitivamente, *La Voz de Puerto Rico* en Nueva York cesó de publicarse.

Este nuevo fracaso tuvo un efecto desastroso en Hostos.

Las noticias que llegaban de Puerto Rico eran poco alentadoras. Era la época del gobernador Laureano Sanz. La población se hallaba sumida en el miedo, y no era para menos. Aun los que soñaban con la revolución, la esperaban de afuera. En ese caso, sólo una expedición revolucionaria capaz de conquistar y retener una amplia porción del territorio podría tener éxito. Y eso, naturalmente, era difícilmente posible.

Esta situación pesaba como lápida sobre exiliados y emigrantes puertorriqueños en Nueva York. Y no sólo eran malas

las noticias que se recibían de Cuba y de Puerto Rico, sino que también, en aquellos años, la vida de los artesanos y obreros en Nueva York se hacía difícil. Había que vestir de la *trapera*, como decía el tío Antonio, y en no pocas familias la comida de la tarde consistía solamente en unas *sopas largas*.

Esto obligó a mi tío Antonio a abandonar la chaveta de tabaquero e ir a solicitar trabajo en las obras de construcción del puente de Brooklyn —una determinación casi suicida.

Echar los cimientos de ese puente fue obra de romanos. No era fácil encontrar hombres dispuestos a trabajar en esa empresa. Sólo los que no hallaban trabajo en otro lugar: polacos, españoles, italianos... Ningún obrero yanqui (y tampoco ningún hebreo) contribuyó con una hora de trabajo en esa obra. En la construcción de ese puente sucumbieron miles de emigrantes.

El horrible invierno del 66 al 67 dio calor (¡vaya paradoja!) a la idea de construir un puente que conectara a Brooklyn y Manhattan. Las aguas del río del Este se helaron a tal punto que hicieron imposible la navegación. Resultaba más fácil viajar a Nueva York desde Albany que desde Long Island. Un puente resolvería el problema, y originalmente se calculó que se podía construir con unos 7 millones de dólares. Salió, finalmente, en más del doble.

La construcción se inició con unos enormes cajones de madera machihembrada. Estos se invertían boca abajo y se les sumergía hasta el lecho del río. Expulsada el agua por medio de aire comprimido, los trabajadores bajaban a la cámara a echar los cimientos de acero y concreto. Trabajaban prácticamente en la oscuridad respirando el oxígeno que les bombeaban de de la superficie.

El tío Antonio sólo pudo resistir dos días. No tuvo más remedio que volver al tabaco. De común acuerdo con su esposa, puso a sus hijos a dormir en una sola habitación y habilitó el cuarto restante del apartamento como taller. Consiguió algún dinerito prestado y compró rama a Hyman Sisselman, almacenista de tabaco radicado en la calle John del bajo Manhattan. Su esposa Dolores despalillaba y colocaba los cigarros en cajas. Silvestre Bresman, el hebreo tan identificado con los puertorriqueños, se ofreció como vendedor, y tanto empuje dio al negocio, que a poco no menos de ocho torcedores trabajaban en el chinchal.

Se resolvió así el problema del sustento. En las más difíciles situaciones, el tabaco fue para mi tío Antonio la salvación —como también lo fue para mí.

Pero se trabajaban diez y doce horas diarias. No había tiempo disponible para tareas políticas o revolucionarias. Antonio Molina venía de vez en cuando a verlos. Informaba cómo marchaban las cosas, les leía algún periódico... Era el único contacto que conservaba el tío Antonio con la lucha de independencia de las Antillas.

La lucha en este tiempo había decaído mucho. La guerra en Cuba comenzaba a debilitarse. Desde Madrid se tanteaba en secreto para dar solución al conflicto. La moral del Ejército Libertador se quebrantaba y continuamente se anunciaban rendiciones. Sin artillería y faltos de armas para atacar las fortalezas españolas, no se efectuaban ya operaciones ofensivas. Las condiciones eran más o menos propicias para restablecer la paz.

Este es el momento que aprovecha el general Martínez Campos. De nada valió la famosa protesta de Maceo en los Mangos de Baraguá en marzo de 1875. Vale apuntar que junto al glorioso Lugarteniente, en esos días de prueba, con no menos bravura y gallardía, estuvo el puertorriqueño Juan Rius Rivera. Pero la Paz del Zanjón se impuso... No sería hasta 20 años más tarde, bajo la inspiración de José Martí, cuando se encendería de nuevo la mecha revolucionaria en Cuba.

Pero no se extinguieron fácilmente los esfuerzos revolucionarios. El ejemplo de Maceo, al rehusar rendir las armas, halló eco en los revolucionarios de Nueva York. Tal es el origen de la expedición del *Charles Miller*, antiguo barco que partió de Boston en abril de 1875 con un puñado de hombres bajo el mando de Francisco Vicente Aguilera. A esta expedición se unió Eugenio María de Hostos, decidido a dar su suprema batalla en la manigua. Pero las condiciones del barco eran tales que, ya a punto de naufragar, se vio obligado a tomar puerto. Y Hostos se vio forzado a regresar a Nueva York como un Quijote maltrecho.

De nuevo, entre delirios y miserias, volvió Hostos a intentar levantar los espíritus caídos. Pero sus esfueros resultaron baldíos. Igual resultó la misión emprendida por Antonio Maceo, quien acompañado de Ruiz Belvis hizo un viaje a Jamaica en busca de socorro para la revolución. Como informara este último, sólo pudieron reunir "10 reales y conseguir 7 voluntarios"... Inevitablemente, lo que se conoce en la historia de Cuba como *La Guerra Chiquita,* llegó a su fin.

En Nueva York, pasada la primera impresión de la derrota, empezó poco a poco a renacer la agitación por la independencia antillana. Pero si con respecto a Cuba habían decaído los ánimos, mucho más rudo era el golpe sufrido por el movimiento insurgente de Puerto Rico. Si Cuba no había podido lograr su libertad después de una manifestación tan gallarda de rebeldía, ¿que podía esperarse de la pequeña Antilla?

En hora tan aciaga, no faltaron hombres fieles al ideal de independencia. Y así, el 12 de junio de 1879 circuló en Nueva York un manifiesto suscrito por Carlos García Iñiguez, Leandro Rodríguez, Pío Rosado, Carlos Roloff, Leoncio Prado y José Francisco Lamadriz. Entre otras cosas, decía: "Lo único que podemos esperar de España, sin deshonrarnos, es nuestra absoluta independencia". Evidentemente, se abría una nueva etapa de lucha para los exiliados y emigrantes puertorriqueños en Nueva York. Pero tampoco habría de ser fácil.

El invierno del 79 al 80 fue sumamente crudo. Para aquel entonces no se limpiaban de nieve las calles. Una nevada se acumulaba sobre otra y las montañas de nieve hacían aún más fría la ciudad. Todavía en marzo las calles estaban cubiertas por las nieves de diciembre. El carbón había aumentado de precio y, lo que era peor, no se conseguía con facilidad. Dolores, la mujer de mi tío Antonio, caminaba desde la Calle 13, cerca de la Segunda Avenida, hasta la 8, casi junto al río, para comprarlo. Ella con los niños salía todos los días a recoger leña por las tiendas para calentar la casa.

Fue el 3 de enero de 1880, en medio de aquel riguroso invierno, cuando arribó a Nueva York José Martí. A poco de su llegada se anunció que hablaría en Steck Hall. Y aquel primer discurso suyo conquistó los corazones de los antillanos. Su elocuencia y su lógica convencieron. Era preciso seguir luchando por la causa de la independencia... Una nueva corriente de esperanza comenzó a bullir en el seno de la emigración.

Martí fue elevado a la presidencia del Comité Revolucionario Cubano el 13 de mayo de 1880. Componían el núcleo Juan Bellido de Luna, Leoncio Prado, Pío Rosado, Carlos Roloff, Leandro Rodríguez, Manuel Cruz Beraza y Francisco Lamadriz. Pero no demostró grandes bríos este comité. El periódico *La Revolución*, que dirigía Bellido de Luna, dejó de publicarse. En todo Estados Unidos sólo sobrevivía el vocero *Yara*, que se editaba en Cayo Hueso bajo la dirección de José Dolores Poyo. Lo sostenían los tabaqueros del Cayo y de Tampa.

A mediados del año siguiente, en julio de 1881, José Martí se ausentó de Nueva York. Pero en agosto de ese mismo año ya estaba de regreso. Evidentemente había llegado a la conclusión de que Nueva York era el lugar más propicio, en esos momentos, para trabajar por la revolución. Desde entonces, hasta enero de 1895, Martí residió en Nueva York y fue esta ciudad su centro de operaciones.

A fines del 81 la comunidad puertorriqueña en Nueva York puede decirse que quedó descabezada. Antonio Molina León regresó a Puerto Rico, y había sido él quien mantenía viva la inquietud fuera de los círculos de artesanos y obreros. Pocos son los actos que se hacen notar en este período.

A mediados de 1883 hubo un intento de crear un nuevo Comité Republicano Cubano, pero no pasó de los esfuerzos iniciales. Poco después salió a la luz el periódico *El Separatista*, por esfuerzo de J.M. Prellezó, Manuel de la Cruz Beraza y Cirilo Publes. Pereció al poco tiempo. Estos hombres sostenían, al parecer, una ideología demasiado conservadora y la gente no respondía a su liderato, muchos menos la masa artesana.

Para este tiempo José Martí vivía en una pensión en el 51 de la Calle 29, Oeste. Fue aquí donde el patriota cubano tuvo su relación amorosa con Carmen Mantilla. Separado de su esposa, con quien tenía profundas desavenencias, Martí se debatió con esa pasión que fue causa de murmuraciones... La Mantilla, dijo mi tío Antonio, era esposa de un hombre viejo y enfermo. Ella, por el contrario, era una mujer bella, alma sensible, soñadora y romántica. Tocó en lo más hondo del alma del poeta.

De esos amores trató de huir Martí, y eso explica su desaparición en el verano de 1881. Pero ya era tarde. Me sospecho, continuó diciendo el tío Antonio, que ambos concluyeron que *era su destino*. Pero mucho sufrieron por ello, como lo demostró el incidente con Enrique Trujillo.

Trujillo era amigo de Martí. Tocó a aquél enviar invitaciones para una velada artística, y hombre ajustado a los moldes conservadores, no envió ninguna a Carmen Mantilla. Con el acto se pretendía honrar a doña Leonor Pérez de Martí, madre del apóstol, quien se hallaba de visita en la ciudad. Esto ofendió a Martí, y el incidente tuvo consecuencias desagradables.

Martí permaneció *enfunchado* durante toda la velada. En ningún momento cruzó palabra con Enrique Trujillo, a pesar de que éste leyó ante la concurrencia porciones de su *Enriquillo*. Nosotros conocíamos la causa de su mutismo y aquello se comentó mucho a baja voz. La gente de alto copete justificaba la acción de Trujillo al no invitar a la que llamaban "la querida de Martí". Sus enemigos políticos aprovecharon la coyuntura para ensartar comentarios picarescos. Pero en cuanto a los artesanos y tabaqueros como Lisandro, Baerga, Picón, Ferrer y algún otro que había asistido a la velada, nada importaba que la Mantilla hubiera sido invitada o no. No les preocupaba la conducta privada de nadie. Lo que despertaba su admiración eran las cualidades políticas que reflejaba José Martí... Si aquellas relaciones eran "inmorales", allá los "moralistas", concluyó diciendo el tío Antonio.

Para los tabaqueros y artesanos, con José Martí en Nueva York se revivían los días hostosianos. A mediados de 1884, un miembro de Los Independientes, único núcleo activo que existía en la ciudad, se comunicó con Antonio Maceo y lo invitó a venir a Nueva York. Martí compartió la idea y se unió al grupo. Y ese viaje de Maceo, junto a Máximo Gómez, puede decirse que fue el inicio de los primeros preparativos de la gesta del 95.

El 26 de octubre de ese mismo año se dio a conocer una llamada Asociación Cubana de Socorros. Con ese nombre se quiso ocultar los fines subversivos que perseguía la agrupación.

José Martí fue elegido presidente, pero no aceptó debido a diferencias con Máximo Gómez. Este fue designado tesorero y Miguel Párraga, presidente. La Asociación hizo circular una carta pidiendo contribuciones para reanudar la revolución en Cuba, pero una sola persona, el señor Elías Sánchez, respondió enviando 50 dólares... Decepcionados, Maceo y Gómez partieron para La Florida.

En junio de 1885 se hicieron esfuerzos por reorganizar la Asociación Cubana de Socorros. En una asamblea convocada a ese fin, Germán Martírez y Carlos Moyano hicieron declaraciones denigrantes para José Martí. Mencionaron sus discrepancias con Maceo y Gómez y apuntaron hacia su conducta "moral" privada. El aludido fue informado de esto por varios de los asistentes. Y eso, sin duda, fue lo que motivó la publicación de un volante que circuló profusamente entre la emigración cubana y puertorriqueña. El mismo decía, en parte: "No tengo más derecho al dirigirme a los cubanos... que el de amar bien a mi patria... Han llegado hasta mí rumores... que en Clarendon Hall (se habló) respecto a mis actos... El jueves 25, desde las 7:30 de la noche, estaré en Clarendon Hall para responder a cuantos cargos se sirvan hacerme mis conciudadanos..." Al pie del volante aparecía este nombre: José Martí.

Esa noche hubo un lleno completo en Clarendon Hall. No se había visto nada igual desde los días de Hostos en Nueva York. Tabaqueros, artesanos de todos los oficios, intelectuales... Cuando Martí subió al proscenio, la concurrencia le tributó un atronador aplauso. A los enemigos de Martí se les cayeron las alas. Cuando cesó la ovación, aquel hombre menudo, de aspecto frágil, pidió con gesto sereno y voz profunda que aquellos que tuvieran acusaciones contra él se expresaran. Y a esas primeras palabras siguió un silencio inquietante.

Por fin alguien pidió la palabra desde un extremo de la sala. El hombre resultó ser Manuel Rico. Comenzó a hablar, pero a poco se le formó un nudo en la garganta. No pudo continuar y se sentó. Se produjo otro intervalo de silencio. Volvió Martí a pedir que quienes quisieran acusarlo lo hicieran sin el menor temor. Nuevos minutos de silencio. Nadie recogió el guante.

Esa noche, quien con justicia vino a ser reconocido como el Apóstol de la Revolución Cubana pronunció uno de sus más vibrantes discursos en Nueva York, sin apuntes de ninguna clase. Habló pausadamente, y de su boca salía un torrente de imágenes que dramatizaban ideas y conceptos. Habló, naturalmente, de lo más cercano a su alma: la libertad de Cuba y Puerto Rico. Fue cariñoso y tolerante con sus críticos. Se mostró resignado a su destino, consciente de que habría de sufrir la ingratitud de los hombres. Pero su obra misma sería su mayor recompensa.

Cuando terminó de hablar, la concurrencia lo aclamó de nuevo. Algunos de los allí presentes salieron sintiéndose más pequeños de lo que entraron. Pero la gran mayoría, y en especial los tabaqueros y artesanos, irrumpieron en la calle llenos de júbilo. No se habían equivocado en sus primeros juicios... La revolución antillana alcanzaba con José Martí su organizador indispensable, su ideólogo y dirigente máximo.

Capítulo IX

CON LA COLABORACION DE PUERTORRIQUEÑOS COMO SOTERO FIGUEROA Y PACHIN MARIN SE FUNDA EL PARTIDO REVOLUCIONARIO CUBANO

El regreso de Antonio Maceo a Nueva York despertó de nuevo el entusiasmo en la comunidad cubana y puertorriqueña. Así lo demostró el acto que se celebró en Clarendon Hall el 21 de julio de 1885. El veterano de la Guerra de los Diez Años informó cómo lo recibieron en Tampa y Cayo Hueso los trabajadores. Doce mil dólares se recaudaron allí para reanudar la lucha revolucionaria, especialmente entre los tabaqueros. Se dio a entender que pronto se enviarían nuevas expediciones a Cuba. Pero una trágica serie de contratiempos hizo fracasar los planes. Y los ánimos volvieron a sumirse en el más amargo pesimismo.

Como secuela inevitable, se difundieron las más severas críticas contra Máximo Gómez y Antonio Maceo. Las disensiones llenaron el ambiente. Desaparecieron los periódicos revolucionarios. Sólo uno se mantuvo: el *Yara* de Cayo Hueso.

Desde la noche de su discurso en Clarendon Hall no se había oído más de Martí. Estaba quebrantado de salud, pero su silencio se debía más bien a que no deseaba insistir en sus discrepancias con los caudillos del 68. En octubre de 1887 salió de su aislamiento al invitar a una celebración del Grito de Yara. El acto se efectuó en el Templo Masónico de la Calle 23. Hicieron uso de la palabra Tomás Estrada Palma, Enrique Trujillo, R.C. Palomino, Serafín Bello, Emilio Núñez y José Martí.

Pero esas actividades esporádicas no cuajaron en organización permanente. Las décadas de lucha, la guerra en Cuba, las numerosas expediciones enviadas desde Estados Unidos, los miles de hombres sacrificados, las grandes cantidades de dinero invertidas, nada de ello había servido para la conquista de la independencia antillana. Algo faltaba. Se comenzaba a pensar, especialmente entre los tabaqueros, que era necesario trabajar de otra manera.

Nadie parecía tener la orientación correcta. Pero se imponían unos puntos generales: nada de incursiones alocadas. Se necesitaba una sólida organización con base en los artesanos. Había que ampliar la propaganda, ganar adeptos, y no depender de la clase adinerada criolla, no que se pretendiera encauzar el movimiento hacia una revolución social, como algunos tabaqueros deseaban. La revolución tenía que ser republicana y democrática. Pero su mayor fuente financiera estaba en las fábricas de cigarros. Y en ellas se podía contar con dirigentes capacitados, obreros talentosos de Tampa, el Cayo, Nueva Orleans, Nueva York... Un hombre parecía ya consciente de esto: José Martí.

En la Calle 23 y Tercera Avenida el puertorriqueño Domingo Peraza había abierto una farmacia. Allí iban a parar muchos puertorriqueños —tanto es así, que llegó a conocerse como el consulado boricua en Nueva York—. Allí tertuliaban a veces el doctor Henna, Baerga, Lisandro, Picón, Silvestre y otros compatriotas relacionados con el movimiento de liberación antillana. Fue allí donde primero se supo del regreso de Antonio Molina.

Después de varios años de residencia en Nueva York, Molina había decidido volver a Puerto Rico. Se instaló en Ponce, y en 1882 inició la publicación de *El Trabajo*. Pero las autoridades españolas suspendieron el periódico y no tuvo más remedio que emprender de nuevo el camino del exilio. Y allí estaba, listo para seguir la lucha desde Nueva York.

En diciembre de 1886, Molina, junto a Baerga y Lisandro, visitaron a Martí, quien residía en la calle Front número 120. El cubano esbozó el plan de organización que desde hacía algún tiempo venía madurando. Los puertorriqueños serían núcleo importante en la asociación revolucionaria que él ideaba. Su objetivo sería la independencia de las dos Antillas.

Por iniciativa de Flor Baerga, Juan Fraga, Rafael Serra y Angelillo García, se organizó el club Los Independientes. Fraga fue elegido presidente y Serra secretario.

Fue para esos días, a mediados de 1888, cuando llegó a

Nueva York Flor Crombet. Cubano descendiente de franceses, era muy amigo de Betances, con quien había convivido en París. Hombre inquieto, venía resuelto a trasladarse a Cuba para abrir un frente de guerra.

Con asistencia de unas cincuenta personas, el 15 de julio del citado año, Los Independientes se reunieron en Pithagoras Hall. Se acordó que no valía la pena improvisar pequeñas expediciones militares a Cuba. Había que trabajar por una expedición en gran escala bajo la dirección de jefes competentes. Y para lograr esa meta era preciso reunir los fondos que fueran necesarios. La emigración estaba cansada de dar dinero y sacrificar hombres en aventuras improvisadas, condenadas al fracaso.

El inquieto Crombet presentó su plan de acción inmediata. Martí, presente en la reunión, dio su apoyo a la política prudente que postulaban Los Independientes, lo que motivó un altercado entre Martí y Crombet. Discrepancias como ésta repercutieron en la conmemoración del Grito de Yara ese año.

Ante un Clarendon Hall lleno de público, al levantarse José Martí para hablar se formó una algazara. Un grupo entre la concurrencia pedía a gritos que se permitiera hablar a Ramón I. Armas. Era éste uno de los contrarios a Martí. Con la mayor cortesía, desde el proscenio, se accedió a la petición y Armas habló. Cuando hubo terminado, Martí continuó su peroración en tono conciliador. Y al dar fin a su discurso, todos los presentes aplaudieron delirantemente.

En ese año se inició *El Porvenir*, periódico editado por Enrique Trujillo. En su editorial inicial proclamó su adhesión a la causa de la independencia de Cuba y a su conquista por medio de la revolución armada.

Como de costumbre, en octubre de ese año, se celebró de nuevo el acto conmemorativo del Grito de Yara. Esta ocasión tuvo una significación especial para los puertorriqueños. Por primera vez, desde los tiempos de Hostos en Nueva York, un puertorriqueño se contó entre los principales oradores. Esa noche Sotero Figueroa, recién llegado de Puerto Rico, compartió la tribuna con José Martí, pronunciando un discurso que conmovió a la concurrencia por su tono de sinceridad y su elevado espíritu patriótico.

Ya para entonces puede decirse que José Martí había conquistado las mayores simpatías entre cubanos y puertorriqueños de Nueva York. Pero su situación económica era precaria. Obligado casi por el hambre, en octubre de 1890 aceptó la representación consular de la República Argentina. El ejercicio de ese puesto lo obligó a reducir un tanto sus actividades revolucionarias. Esto. dio base a nuevos ataques de parte de sus enemigos.

Para este tiempo se fundó la Liga de Artesanos con propósitos culturales y cívicos. Con esta agrupación colaboraron Antonio Molina, Juan de Dios Núñez, Flor Baerga, Jesús Picón y Sotero Figueroa.

Se estableció también otra asociación similar, pero integrada por mujeres, con el nombre de Liga Antillana. Se trataba de cubanas y puertorriqueñas pertenecientes a la clase obrera, entre otras, Gertrudis E. de Serra, Josefa González, Dominga Muriel, Ramona Gomero y Pilar Pivalot. Fue ésta la primera sociedad con matrícula de Cuba y Puerto Rico fundada en Nueva York. La organizaron mujeres relacionadas con los tabaqueros. En sus actos tomaron parte destacada José Martí, Sotero Figueroa, Pachín Marín, Antonio Molina, Lola Rodríguez de Tió, Arturo Shomburg, Antonio Vélez Alvarado y Flor Baerga.

Vale apuntar que se trataba, naturalmente, de una agrupación interracial, en la que compartían actividades mujeres blancas, negras y mulatas. Ese carácter mixto le cerró las puertas de muchos salones, de ahí que sus actos tuvieran que celebrarse, por lo regular, en locales del Partido Socialista o de la Unión de Tabaqueros. Pero también utilizaron el Hardman Hall y el Templo Masónico.

Tanto la Liga Antillana como la Liga de Artesanos fueron valiosos puntales del Partido Revolucionario Cubano. Sirvieron como centros de propaganda y de recaudación de fondos. En ninguna agrupación la obra conjunta de cubanos y puertorriqueños fue tan fructífera como en la Liga de Artesanos.

En abril de 1891 Flor Baerga recibió un extraño visitante de Puerto Rico. Se trataba de un joven negro de apenas diecisiete años. Un tabaquero de San Juan lo había recomendado a

Baerga: un puertorriqueño más arrojado al exilio. Aquel joven imberbe se llamaba Arturo Alfonso Shomburg, quien se destacaría más tarde como una de las glorias del pueblo negro de Estados Unidos.

A principios de la década del 90 se intensificaron los actos culturales y artísticos entre la emigración de habla española en Nueva York. Muchas de esas actividades giraban alrededor de la Sociedad Literaria, fundada por un grupo de intelectuales. La década anterior había visto la aparición de diversas publicaciones: la revista *América*, 1883; *El Latino-Americano*, 1885; *El Avisador Cubano*, 1888; *El Economista Americano*, 1887; *El Avisador Cubano* (segunda época), 1888; *La Juventud*, 1889; *El Porvenir*, 1890.

Un libro publicado por Ramón Roa* motivó una crítica de José Martí. Se refirió al mismo en aquel famoso discurso en que contrasta los viejos y los nuevos pinos. La crítica le valió un ataque gratuito de Enrique Collazo, quien le acusó de dar "lecciones de patriotismo en la emigración a la sombra de la bandera americana". Martí respondió al insulto con paciencia apostólica: "Jamás, señor Collazo, fui el hombre que usted pinta. Jamás preferí mi bienestar a mi obligación. Jamás dejé de cumplir en la primera guerra, niño y pobre y enfermo, todo el deber patriótico que a mi mano estuvo... Vivo tristemente de mi trabajo oscuro, porque renuncié hace poco, en obsequio de mi patria, a mi mayor bienestar. Y es frío este rincón y poco propicio para visitas. Pero no habría que esperar la manigua para darnos la mano, sino que tendré vivo placer en recibir de usted una visita inesperada, en el plazo y días que le parezca conveniente..."

El 24 de noviembre de 1891 partió Martí de Nueva York hacia Cayo Hueso y Tampa. La mayor acogida la encontró entre los tabaqueros. Al regreso de su viaje, Los Independientes llamaron a asamblea en Hardman Hall. Ante numeroso público, en su mayoría tabaqueros, Martí dio cuenta de su viaje.

* El libro *A pie y descalzo* narraba las vicisitudes de los mambises durante la Guerra de los Diez Años, en la que Roa había participado. La publicación del libro en vísperas de una nueva guerra le pareció inoportuna a Martí. [N. del E.]

En la mesa directiva se destacaban los puertorriqueños Sotero Figueroa y Rosendo Tirado. Allí presente estaba el escritor colombiano José María Vargas Vila. He aquí, en parte, su testimonio:

"Estas reuniones eran sabatinas y nocturnas en grandes salones, a donde los obreros silenciosos y llenos de un como fanatismo indio iban a oír la voz grave y triste del apóstol anunciándole las auroras futuras, que sus ojos voraces de luz no habrían de ver sobre los cielos lejanos... El auditorio se alzaba como un solo hombre, los rostros bronceados se hacían luminosos, como transfigurados por aquel soplo animador que parecía el de Ezequiel alzando de las tumbas las osamentas insepultas..."

Ese día, al bajar de la tribuna, Martí fue felicitado por un joven mulato de ojos chispeantes. Recién había llegado a Nueva York desde Puerto Rico, pero ya era bastante conocido entre los tabaqueros. Varias veces había participado en reuniones de la Liga de Artesanos. El público, al verlo cerca del proscenio, rompió en aplausos. Se oyeron gritos: "¡Que hable Pachín!" Efectivamente, se trataba de Francisco Gonzalo Marín, quien después daría su vida por la independencia antillana en los campos de Cuba.

El 91 cerró con una ola casi espontánea de organización de clubes. Y con el comienzo del nuevo año, el 24 de enero de 1892, tuvo lugar una reunión de Los Independientes que definitivamente encauzaría la revolución cubana por el camino de la victoria.

Ese día Martí dio a conocer su plan para la organización del Partido Revolucionario Cubano y los Estatutos y Bases Secretas por él redactados. Presentes en la reunión, entre otros cubanos, estaban Gonzalo de Quesada, Leandro Rodríguez, Juan García, Enrique Trujillo, y los puertorriqueños Modesto A. Tirado, Pachín Marín, Sotero Figueroa y Rosendo Rodríguez. Leído el documento de Martí, Trujillo propuso que se sometiera a una asamblea general de la emigración. Objetó las Bases Secretas por juzgar que las mismas centralizaban el poder en el ejecutivo y podían dar base a una dictadura peligrosa. Sotero Figueroa le salió al paso. Sostuvo que los clubs que integraran el partido deberían tener la oportunidad de discutir el programa, pero no juzgaba conveniente someter asuntos secretos a la libre discusión de una asamblea pública en la que podría haber enemigos de la revolución. Esta última posición fue la adoptada.

El 3 de febrero se fundó el club Pinos Nuevos y fue elegido presidente el tabaquero Federico Sánchez. El 20 de ese mismo mes se fundó el club Borinquen. En una segunda reunión, con asistencia de veintidós puertorriqueños, se eligió la siguiente directiva: Sotero Figueroa, presidente; Antonio Vélez Alvarado, vicepresidente; Pachín Marín, secretario; Modesto A. Tirado, tesorero, y Leopoldo Núñez, Agustín González y Rafael Delgado, vocales. Se nombró a Betances, Hostos y Martí presidentes honorarios. El Borinquen inició sus trabajos con la publicación de un extenso manifiesto en que se denunciaban los manejos autonomistas después de la Asamblea de Ponce de 1887.

El 14 de marzo de 1892 circuló el primer número del periódico *Patria*, órgano del Partido Revolucionario Cubano. En sus páginas se publicó por primera vez el programa del partido, cuyo principal objetivo era "obtener la independencia de Cuba y fomentar y auxiliar la de Puerto Rico". Su editorial, escrito por José Martí, abundaba en esos propósitos: "Nace este periódico por la voluntad y con los recursos de los cubanos y de los puertorriqueños independientes de Nueva York, para contribuir sin premura y sin descanso en la organización de los hombres libres de Cuba y de Puerto Rico, en acuerdo con las condiciones de las islas y su constitución republicana venidera..."

En armonía con esos principios, en abril de ese año se constituyó el club Las Dos Antillas. Entre sus primeros dirigentes estaban Rosendo Rodríguez y el jovencito Arturo Alfonso Shomburg. *Patria* dio cuenta de su fundación en su edición del 10 de abril, y ese mismo día, en Military Hall, se celebró una asamblea general del Partido Revolucionario Cubano. Entre los presentes se contaba la matrícula de los clubs Los Independientes, José Martí, Cubanacán, Borinquen, Las Dos Antillas y el Mercedes Varona, este último compuesto por mujeres de ambas Antillas. En total, hicieron acto de presencia en esta asamblea 173 personas, identificadas como afiliados del partido.

Los presidentes de las distintas agrupaciones se reunieron separadamente, y siguiendo las disposiciones de los estatutos, presentaron los candidatos para integrar el cuerpo directivo. Estos fueron: Juan Fraga, presidente; Sotero Figueroa, secretario; Francisco Sánchez, Emilio Leal, Gonzalo de Quesada y Rosendo Rodríguez, vocales. La asamblea ratificó la selección y, como puede apreciarse, tres puertorriqueños fueron elevados al más alto organismo consultivo del Partido Revolucionario Cubano. Esta junta designó delegado a José Martí y tesorero a Benjamín Guerra.

No todas las agrupaciones de las comunidades de habla española respondían a propósitos políticos. Las había, como ya antes he apuntado, artísticas, literarias y benéficas. De esta última categoría era La Nacional, una sociedad fundada por los españoles en 1868. De ese mismo carácter era la Sociedad Benéfica Cubana y Puertorriqueña. Según memoria publicada por *Patria* en marzo de 1892, los oficiales de esta última eran: Modesto A. Tirado, presidente; Marcos Rosario, tesorero, y J. González, Mariano Rosario; Joaquín González, M. de J. González y Juan Nieto, vocales.

Para este tiempo funcionaban también varias agrupaciones hispanas en Brooklyn y Manhattan. Entre otras, el Círculo de Trabajadores, el club social Fénix y La Literaria. Esta Sociedad Literaria Hispano-Americana celebraba actos culturales muy concurridos. Con frecuencia organizaba lo que dio en conocerse como Noches Literarias. La primera de éstas se dedicó a Puerto Rico y Cuba bajo la dirección del puertorriqueño Francisco J. Amy. Por cierto, que antes de iniciarse el acto, alguien sugirió que se colocara en el proscenio la bandera española en representación de Puerto Rico. Se repudió la proposición, pero no obstante, habiendo llegado ésta a oídos de José Martí, al hacer éste uso de la palabra, dijo: "Cuando entro por esa puerta, vengo envuelto en las banderas de Yara y Lares".

Algunos consideraban que estas actividades literarias distraían los esfuerzos de la causa revolucionaria. Esto motivó algunas renuncias. Por otra parte, Enrique Trujillo, ya en abierta oposición a Martí, planteó en su periódico *El Porvenir*, en distintas ediciones de abril y mayo de 1892, su crítica a las Bases Secretas y Estatutos del Partido Revolucionario Cubano. Abogaba porque las mismas se discutieran en asamblea pública. Esa posición fue repudiada por el cuerpo dirigente del partido en resolución presentada por Sotero Figueroa, en la que se hace constar que Trujillo era desautorizado: "Por abusar del conocimiento de los Estatutos Secretos obtenidos como miembro de varios clubs, y tratar fuera de ellos y en público, de desacreditar la citada reglamentación. Por denunciar ante el enemigo, en los momentos en que las fuerzas revolucionarias se aprestan al combate, la organización del partido al que se afilió..."

La condena de Enrique Trujillo recibió el apoyo de todas las agrupaciones revolucionarias. De otro lado también se reforzaba el camino hacia la reanudación de la guerra contra España. Dando muestras de su altura patriótica y de su limpieza de alma, en agosto de 1892 José Martí escribió a Máximo Gómez: "Yo invito a usted, sin temor a negativa, a este trabajo, hoy que no tengo otra remuneración que ofrecerle que el placer del sacrificio y la ingratitud probable de los hombres..."

En agosto del 92 visitó Nueva York la pianista puertorriqueña Ana Otero. La Literaria organizó una velada en su honor y ella ejecutó al piano *La Borinqueña*, de Félix Astol. Vélez Alvarado dio cuenta del acto en la edición del 3 de setiembre de *Patria*. Complementando la información se inserta la letra que, según testimonio de la puertorriqueña Pilar Pivalot, cuya casa frecuentaba en Nueva York, se debe a Pachín Marín. He aquí sus versos:

> Bellísima Borinquen,
> a Cuba has de seguir;
> tú tienes bravos hijos
> que quieren combatir...
>
> Tu aire gentil, patriótico,
> vibra en el corazón,
> y te sería simpático
> el ruido del cañón.

No más esclavos
queremos ser,
nuestras cadenas
se han de romper.

El tambor guerrero
nos dice con su son
que es la agreste montaña
el sitio de la reunión.

Máximo Gómez dio respuesta favorable a la invitación de José Martí y éste, lejos de aguardar por él en Nueva York, partió a entrevistarse con el caudillo de la Guerra de los Diez Años en Santo Domingo. Allí sellaron ambos hombres su suerte... Definitivamente, tomaba vuelo la revolución en Cuba.

Capítulo X

ESFUERZOS POR LLEVAR LA GUERRA A PUERTO RICO Y, FINALMENTE, SE IMPONE EL PODERIO MILITAR DE ESTADOS UNIDOS

El 1893 y 1894 fueron en Estados Unidos los años del gran debate sobre el patrón plata y el patrón oro. Esa contienda tuvo efectos perjudiciales para la lucha de liberación antillana.

Los banqueros e industriales, con base en Wall Street, consideraban a la plata insegura y monopolizaban el oro. Por el contrario, los intereses agrícolas y mineros del centro y oeste de Estados Unidos favorecían la plata e insistían en su acuñación ilimitada. Este conflicto dominó la atención política y los dos grandes partidos asumieron posiciones encontradas: el Demócrata se definió por la plata, mientras el Republicano se declaró campeón del oro.

En medio de este debate surgió el Partido Populista con el apoyo de algunos sectores agrícolas, sindicatos obreros y grupos socialistas. Este nuevo partido respaldó al candidato demócrata a la presidencia, William Jennings Bryan. Pero a pesar del millón y medio de votos de los populistas, triunfó el Partido Republicano y se eligió presidente a William McKinley, imponiéndose el patrón oro. Con ello la política de Washington se encauzó rápidamente por el derrotero expansionista. Las Antillas —Cuba y Puerto Rico— habrían de ser sus presas más codiciadas.

Con el patrón oro se agudizó la crisis económica que venía sintiéndose desde el año anterior. La industria de elaboración de cigarros fue una de las más afectadas. De ahí que, entre los tabaqueros, comenzara a cobrar fuerza la idea de la huelga.

Varios cubanos y puertorriqueños en Nueva York, entre otros, Antonio Molina, Pachín Marín y Jacobo Silvestre Bresman, habían fundado un Comité Populista. Esta fue la primera agrupación política hispana creada en la ciudad con el propósito de particiar en el debate electoral de Estados Unidos. A ese comité correspondió la tarea de dirigir el movimiento de protesta de los tabaqueros que, juntamente con otros grupos nacionales, debía culminar en una huelga general.

Al enterarse de la posibilidad del conflicto, echaron campanas a vuelo los agentes de España en Estados Unidos. El cierre de los talleres de tabaco privaría al Partido Revolucionario Cubano de su más segura fuente financiera. Pero el alborozo no les duró mucho. Los tabaqueros reconsideraron la situación y desistieron de la huelga, centrando su atención nuevamente en la lucha revolucionaria antillana. Esto provocó un elogioso comentario de *Patria*, en su edición del 22 de agosto de 1893: "Si algún bribón cree que los tabaqueros por ser pobres han dejado de amar la libertad, que por perder una mesa en la tabaquería han perdido su amor de hermano al hombre y el deseo de buscarle a su causa propia una casa feliz, y el dolor de la vergüenza de los compatriotas oprimidos, y todo lo que hace a la limpieza y dignidad del ser humano, el tabaquero sin trabajo clavará de un revés contra la pared a quien cree que por haber perdido su jornal han perdido su honor..."

A principios de 1894, como lo atestigua Samuel Gompers en una publicación de la Unión de Tabaqueros, había en Nueva York unas tres mil fábricas de cigarros. De éstas, alrededor de 500 eran propiedad de individuos hispanos —españoles o latinoamericanos— y las 2.500 restantes pertenecían a personas de otras nacionalidades. En estos últimos talleres también trabajaban cubanos y puertorriqueños como torcedores y despalilladores.

La fabricación de cigarros en Nueva York data desde mucho antes de la independencia de Estados Unidos. Abundaban las pequeñas fábricas en las propias casas de vivienda. Desde sus comienzos, la Unión de Tabaqueros luchó por abolir esa práctica por considerarla nociva a la salud. Pero los grandes y pequeños empresarios no compartían ese criterio. Y esa fue la posición que tradicionalmente se impuso.

El *New York Herald* favorecía la prohibición. Uno de sus reportajes sobre el tema describe las condiciones en que vivían los elaboradores de cigarros a domicilio en los tiempos de mi tío Antonio, última década del siglo 19: "Los apartamentos, por lo general, consisten de tres habitaciones ocupadas por la familia. Una de ellas, de 12 por 15 pies cuadrados, con ventana a la calle, se utiliza como dormitorio y sala de trabajo. La habitación contigua, de 10 por 12 pies cuadrados, además de dormitorio sirve de cocina. Y la última habitación un cuartito oscuro de 7 por 9 pies cuadrados, se dedica a los niños y sirve también como almacén de tabaco. Entre éste y el apartamento del lado, que es de iguales proporciones, hay un pasillo en el que apenas caben dos personas. En estas fabriquitas de cigarros trabajan alrededor de 3.750 personas. Ganan dos dólares menos por millar de cigarros fabricados que la tarifa que rige en los talleres grandes. Además, la familia viene obligada a despalillar el tabaco gratis. Se paga un alquiler entre $7.50 a $12.00 mensuales por estos apartamentos..."

Muchos de estos chinchales, especialmente los de cubanos y puertorriqueños, vendían los cigarros a cantinas y tiendas, o directamente a clientes particulares. La mayoría funcionaba a base de contratos con talleres grandes. Pero en unas y otras, el trabajo era compartido por el jefe de familia y su esposa e hijos.

La mayor parte de la rama que se trabajaba era de origen doméstico. Sólo en las fábricas grandes se utilizaba rama cubana. La importación de hoja borinqueña era muy reducida. Los puros eran de sabor muy fuerte. Los fumadores exigían calidad y aroma. Los cigarros se vestían con marquillas y alegorías artísticas.

En todos los talleres había comisiones encargadas de recaudar fondos para la revolución antillana. No faltaban tabaqueros españoles que también contribuían. Cada fábrica tenía su agente de prensa que se encargaba de distribuir los periódicos obreros: *Yara* y *El proletario*, de Cayo Hueso, *Verdad*, de Nueva Orleans, y, naturalmente, *Patria*, de Nueva York.

Los tabaqueros solteros, y aún algunos casados, vivían en pensiones o con familias amigas. Se pagaba entre cinco a tres dólares semanales por habitación y comida. Los tabaqueros puertorriqueños para esta época estabam concentrados en los alrededores de la Calle 100 y Tercera Avenida. Había algunos desperdigados por otros barrios, en la calle Morris, por ejemplo. Y ya para 1894 muchas familias venidas de Puerto Rico comenzaron a establecerse en las calles Jefferson, Johnson y Adams, de Brooklyn.

La actividad del Partido Revolucionario Cubano estaba en su apogeo. En las tabaquerías y en todos los lugares donde se reunían los emigrados, no se hablaba de otra cosa. Hasta los cubanos ricos que vivían en Nueva York, aunque no contribuían gran cosa, estaban impresionados con la personalidad de José Martí. Aquel hombre endeble y enfermizo había logrado organizar alrededor de 50 mil personas en apoyo a la revolución antillana. Su influencia sobre los tabaqueros era tal que en la Nochebuena de 1893 dieron a Martí un espléndido regalo. Se había acordado en las tabaquerías donar el importe de un día de trabajo. El Día de la Patria, lo llamaron, y el producto, que llegó a unos 12 mil dólares, fue a engrosar los fondos del Partido.

El 15 de enero de 1894 Martí rindió un detallado informe sobre las perspectivas de la revolución cubana en asamblea celebrada en Hardman Hall. Previno a los emigrados, especialmente, sobre las maniobras autonomistas. Meses más tarde, en marzo, se retiró a Central Valley, donde tenía su escuela y residencia Tomás Estrada Palma. Allí se entrevistó con el general Emilio Núñez, quien hacía frecuentes viajes a Cuba con la excusa de comprar tabaco. Las noticias que recibió eran halagadoras.

El general Máximo Gómez hizo un viaje a Nueva York en abril de ese mismo año. Se celebraron varios actos públicos. Se intensificó la colecta de dinero. Eran los días en que se preparaban las expediciones de *La Gonda* y de *El Amadís*. En ellas se invirtió prácticamente todo el tesoro del partido: 60.000 dólares. El gobierno de Washington se incautó de los barcos aun antes de que salieran de puerto.

Una vez más los espías españoles habían triunfado. Al enterarse de la pérdida de las armas, Martí cayó en una desesperación sin límites. Se inició un pleito contra el gobierno exigiendo la devolución del cargamento. Transcurrieron meses de agonía. Pero los trabajos revolucionarios no cesaron. El 29 de enero de 1895, en Nueva York, Martí firmó la orden de levantamiento.

La orden fue llevada por Gonzalo de Quesada a Cayo Hueso. Allí la entregó a Juan de Dios Berríos y éste colocó el documento en hojas de tabaco y lió un cigarro que fue entregado a Juan Gualberto Gómez en La Habana. Igualmente, en un cigarro, recibió Martí en Nueva York la confirmación del levantamiento. Y pocos días después partió para unirse a Máximo Gómez en Santo Domingo.

El veterano de la Guerra de los Diez Años quiso disuadir a Martí. No debía marchar a Cuba. Un hombre como él era mucho más provechoso a la revolución en el extranjero. Pero Martí llevaba su alma herida por las intrigas... ¡Nadie podría acusarlo de Capitán Araña!

Y en una de las primeras escaramuzas, en Dos Ríos, cayó José Martí. En Nueva York, el Partido Revolucionario Cubano quedó bajo la dirección de Benjamín Guerra, un fabricante de cigarros. El 10 de julio de 1895 se designó a Tomás Estrada Palma para suceder a José Martí como delegado. Ramón Emeterio Betances, desde París, y Eugenio María de Hostos, desde Santiago de Chile, dieron su apoyo a la revolución. Y desde La Ceiba, en Honduras, donde residía, Juan Rius Rivera ofreció desinteresadamente sus servicios como militar.

Hasta ese momento, los puertorriqueños acaudalados, profesionales e intelectuales, con las excepciones de Betances y Hostos, no habían contribuido, generalmente, a la revolución antillana. No hay la menor constancia de que ayudaran financieramente a los clubs revolucionarios, al Partido Revolucionario Cubano o a su periódico *Patria*. Pero, después de la muerte de Martí, puertorriqueños pertenecientes a esa clase comenzaron a moverse abiertamente en la lucha contra España. Así, el 8 de agosto de 1895, en la residencia del doctor Julio J. Henna, se constituyó la Sección de Puerto Rico del Partido Revolucionario Cubano.

El directorio, encabezado por el doctor Henna, quedó integrado por personalidades de la clase alta. Es notable la ausencia de hombres de la clase popular, artesana u obrera, como Pachín Marín, Antonio Vélez Alvarado, Rosendo Rodríguez, Rafael Delgado, Angelito García, Flor Baerga, Isidoro Apodaca, I. Ferrer, José Rivera, Jesús Rodríguez, Nicasio García, Sandalio

Parrilla, Arturo Shomburg, Eusebio Márquez, Domingo Collazo, por citar algunos nombres de la matrícula de los clubs Borinquen, Dos Antillas, Mercedes Varona y Martí, que eran conocidos en la lucha. ¿Razones? Aparte de no haber sido invitados, las razones las deducirá el lector por lo que sigue.

La fundación de la Sección Puerto Rico fue acogida fríamente por la clase trabajadora, especialmente los tabaqueros. Dándose cuenta de ello, Sotero Figueroa, que había sido designado vocal, trató de remediar la situación. A propuesta suya, el directorio convocó a una asamblea pública el 22 de diciembre, cuatro meses después de fundada. Fue en este acto donde se adoptó la bandera monoestrellada como símbolo de la revolución puertorriqueña.

Según el relato que me hiciera en Harlem el puertorriqueño José Rivera, quien estuvo presente en esa histórica asamblea, después del informe rendido por el doctor Henna, pidió la palabra Antonio Molina León. Su nombre no aparece en la lista de los presentes, según las actas publicadas, años más tarde, por Roberto H. Todd. Sin embargo, en esas mismas actas se lee la siguiente aseveración: ''Disertó Molina con consideraciones que la concurrencia no creyó oportunas''.

De acuerdo con el testimonio de Rivera, confirmado por Jesús Rodríguez, Sandalio Parrilla y Flor Baerga, objetó los procedimientos del directorio, entendiendo que el mismo tenía carácter provisional y que debía someterse a una elección. La presidencia rechazó la sugerencia. Esto motivó que la mayoría de los tabaqueros abandonaran el lugar, pero la asamblea siguió su curso

Estas nuevas actividades revolucionarias en Nueva York provocaron grandes temores entre los autonomistas en Puerto Rico. Temeroso de que los planes de invasión armada dieran al traste con sus negociaciones en España, Luis Muñoz Rivera envió a Pedro J. Fournier a entrevistarse con el doctor Henna. Fournier llegó a Nueva York en agosto de 1895, habló con el directorio y pidío que se pospusiera cualquier acción revolucionaria hasta tanto se conociera la respuesta del gobierno de Madrid a la demanda de autonomía. Pero no se accedió a la petición. Por el contrario, se acordó continuar con los planes para el envío de una expedición revolucionaria a Puerto Rico.

Los clubs más importantes, cubanos y puertorriqueños, afiliados al Partido Revolucionario Cubano, que funcionaban para este tiempo en Nueva York, eran los siguientes:

Los Independientes: Juan Fraga, presidente, y Genaro Báez, secretario; 839 Fulton St., Brooklyn;

Rifleros de La Habana: Antonio G. Camero, presidente, y Adelaido Marín, secretario; 2141 Pacific St., Brooklyn;

Borinquen: J.M. Torreforte, presidente, y Domingo Collazo, secretario; 129 McDugal St., Brooklyn;

José Martí: B.H. Portuondo, presidente, y Sotero Figueroa, secretario;

Martín del Castillo: Felipe Rodríguez, presidente, y Eusebio Molina, secretario; 1642 Park Ave., Manhattan;

Dos Antillas: Rosendo Rodríguez, presidente, y Arturo Alfonso Shomburg, secretario; 1758 Tercera Ave., Manhattan;

América: J.R. Alvarez, presidente, E.M. Amorós, secretario; 231 Este, Calle 61, Manhattan;

Guerrilla de Maceo: Juan B. Beato, presidente, y Juan Fernández, secretario; 146 Oeste, Calle 24, Manhattan;

Hijas de Cuba: Angelina R. de Quesada, presidenta, y Carmen Mantilla, secretaria; 116 Oeste, Calle 64, Manhattan;

Hijas de la Libertad: Natividad R. de Gallo, presidenta, y Gertrudis Casano, secretaria; 1115 Calle Hermiker, Brooklyn;

Mercedes Varona: Inocencia M. de Figueroa, presidenta, y Emma Betancourt, secretaria; 235 Este, Calle 75, Manhattan;

Céspedes y Martí: Petrona Calderón, presidenta, y Juana Rosario, secretaria; 2012 Avenida Fulton, Brooklyn.

Existían sociedades o clubs similares en muchas otras ciudades, entre otras, Boston, Filadelfia y Chicago, además de las amplias organizaciones de Cayo Hueso, Tampa y Nueva Orleans. La mayoría de sus miembros eran tabaqueros, esposas o familiares de tabaqueros, y artesanos en general.

Tan vasta organización de apoyo a la revolución antillana fue el legado que dejó José Martí en Estados Unidos. Su sucesor como delegado del Partido Revolucionario Cubano, Tomás

Estrada Palma, no fue ni siquiera una sombra de aquél en lo que se refiere a influencia personal entre la emigración cubana y puertorriqueña. Las disensiones entre ambos sectores se hicieron cada vez más hondas. El establecimiento de la Sección de Puerto Rico, encabezada por el doctor Julio J. Henna, no mejoró las relaciones.

Nunca se prestó la debida atención a los planes de extender la guerra a la pequeña Antilla. Los intentos de Rius Rivera y otros no llegaron a cuajar, y siguiendo su curso, los revolucionarios puertorriqueños más fervientes optaron por el camino de la manigua cubana. Es larga la lista de esos héroes, a quienes aún hoy no se les ha hecho el reconocimiento que merecen.

La explosión y hundimiento del *Maine* en la bahía de La Habana el 15 de febrero de 1898 dio un giro inesperado a la lucha revolucionaria en las Antillas. Henna, quien había abrigado siempre inclinaciones anexionistas, se trasladó inmediatamente a Washington y ofreció a Teodoro Roosevelt y Henry Cabot Lodge el apoyo de la emigración puertorriqueña a los planes de invasión de Puerto Rico. El 21 de marzo se entrevistó personalmente con el presidente McKinley. Días más tarde, sostuvo una conferencia con el general Miles, el mismo que habría de dirigir el desembarco de las tropas en Guánica el 25 de julio de 1898.

El ejército de Estados Unidos utilizó toda la información que tuvo a bien darle el directorio, a través de Julio J. Henna y Roberto H. Todd, presidente y secretario, respectivamente, pero no extendió a puertorriqueño alguno el menor reconocimiento. Como declaró más tarde el propio directorio en un folleto publicado en inglés bajo el título *El Caso de Puerto Rico*: "...la voz de Puerto Rico no ha sido oída. Ni siquiera como una formalidad se consultó a sus habitantes si tenían que pedir, objetar o sugerir alguna condición que tuviera referencia a su condición política presente o futura... La isla con toda su gente fue traspasada de una soberanía a otra, en la misma forma que se traspasa una finca con todos sus aparejos de labranza, casas y animales, de un propietario a otro..."

Desde París, Ramón Emeterio Betances dejó oír su palabra de admonición: "No quiero colonia ni con España ni con

Estados Unidos..." Eugenio María de Hostos se apresuró a viajar de Chile a Estados Unidos. El 2 de agosto de 1898 tomó parte en la última asamblea de la Sección de Puerto Rico del Partido Revolucionario Cubano que se celebró en Chimney Hall, Nueva York, acordándose su disolución. Y con ello se cerró toda una época de la comunidad puertorriqueña en Nueva York.

TERCERA PARTE

Después del 98

Capítulo XI

COMO SE INICIO EL SIGLO XX PARA LA COMUNIDAD PUERTORRIQUEÑA Y OTROS INCIDENTES RELACIONADOS

Cuando se extinguió el fragor de la lucha revolucionaria contra España en las Antillas, se silenció la emigración cubana y puertorriqueña en Nueva York. Sólo algunas sociedades benéficas daban muestras de actividad, y los gremios de tabaqueros, naturalmente. Eran dos: la Unión Internacional de Tabaqueros, afiliada a la AFL, y la conocida por La Resistencia. A esta última pertenecía la mayoría de los tabaqueros de habla española.

La Unión Internacional seguía las teorías básicas del tradeunionismo norteamericano. No creía en la formación de un partido obrero, y menos en la revolución social. Por el contrario, La Resistencia se consideraba revolucionaria y propagaba los principios del sindicalismo anarquista. Sus miembros no aceptaban la idea de "patria". Esta, según ellos, existía sólo para los capitalistas. Los obreros no tenían patria, o dicho de otra forma: la patria de los obreros era el planeta.

Fieles al anarcosindicalismo, los tabaqueros de La Resistencia repudiaban toda organización de partido político, aunque se llamase socialista. Pero no por ello se negaban a prestar ayuda a los movimientos patrióticos. En la práctica, apoyaron la lucha de independencia de Cuba y Puerto Rico, aunque pareciera contrario a sus principios. Justificaban esa posición a la luz de los derechos humanos. Además, entendían que era deseable aprovechar las conmociones populares para predicar la idea de "una gran patria sin fronteras".

Cuando a mediados de 1899 los socialistas en Nueva York se dividieron y surgieron las facciones de Daniel De León y de Morris Hilquit, la escisión también repercutió entre los tabaqueros. Finalmente, De León quedó al frente del Partido Socialista Laborista y Hilquit y los suyos fundaron el Partido

Socialista Americano. El primero de esos partidos se distinguió por sus cerradas posiciones doctrinarias. El segundo se encauzó hacia una política de masas que nutrió extraordinariamente sus filas.

A fines de 1899 arribaron a Nueva York Santiago Iglesias y Eduardo Conde. Venían como delegados de Puerto Rico a la Convención del Partido Socialista Americano. Esta se efectuó en Rochester, Neuva York, en enero de 1900. Por primera vez en la historia, delegados designados por trabajadores puertorriqueños participaban en un congreso fuera del país. Ese congreso de Rochester prestó oídos al clamor de Puerto Rico y aprobó una resolución expresando su solidaridad.

A su regreso del congreso, los delegados de Puerto Rico fueron agasajados en Nueva York por las uniones obreras. Se celebraron diversos actos y la prensa dio amplia publicidad a los mismos. En un acto efectuado en Brooklyn por iniciativa de *La Resistencia*, se aprobó un extenso manifiesto que luego circuló profusamente, tanto en Nueva York como en Puerto Rico. En el mismo se decía en parte:

"Las organizaciones de lengua española en esta ciudad, en asamblea celebrada el 20 de febrero de 1900, con motivo de la visita de la comisión puertorriqueña, acordaron por unanimidad y con gran entusiasmo, prestar a dicha delegación todo el concurso que nos fuera dable en la esfera de nuestro limitado poder e inteligencia...

"Ante la estrecha colaboración existente entre lo gobiernos y la burguesía de todas las naciones para exprimir y explotar a la clase trabajadora, ésta no debe permanecer desunida... Si los capitalistas se dan la mano para robar y tiranizar a la masa obrera, unámonos nosotros en la obra común de alcanzar nuestro mejoramiento en el presente y nuestra total emancipación en el futuro.

"Cuando se trabaja y se vive en las condiciones en que viven los puertorriqueños, poco importa que gobierne Muñoz o Muñiz, los republicanos o los federales... Lo que importa, lo que urge, es que forméis la Federación Regional de los Trabajadores Puertorriqueños; que luchéis sin tregua y sin descanso por elevar vuestro nivel moral, material e intelectual; que tratéis de alcanzar un salario mayor, suficiente alimento y vestido...''

Firman el manifiesto S. Monagas y Miguel Rivera, por la Unión de Tabaqueros; Cándido Ladrero y José López, por la Unión de Escogedores; Benjamín Miranda y José R. Fernández, por la Unión de Rezagadores, y Juan García y G. Quintana, por el Círculo de Trabajadores de Brooklyn.

En marzo de 1900 mi tío Antonio se mudó con su familia a un amplio apartamento, en un edificio recién construido, en la Calle 88, cerca de la Avenida Lexington. El nuevo domicilio tenía siete habitaciones y costaba 25 dólares mensuales. Tenía calefacción y cuarto de baño con paredes de mosaicos. La familia se sentía a las mil maravillas, excepto... Cuando vivían en la Calle 13 compraban viandas en la barriada española de la Calle 14. La barriada en que vivían ahora era alemana e irlandesa, y en los mercados hebreos de la Segunda y Tercera Avenidas todo era más caro.

Un domingo por la tarde oyeron tocar a la puerta. Cuando una de las hijas del tío Antonio abrió e invitó a pasar a los visitantes, nueve personas entraron en la sala. Todas tenían cara de palo. Rehusaron sentarse y ni siquiera se desojaron de los sombreros. El tío Antonio rompió el silencio:

—Tendrán ustedes la bondad de decirme a qué debemos esta amable visita— dijo.

—Representamos a los inquilinos de estos edificios— dijo al fin uno del grupo. —Nosotros no sentimos odio contra nadie, pero éste es un barrio de blancos. En esta casa se recibe con frecuencia a negros. Y eso no conviene a nadie. Esperamos que en el futuro tengan ustedes más cuidado con las personas que admiten en su casa.

Los miembros de la familia se quedaron literalmente con la boca abierta. El tío Antonio volvió a hablar:

—¿Y acaso esas personas, por el color de su piel...?

—Mire, señor— le interrumpió el individuo que había hablado antes, —nosotros no hemos venido a discutir. Si ustedes quieren mantener esas amistades, pues, entonces, ¡múdense de aquí!

El tío Antonio intentó hablar de nuevo, pero los individuos giraron sobre sus talones y se marcharon. Y desde aquel día no hubo más comunicación con los vecinos.

El primer incidente fue cuando, habiendo dejado un cochecito de niño en el zaguán, alguien lo echó a la calle y un grupo de muchachos lo rompió a la vista de los vecinos. Al día siguiente las ruedas del carro aparecieron frente a la puerta de entrada del apartamento.

Al otro día una piedra rompió los cristales de las ventanas que daban a la calle. Días más tarde, hallaron el pasillo, frente a la puerta, cubierto de materias fecales. Y, simultáneamente, desaparecía la correspondencia de la familia y desconectaban el gas.

La vida comenzó a hacerse insoportable en aquella casa. Al principio nadie hizo caso, pero a medida que la perversidad aumentaba, los miembros de la familia, especialmente las mujeres, comenzaron a ponerse cada vez más nerviosos.

De nada valieron las quejas a la policía. Sobre la sustracción de la correspondencia se presentaron querellas formales. Las autoridades prometían investigar, pero ni siquiera se molestaban en visitar el edificio. El conserje participaba en el plan. La agencia que administraba la propiedad, también. La presión partía de todos lados: ¡múdense!

Pero Vasylisa, una de las hijas de tío Antonio, insistía en no ceder ante el discrimen. Una noche, a escondidas, se puso en vela para sorprender al que arrojaba inmundicias ante la puerta de entrada del apartamento. Era una mujer, y se abalanzó sobre ella, la cogió por el moño y le estrujó la porquería en la cara. El escándalo despertó a todos los inquilinos.

El conserje llamó a la policía y, como consecuencia, toda la familia de tío Antonio fue arrestada. El líder socialista Morris Hilquit los sacó de la cárcel bajo fianza y actuó luego como abogado defensor. La lucha era demasiado cuesta arriba: comparecieron nada menos que 50 testigos de cargo: vecinos, naturalmente. Algunos de los miembros de la familia fueron exonerados, pero Vasylisa fue condenada. Y, por añadidura, ésta, que trabajaba con el Departamento de Educación, se vio obligada a renunciar por "conducta impropia". No hubo más remedio: algunos meses después la familia se mudó a la Calle 72 y Primera Avenida.

Para ese tiempo, Puerto Rico atravesaba por una era de turbulencias. Dos partidos políticos se peleaban el dominio público: el Partido Republicano, dirigido por José Celso Barbosa, y el Partido Federal, dirigido por Luis Muñoz Rivera. Con el favor de los primeros gobernadores norteamericanos, Barbosa logró imponerse. Muñoz Rivera pasó a la oposición. Enemigos irreconciliables desde el régimen español, los seguidores de ambos líderes se tiraban al degüello. En los pueblos que dominaban los barbosistas, los muñocistas apenas podían vivir, y viceversa. San Juan era un ejemplo del primer caso y Caguas del segundo.

Las llamadas "turbas republicanas" destruyeron el taller de *La Democracia*, el diario de Muñoz Rivera en San Juan. Esto, junto a la difícil situación económica, obligó al líder federal, más tarde unionista, a marchar a Nueva York. En esta ciudad Luis Muñoz Rivera inició, el 13 de julio de 1901, la publicación del *Puerto Rico Herald*, un semanario escrito en español y en inglés. Su redacción estuvo localizada en el 156 de la Quinta Avenida.

Muñoz Rivera enviaba su periódico a todos los miembros del Congreso de Estados Unidos, en Washington, a las agencias noticiosas y a casi todos los hombres de influencia política en Nueva York. También circulaba profusamente en la comunidad puertorriqueña, en la que residían más de doscientos federales connotados que habían emigrado de Puerto Rico debido a la violencia prevaleciente.

En las ediciones del *Puerto Rico Herald* de octubre de 1901, aparecieron publicadas las bases del Partido Federal Puertorriqueño. Como aspiración del partido, se proclamaba "que Puerto Rico sea en el futuro un Estado de la Unión Americana, sin restricción, como lo son todos los demás Estados de la Federación".

Fue en ese periódico de Muñoz Rivera (edición del 2 de noviembre de 1901), donde Santiago Iglesias publicó un artículo que provocó la más severa crítica de los socialistas y los tabaqueros en general. En el mismo pretendía defender a la AFL de la acusación que se le hacía, tanto en Nueva York como en Puerto Rico, de que sus uniones discriminaban contra los trabajadores negros. Decía Iglesias, en parte:

"La Federación Americana ha declarado que no puede haber fraternidad y solidaridad entre el pueblo productor si los trabajadores no se organizan sin distinción de creencias, color... Pero, ¿es que los trabajadores de color responden, como era su deber, al llamamiento que le hacen sus compañeros de labor?

"Al trabajador de color, cubano o puertorriqueño, no debemos confundirlo con el americano. En Puerto Rico la mayoría de ellos responden a la organización. No es así en los Estados Unidos, donde la mayoría de los trabajadores de color es enemiga inconsciente de sus compañeros unionados de la raza..."

A juicio de sus críticos, eso era una expresión de racismo. ¿Por qué —preguntaban— no hace la misma acusación Iglesias a los millones de alemanes, irlandeses e italianos, blancos y rubios, que no pertenecen a la AFL? ¿Y por qué no acusa a los miles de blancos de todas las nacionalidades que han servido de rompehuelgas en tantas ocasiones? Es verdad, decían, que la AFL se manifiesta, formalmente, por la confraternidad de todos los trabajadores, pero nadie ignora que existen uniones que no dan ingreso a los trabajadores negros.

En esos términos se hizo pública una declaración suscrita por Shomburg, Rosseau, Apodaca y Baerga.

Mientras tanto, en Puerto Rico, la situación económica se deterioraba cada día más. La Isla sufría aún los efectos del ciclón de San Ciriaco. La producción de café se había reducido a un mínimo. El tabaco no había logrado aún conquistar el mercado norteamericano. La industria azucarera comenzaba apenas a desarrollarse.

La población no había llegado a un millón de habitantes. Pero ya había quienes sostenían que la *sobrepoblación* era la causa de la miseria. De ahí que comenzaran a estimular la emigración y los embarques de obreros. El tío Antonio conservaba una carta recibida por una persona amiga en Nueva York, suscrita por un obrero puertorriqueño. La misma está fechada en Nipe, Cuba, 2 de agosto de 1901, y la firma Juanito Rivera Santiago, quien dice, en parte:

"...éramos más de mil. Embarcamos en el vapor americano *California.* Salimos de Ponce a últimos de julio. Ibamos contratados para trabajar en la Cuba Company. Cada uno llevaba su liíto con la ropa que tenía. Más de la mitad estábamos descalzos. En el barco nos daban una *mazamorra* de latas que ni el diablo la comía. El café era agua sucia... Al segundo día de navegación casi todos estaban enfermos.

"Por fin, medio muertos, llegamos a un pueblo que se llama Daiquirí... Poco a poco unos americanos grandes, colorados y gordos, fueron escogiendo gente de los que íbamos y se llevaron como 250... En otro puerto, que no recuerdo, se quedaron, escogidos en la misma forma, como 250 más. El resto seguimos viaje hasta que llegamos a una ciudad que llaman Nipe. Quedábamos todavía como 500. Yo no sé cómo no hemos muerto. Casi sin comer. Vomitando y durmiendo tirados en el piso.

"En Nipe, después de muchas conversaciones y carreras, subió un grupo de americanos al barco y empezaron a preguntarnos muchísimas cosas. Seleccionaron como a 60. En ese grupo caí yo. Nos desembarcaron y nos llevaron al trabajo: una central que se llama Cuban Sugar Company.

"Al resto de los que veníamos, más de 400, casi todos *morenos*, no los dejaron desembarcar. Según dicen, en este país no se permite traer obreros contratados para trabajar. No sé qué será de esos pobres compañeros...

"Yo me estoy muriendo de flaco. Menos mal que no me pasó como a Juancho, el hermano de doña Simplicia, y otros muchachos que se murieron y los echaron en unos sacos de arena al mar..."

Otra de las emigraciones de obreros puertorriqueños fue organizada con destino a Hawaii. De las calamidades sufridas dio cuenta *The New York World* en su edición del 7 de septiembre de 1901, en despacho de Honolulú:

"Una historia de sufrimientos y de miseria es la que cuenta el jornalero Juan Avilés, quien fue traído a estas islas a trabajar en los cañaverales. Avilés es un jovencito de 18 años. Fue uno de los primeros borinqueños que emigró a estas tierras. Los agentes que lo contrataron le prometieron que ganaría 18 dólares mensuales. Aquí le pagaron solamente 15. Se enfermó de gravedad. Como no podía ser útil en sus faenas, lo despidieron de su empleo.. Ha estado durante muchos días ambulando por la ciudad, buscando algo que comer en los recipientes de basura. Un día se desvaneció de hambre en un portal. Su condición, dice, no es peor que la de los que están trabajando. Tampoco ellos pueden existir con lo que se les paga.''

Para esta fecha ya había en Hawaii más de ocho mil obreros puertorriqueños. El número continuó aumentando hasta 1905. El contratista de estos "esclavos" fue un tal Mr. Mature, con oficinas en la ciudad de Nueva Orleans. Sus agentes en Puerto Rico recibían un sueldo y una comisión por cada emigrante que embarcaban. El negocio tenía el respaldo del Gobernador y era estimulado por los líderes del partido Republicano, quienes consideraban que era un medio efectivo de resolver el problema del desempleo y la llamada sobrepoblación.

Los más raros proyectos se postulaban, supuestamente, para "resolver" el problema de Puerto Rico. Uno de éstos se escenificó en Nueva York en diciembre de 1901. Por medio de una hoja suelta se llamaba a los puertorriqueños a una asamblea en Chickering Hall. No se decía el motivo, y por curiosidad concurrieron, entre otros, Gonzalo O'Neill y Julio Romero, este último tabaquero. Ocupó la mesa presidencial un tipo muy bien vestido que nadie conocía. Habló de la miseria que se sufría en Puerto Rico y de la imposibilidad de remediarla, y terminó proponiendo la constitución de un comité para pedir al gobierno de Washington la compra de tierras en América del Sur o en Asia para establecer "otro Puerto Rico".

Tan pronto el desconocido terminó de hablar, Romero lo cubrió de improperios. Le siguió O'Neill en iguales términos... El tipo se escurrió y desapareció.

Al finalizar el año 1901 se inauguró el pensionado latinoamericano Puerto Rico en Nueva York bajo la dirección de José D. Sulsona. Ahí residieron jóvenes de distintos países que venían a estudiar a Nueva York, muchos de ellos puertorriqueños. La mayoría de éstos estudiaban en la Academia Católica Saint Joseph, de Brooklyn. Allí estudiaron Agustín Fernández, Miguel Angel Muñoz, José Juan Monge y Gustavo Amil, entre otros muchos jóvenes de Puerto Rico.

Para este tiempo Rafael Janer fundó en Baltimore un colegio dedicado a la enseñanza de jóvenes latinoamericanos, réplica del colegio que tuvo Tomás Estrada Palma en Central Valley. La labor de este ilustre educador puertorriqueño fue motivo de reconocimiento por los diarios de Baltimore. De esa clase de reconocimiento estaba ansiosa la comunidad puertorriqueña.

Buen motivo lo dio la presentación en Nueva York del tenor Antonio Paoli, quien vino precedido de su fama en Europa. Este debutó la noche del 22 de abril de 1902 en el Mendelson Hall con arias de Tosca, Lohengrin, Otelo y Guillermo Tell. No fueron pocos los puertorriqueños que concurrieron, entre éstos, muchos tabaqueros. Nadie en la comunidad conocía tan bien los méritos de Paoli (llamado ya "el tenor de los reyes y el rey de los tenores") como los tabaqueros. De él se sabía por los artículos de Luis Bonafoux, Anatole France y Guido de Varona que se leían en los talleres... Muchos tabaqueros formaban en la *claque* popular del *gallinero* del Metropolitan.

Sabido es que buena parte del público adinerado que concurre a las temporadas de ópera lo hace para deslumbrar con sus trajes y joyas. No así los artesanos que admirábamos a Caruso, a Tita Ruffo, a Chaliapin, a Frances Alda, a Mardones. En la *claque*, con entradas gratis en cada temporada, formaban Alfonso di Salvo, León Kortisky, Luiggi Sabella, Tony Gualtieri, Alfonso Dieppa y otros de distinto origen nacional. Muchos conocían de memoria las partituras más sobresalientes de las óperas y poseían buen ojo crítico para los artistas. Las gradas del Metropolitan fueron siempre jueces infalibles. No en balde iban por los chinchales de cigarros, al igual que por los cafés o restaurantes en que se daban cita los *bohemios* de la época, los encargados de organizar la *claque*.

Para ese tiempo, también, un notable pintor puertorriqueño, Adolfo María Molina, realizó una exposición de sus obras en la Calle 12 y Segunda Avenida. Pero, a diferencia del recital de Paoli, no tuvo la menor resonancia en los círculos artísticos de la ciudad.

Fue en ese año de 1902 cuando se inauguró en Nueva York la primera iglesia católica que ofreció servicios en español: Nuestra Señora de la Guadalupe. Estaba situada en lo que para ese entonces era el corazón del Barrio Latino, en el 229 Oeste de la Calle 14.

Pero ni ese acto de la tradicional iglesia de los puertorriqueños, ni la visita esporádica de algún artista destacado, ni los esfuerzos de Muñoz Rivera con su periódico, alteraban el juicio que le merecían los hijos de Puerto Rico a la población anglosajona de Nueva York. Para la generalidad de los yanquis, los boricuas eran *material gastable*, individuos sin cultura, ignorantes y, por añadidura, carentes de madurez... ¡Así nos juzgan muchos todavía!

Capítulo XII

SOBRE DIATRIBAS E INSULTOS A LOS PUERTORRIQUEÑOS

El gobernador William H. Hunt, segundo de los gobernadores de Puerto Rico (después de los militares) nombrado por el Presidente de Estados Unidos, declaró en agosto de 1902: "Los puertorriqueños están completamente incapacitados para dirigir sus propios destinos. En la Isla todo es corrupción. Las cortes de justicia son venales. Los jueces se venden. No se pueden encontrar funcionarios honrados..."

Todo ese veneno apareció publicado por distintos periódicos de Nueva York. Viniendo de una fuente supuestamente responsable, esas manifestaciones hacían grave daño a la comunidad puertorriqueña. Algunos sentían la necesidad de contrarrestarlas, pero el ambiente no era propicio. Los odios provocados por la contienda política en la Isla repercutían en Nueva York. Aquí también federales y republicanos se tiraban al degüello, como perros y gatos. El partidismo político parecía devorar a los puertorriqueños.

Algunos pensaban que todos los problemas se resolverían con la sola concesión de la "ciudadanía americana". Así lo creyó el Dr. José J. Henna, quien influyó en un congresista para que originara un proyecto de ley con ese propósito. Su mera presentación alarmó a muchos sectores de opinión en Estados Unidos. Como resultado, llovieron las diatribas e insultos contra Puerto Rico y los puertorriqueños. La prensa, a coro, parecía preguntarse: ¿es acaso posible hacer buenos americanos de tribus salvajes? Y el proyecto, naturalmente, ni siquiera se discutió en comité.

Esta situación provocó un caso de prueba que originó una comentada decisión del Tribunal del Estado de Nueva York: Los nativos de Puerto Rico eran "extranjeros" al arribar a los puertos norteamericanos. La apelación al Tribunal Supremo, de éste y otros casos, dio origen a los famosos *Insular Cases*.

Mientras tanto, la inseguridad y la indecisión se cebaban en los puertorriqueños.

En noviembre de 1902, el *Morning Sun,* uno de los diarios de mayor circulación en Nueva York, publicó una serie de artículos sobre Puerto Rico. Decía lindezas como ésta: "Esa gente (los puertorriqueños) son aborígenes cuyos arcos y flechas han sido sustituidos por revólveres y cuchillos".

Pero el racismo no sólo se traslucía en los periódicos, permeaba también el movimiento obrero. La Unión Internacional de Carpinteros de Estados Unidos denegó la petición de afiliación de la Unión de Carpinteros de Puerto Rico. Razón: no consideraban a los puertorriqueños "capacitados para merecer formar parte del movimiento sindical americano..." Trabajo costó al presidente de la AFL, Samuel Gompers, conseguir la revocación de esta decisión.

El movimiento obrero había cobrado fuerzas en Puerto Rico con el nuevo régimen. Las clases acomodadas, especialmente los industriales y agricultores, se sentían amenazados en sus intereses. De ahí surgió el famoso proceso contra Santiago Iglesias y otros líderes obreros, acusados de "conspirar para aumentar los salarios". El primero fue condenado a tres años de prisión y sus compañeros a distintas penas. La noticia de tan grande atropello enardeció a los trabajadores en Nueva York.

Se inició una campaña en favor de los líderes obreros y en defensa de la Federación Libre de Trabajadores, declarada "ilegal" por el fallo de la corte. La campaña tuvo el más entusiasta apoyo de Samuel Gompers, quien pidió la intervención de las autoridades federales. Finalmente, la corte de apelaciones revocó la condena y estableció con toda claridad el derecho de los obreros a organizarse, a demandar mayores salarios y declarar huelgas.

Esa decisión de un tribunal norteamericano, revocando a un juez puertorriqueño, y haciendo valer los derechos de los trabajadores, estimuló la tendencia americanizante en las filas obreras. Aún estaba fresca en la memoria de todos la condición de semiesclavitud sufrida bajo el régimen español. Pero no sólo eso: también la persecución de que fueron víctimas los primeros líderes obreros, con Santiago Iglesias a la cabeza, bajo el régimen autonomista de Luis Muñoz Rivera. Esto explica que los obreros, sintiéndose y sabiéndose impotentes ante los patronos, buscaran protección y amparo en la nueva estructura jurídica que Estados Unidos extendía a la Isla. Y esa misma persecución contra el movimiento obrero, en la que participaban por igual el líder republicano Barbosa y el líder federal Muñoz Rivera, sembraba dudas, aun en los periódicos liberales americanos, sobre la capacidad del liderato puertorriqueño para establecer un gobierno democrático en Puerto Rico.

De vez en cuando algún diario se ocupaba favorablemente de nosotros. A principios de abril de 1903, el *Brooklyn Eagle* decía en un artículo: "La situación de los peones puertorriqueños es de hambre, de miseria y de esclavitud política... Antes de llegar los americanos a la Isla, el promedio de salarios era de 62 centavos provinciales, equivalente a 37 centavos oro. Hoy el promedio es de 35 a 50... Parece más alto por ser oro, pero no lo es, pues el costo de la vida, según un estudio que acaba de hacer nuestro corresponsal en esa Isla, ha aumentado un cien por ciento".

En el curso del año el *Brooklyn Eagle* publicó otros artículos siguiendo la misma línea. El 7 de noviembre declaró en un editorial: "No debe ser sorpresa para nadie que haya una corriente migratoria de puertorriqueños hacia el extranjero y que se vayan todos los que tienen oportunidad de salir de la Isla. Diariamente el cable nos anuncia que parten de San Juan cien, que embarcan quinientos, que se van mil en emigración a Yucatán, a Hawaii o a otras tierras. Eso lo que significa es que no pueden ganarse el pan en su propia patria. Y eso quiere decir que Estados Unidos, a pesar de haberse comprometido a desarrollar la economía de ese pobre pueblo, no ha cumplido su compromiso ni se ve en la necesidad de hacerlo".

Esta situación de la tierra lejana se mantenía muy presente entre todos los puertorriqueños residentes en Nueva York. Se oía con ansiedad el relato de los que llegaban... En noviembre de 1903 mi tío Antonio se enteró de que Lola Rodríguez de Tió se encontraba en Nueva York.

La insigne poetisa puertorriqueña residía en Cuba y había viajado a esta ciudad para someterse a una delicada operación de la vista. El tío Antonio y sus hijas, Vasylisa y María Teresa, la visitaron en el Hotel Audubon, donde se hospedaba. La amable dama los recibió visiblemente emocionada. Eran los primeros paisanos que veía.

Lola habló de Puerto Rico con amargura. Había perdido la esperanza de que se lograra su independencia. Los norteamericanos, a su juicio, estaban en la Isla "para quedarse". Las condiciones que prevalecían en Cuba tampoco eran halagadoras. Era notable su pesimismo, agudizado, quizá, por su padecimiento de la vista. Pero el tío Antonio comenzó a recordar los tiempos de José Martí, los años gloriosos de lucha en que ella había participado, y poco a poco el rostro de Lola comenzó a iluminarse. Al rato; recitó un poema recientemente escrito, y sin hacerse rogar se sentó al piano y toco la *Margarita*, de Tavárez. Siguió luego con danzas de Morel Campos... No fue hasta horas de la madrugada que se despidieron los visitantes.

La operación quirúrgica se efectuó con gran éxito. Días después regresó Lola a La Habana, sin duda con renovado optimismo.

Y mientras tanto, la cosecha de injurias contra los puertorriqueños continuaba. A principios de marzo de 1904, *The Globe*, otro diario neoyorquino, insistía: "Los naturales de Puerto Rico no están capacitados para gobernarse por sí mismos porque constituyen un país que no ha llegado a su madurez..."

Arturo Alfonso Shomburg le salió al paso. En declaraciones que el mismo periódico se vio obligado a publicar, decía: "A los puertorriqueños no se nos consultó si queríamos ser parte de los Estados Unidos, ni en lo que respecta a nuestra soberanía nacional... Nosotros, como nación independiente, no lo haríamos peor que los cubanos. Si se quiere dejarnos a nuestro libre albedrío, no faltarán hombres capacitados en Puerto Rico para conducir a nuestro pueblo a través de cuantas emergencias y peligros puedan ocurrir. ¿Por qué no se prueba?"

A finales de marzo de 1904 regresó Samuel Gompers de Puerto Rico. Había hecho el viaje a insistencia del liderato de la Federación Libre de Trabajadores y, junto a Santiago Iglesias, visitó distintos pueblos. A su llegada a Nueva York celebró una conferencia de prensa. De sus declaraciones en esa ocasión extraigo lo siguiente: "En toda mi vida no había visto tanta miseria, enfermedad y sufrimiento... A los puertorriqueños se les pagan los salarios más bajos del mundo. Tienen que rendir una jornada de trabajo que fluctúa entre diez y doce horas diarias. La dieta es inadecuada. La vida es más cara que aquí. Mis impresiones de viaje son pavorosas".

Varias veces habló Gompers sobre las condiciones de los trabajadores puertorriqueños en actos organizados por la Unión de Tabaqueros, en el Masonic Hall de la Calle 23. Como resultado de su viaje, se estrecharon aún más los lazos de la Federación Libre de Trabajadores y la AFL.

En el curso de estos años se hicieron renovados esfuerzos por constituir una organización representativa de la comunidad puertorriquena, o de ésta y la población hispanoparlante de Nueva York. Este último caso fue el de la Asociación Latinoamericana, en cuya junta directiva figuraron, entre otros, los doctores Antonio González, Manuel Castillo Vilar, Arturo Font, y los señores Alberto León, Francisco L. Plá y Ricardo E. Manrique. Bajo sus auspicios se celebraron algunas fiestas con el propósito de recaudar fondos para auxiliar a familias necesitadas... A los pocos meses dejó de hacerse sentir.

Ensayo de mayor envergadura fue el efectuado el 22 de mayo de 1904. Ese día se celebró una asamblea, convocada por Martín Travieso, destacado correligionario de Luis Muñoz Rivera. A la reunión concurrieron 38 personas, todos puertorriqueños, entre los que se contaban, además de Muñoz Rivera, conocidas personalidades, como Arteaga, Acuña, Bravo, Balsac, Blanco, Cabassa, Mario Brau, Gonzalo O'Neill, Montalvo Guenard, Ulises del Valle... El propósito de la reunión era fundar una sociedad apolítica que trabajara cerca de la prensa y organismos gubernamentales por la solución de los problemas económicos de Puerto Rico.

Esta sociedad tampoco se materializó.

Tratando de apartarse de las duras condiciones de vida en Nueva York, la familia del tío Antonio compró un predio de terreno en la carretera de Flushing. Para este tiempo, había muchas granjas en ese lugar. Flushing, propiamente, no pasaba de ser un mero caserío a lo largo de su calle principal. La propiedad era barata, a tal punto que la familia adquirió dos acres por 85 dólares.

Con gran entusiasmo comenzaron a fabricar, poco a poco, una casa de verano. Pero cuando la vivienda estaba lista para ser techada... Un domingo, al llegar el tío Antonio con su familia, halló sólo un montón de escombros. Y clavado a una estaca, pudieron leer esta inscripción: "No intenten volver a fabricar. No queremos negros en este pueblo. Lárguense para su país".

Esto ocurrió en 1905. Pero no se trata de un hecho aislado. Muchos puertorriqueños sufrieron atropellos similares en las poblaciones cercanas a Nueva York. El último de que tengo conocimiento ocurrió en Elmont, Long Island, en el verano de 1938. Un compatriota inició la construcción de una casa en Avenida Belmont. Cuando ya tenía la estructura casi completa, se la destruyeron una noche dejando en el lugar un letrero con la misma admonición. De lo cual fui testigo presencial, pues, para ese tiempo, yo vivía en ese pueblo.

La comunidad puertorriqueña en Nueva York aumentó notablemente en la primera década de este siglo. Algunos se aventuraban hasta Chicago y otros centros industriales. En Tampa, Florida, había un núcleo notable de puertorriqueños, entre otros, Manuel de Jesús Parrilla, periodista, director del semanario *El Internacional*. También Manuel Román, escritor obrero, y Carlos del Toro, este último concejal del ayuntamiento.

En Nueva York, los puertorriqueños se habían afincado definitivamente. En la vecindad de Yorkville había desaparecido el antagonismo racial que años antes obligó a mudarse de la Calle 88 al tío Antonio y su familia. Un ambiente cordial prevalecía, especialmente, en los alrededores de la 103 y Tercera Avenida.

El Partido Socialista había alcanzado bastante influencia en la vida de Nueva York. El *Socialist Call*, un periódico de considerable circulación en esta época, realizaba campañas a favor de las minorías nacionales. Pero era la excepción. La prensa, en general, atizaba el desprecio hacia lo extranjero y era especialmente virulenta contra los puertorriqueños. De ahí que algunos, los más acomodados en particular, se hicieran pasar por "españoles" para aminorar el discrimen, y había quienes llegaban al extremo de no hablar en público. No leían periódicos hispanos en los *subways* ni enseñaban el castellano a sus hijos... Sí, esto hacían, y lo escribo así porque me consta.

En los vecindarios donde residían obreros era otra cosa. Ahí se hablaba siempre en español y se leían nuestros periódicos, aun a la vista de todos, en los trenes. Los trabajadores no temían que los llamaran *spiks*. No negaban su origen. Al contrario, peleaban porque se les reconociera como puertorriqueños, o, en general, como *hispanos*. Así el caso de los tabaqueros.

En 1912 surgió un movimiento para obtener de la Unión Internacional de Tabaqueros el reconocimiento de una Unión local compuesta por hispanoparlantes. El promotor fue Emiliano Ramos, quien, con tal propósito, convocó una asamblea en la Sección Socialista de Yorkville, Calle 84, entre Segunda y Tercera Avenidas. Asistieron más de cien tabaqueros. Varias veces volvieron a reunirse, pero no fue hasta muchos años más tarde cuando se logró el propósito.

En estos años de la preguerra, la industria de cigarros se desarrollaba con gran prosperidad. El empleo era abundante. El vitolaje fino, los tabacos de mayor categoría, los fabricaban artesanos de habla española e italianos españolizados. En este contingente se contaban muchos puertorriqueños, y estos tabaqueros constituían la mayoría de la comunidad puertorriqueña en Nueva York.

Esta situación comenzó a variar a medida que la guerra, que estalló en Europa en 1914, dejó sentir sus efectos en Estados Unidos. En mayo de ese año un submarino alemán hundió el *Lusitania*, pereciendo más de mil personas, entre ellas 124 ciudadanos norteamericanos. La guerra submarina continuó haciendo estragos tras breves períodos de inactividad. El 2 de junio de 1918 fue hundido el *Carolina*, barco que hacía regularmente la travesía de San Juan a Nueva York. Varios puertorriqueños perecieron. Pero con o sin guerra, la emigración continuó. Precisamente en esos años, la comunidad puertorriqueña en Harlem creció considerablemente. También la sección de Chelsea, desde la Calle 26 a la Calle 15, se pobló de familias puertorriqueñas. También las cercanías de Boro Hall.

Pero la concentración mayor se dio en los alrededores de la Calle 116, formándose lo que vino a ser conocido como el *Barrio Latino*.

Para esta época empezó a florecer el comercio puertorriqueño. Este desarrollo comercial fue precedido, naturalmente, por las casas de hospedaje, primer tipo de negocio de la emigración. El segundo lo constituyeron las barberías. No menos de diez existían para 1917: las de Náter, Lasalle y El Chino, en la parte alta de Manhattan; las de Lolo Torres, Martínez y Rodríguez Colón, en Chelsea, y las de Juan Ortiz, Rafael Lebrón y Peláez, en Brooklyn.

Por lo general, estos barberos eran personas inteligentes y simpáticas. Recordamos especialmente a Erasmo Lasalle, cantante de mérito, el primero que hizo una grabación eléctrica con música puertorriqueña. En su barbería se encontraba con frecuencia otro gran guitarrista puertorriqueño, Salvador Maldonado, quien actuaba con éxito en los teatros de variedades. También barbero, buen músico y poeta fue Juancito Ortiz, quien amenizaba las fiestas en la vecindad de Boro Hall.

El crecimiento de las barriadas puertorriqueñas no hacía más afable la relación con otras nacionalidades. La convivencia era especialmente intolerable en Chelsea y en Brooklyn. La calidad de las viviendas era pésima. El mejor lugar lo constituían las calles que ya formaban el núcleo del Barrio Latino en Harlem. Había allí una concentración de hebreos, que para este tiempo comenzaron a emigrar hacia sectores mejores de la ciudad. Los apartamentos que abandonaban era buenos para los puertorriqueños, quienes se desplazan hacia ese lugar en número cada vez mayor.

Aquí debo poner una nota personalísima: me casé con una muchacha puertorriqueña. Esto, naturalmente, no tiene nada que ver con lo que sigue, pero es lo cierto que poco después se recibieron en Nueva York las primeras noticias de los temblores que asolaron una parte de Puerto Rico en octubre de 1918. Los puertorriqueños llenamos las oficinas del cable en espera de información de nuestras familias. Después corríamos al correo para enviar algún socorro por giro postal. Todos seguíamos las vicisitudes de nuestra tierra a través de *La Prensa*.

Ese periódico, que vino a ser el diario hispano de más prolongada vida en Nueva York, se inició el 4 de junio de 1918. pero había venido publicándose, desde el 12 de octubre de 1913. Lo fundó Rafael Viera, quien estableció su redacción en el 87 de la Calle Broad. Durante algún tiempo se publicó bajo la dirección del célebre escritor colombiano José María Vargas Vila. Luego, pasó al poder de V.H. Collao, bajo cuya dirección se transformó en diario. Poco tiempo después lo adquirió el español José Camprubí.

Bajo la tesonera dirección de Camprubí, con el apoyo de la Unión Benéfica Española, el diario *La Prensa* logró estabilizarse. La creciente comunidad puertorriqueña amplió su potencial de lectores, lo que le aseguró un mayor ingreso de anuncios. Vale decir que, por encima de toda discrepancia, ese diario hizo una valiosa contribución al desarrollo de la comunidad hispana en Nueva York.

En octubre de 1918 Santiago Iglesias volvió a Nueva York, esta vez para iniciar los trabajos de organización de la Federación Pan Americana del Trabajo. Con tal propósito, convocó una reunión que tuvo lugar el 17 de ese mes en Harlem Terrace, 210 Este de la Calle 104. El día 30 tuvo lugar una asamblea más amplia con representantes de Argentina, Chile, Costa Rica, Colombia, España, México, Nicaragua, Perú, Venezuela y Puerto Rico. Pero aunque naturales de esos países, se trataba de personas que residían en Estados Unidos, la mayoría en Nueva York.

La asamblea acordó respaldar la iniciativa de la AFL tendiente a organizar la Federación Pan Americana del Trabajo. A tal fin, se resolvió convocar un congreso, con delegados de las organizaciones sindicales de los distintos países, en Laredo, Texas.

En los círculos obreros, en Nueva York, se debatió la idea. Los individuos más radicales la combatían por considerar que, en el fondo, lo que se perseguía era utilizar los movimientos sindicales de los países de América Latina para favorecer la política expansionista de Estados Unidos. Pero lo cierto es que la mayoría de los tabaqueros respaldaron a Santiago Iglesias.

Poco tiempo después se complicó mi vida personal. Mi

esposa me hizo el regalo de un hijo, y como en la tabaquería en que trabajaba no ganaba suficiente, me di a gestionar nuevos ingresos. Con la guerra, el costo de la vida había aumentado, mientras los salarios de los tabaqueros se mantenían al nivel de 1916. La necesidad me obligó a moverme en otra dirección. Y así fue como me inicié en la venta de seguros de vida.

No tenía sueldo fijo. Trabajaba a comisión. Los créditos que obtenía el agente por concepto de cobro y pólizas nuevas se acumulaban mientras se le pagaba una cantidad semanal en proporción al total de sus créditos. El balance quedaba en reserva para responder por las bajas que tuviera el agente en su clientela... El negocio para mí era bastante flojo.

La Colonial, que así se llamaba la compañía de seguros, se especializaba en pólizas vitalicias para obreros. Me asignaron un distrito en la ciudad habitado por húngaros, bohemios, polacos, italianos y puertorriqueños. Había que hacer el recorrido a pie y a veces subir hasta un sexto piso para cobrar 10 centavos. Había otros dos agentes puertorriqueños: José García Seda y José Martínez, también tabaqueros, como yo. Nos reunimos y, por nuestra cuenta, acordamos visitar familias puertorriqueñas exclusivamente.

Al cabo de unos meses de trabajo, surgió un problema grave: la compañía no daba crédito a ningún agente por seguros vendidos a negros. Los admitían, eso sí, pero no los acreditaban como objeto de pago. Como los agentes puertorriqueños llenábamos solicitudes lo mismo a blancos que a negros, los otros agentes de la compañía se sintieron molestos y se quejaron a los jefes contra lo que llamaban "seguros de tercera clase". Se ordenó una investigación y nosotros, por nuestra parte, amenazamos con denunciar el discrimen. Finalmente, la compañía resolvió que no había diferencia de riesgo entre clientes negros y blancos.

No permanecí mucho tiempo en ese trabajo, a pesar de las dificultades familiares. Para ese entonces, la salud del tío Antonio comenzó a decaer. Recuerdo una de sus últimas conversaciones. Estaba ya de cama y me dijo: "Siempre luché por una vida mejor para todos los seres humanos. Mis creencias me mantuvieron en conflicto constante con los intereses creados.

Mi credo no ha triunfado todavía..."
Poco después expiró.

Capítulo XIII

VIDA CORRIENTE EN NUEVA YORK
Y OTROS DETALLES

Para 1918, las actividades de recreo entre los puertorriqueños en Nueva York estaban confinadas a los apartamentos en que vivían. Se celebraban cumpleaños y bodas y, naturalmente, las festividades de Nochebuena, Año Nuevo y Reyes, pero siempre en el hogar. Se invitaba a vecinos y amigos.

En esos actos se bailaba, y entre pieza y pieza, se recitaban versos y hasta se decían discursos sobre la patria ausente. Las *charangas*, formadas por músicos puertorriqueños, animaban algunas fiestas. En la generalidad se tocaban discos. Para esta época, ya Columbia había empezado a grabar danzas, aguinaldos y otras melodías criollas.

Casi todas las familias poseían una victrola y muchas tenían pianolas. Por cierto que cuando se popularizó esa "música de rollos" se explotó a los puertorriqueños de una manera cruel. Se les vendían a plazo las pianolas, por las que pagaban alrededor de 500 dólares. No eran pocos los sueldos que se embargaban a los trabajadores por falta de pago. A veces, cuando la familia tenía que mudarse, se veían obligados a dejar la pianola... ¡Su traslado costaba más que el resto de la mudanza!

Las fiestas de los puertorriqueños irritaban a los vecinos de otras nacionalidades debido a la algazara que formaban. Esto provocó altercados y disgustos bastante serios.

Se dieron otras actuaciones poco edificantes. En los apartamentos más espaciosos de Harlem se estableció la costumbre de celebrar fiestas los sábados y domingos. En este caso no se trataba de simples fiestas familiares, sino de bailes en los que se cobraba la entrada. Una vez dentro, se explotaba a los asistentes vendiéndoles golosinas. Y, también, ocurrían otras cosas igualmente reprobables.

Nada de eso se daba en los hogares de los tabaqueros.

Para ese tiempo, en el creciente Barrio Latino vivían más de

10.000 puertorriqueños. Ya se habían abierto las primeras *bodegas* y restaurantes criollos. En sus viajes semanales los barcos traían nuevos emigrantes. Los dueños de los edificios de Harlem se enriquecían obligando a los puertorriqueños a pagar los alquileres más altos, relativamente, de toda la ciudad. Recuerdo un edificio en la Calle 113, cerca de la Quinta Avenida, que cuando lo ocupaban los hebreos pagaban a razón de 17 dólares por apartamento... Al ocuparlo las familias puertorriqueñas, subieron el alquiler a 35 dólares.

En el invierno de 1918 debutó en Amsterdam Opera House la compañía teatral de Manuel Noriega. Con Noriega empezó la comunidad puertorriqueña de Nueva York a ver teatro español. Una noche contamos más de doscientos compatriotas, entre éstos muchos tabaqueros que eran muy amantes del teatro.

Otro acto de grato recuerdo fue un recital del poeta mexicano Amado Nervo en el Havermeyer Hall de la Universidad de Columbia.

Durante todo este tiempo se mantenía activo el Círculo de Trabajadores de Brooklyn, sociedad que hemos mencionado antes. Ahora quisiera dar una idea de cómo se desenvolvía regularmente el Círculo. Fue fundado en el siglo pasado y estaba integrado, en su mayoría, por tabaqueros. Todos eran hombres de ideas avanzadas, anarquistas, socialistas o, por lo menos, republicanos de izquierda. Para esta época ya casi toda la matrícula eran viejos, pero con mente juvenil y un corazón siempre lleno de optimismo.

Yo frecuentaba el Círculo. En una noche cualquiera, en invierno, las personas se reunían en grupos alrededor de las mesas. Algunos juegan dominó, damas o ajedrez. Otros sencillamente conversan. Yo voy de un grupo a otro. En una esquina de la sala está el venerable viejo Castañeda. Oigo cuando dice:

—Fue una desgracia que Martí tomara tan a pecho las charlatanerías de Trujillo y de Collazo, y que su amor propio lo llevara a morir en Dos Ríos. Si se hubiera quedado como director y orientador de la revolución, Cuba sería hoy la república más libre y democrática del mundo...

Me uno a otro grupo. En éste se halla Miguel Rivera, natural de Cayey, comentando con entusiasmo las resoluciones presentadas por la delegación de México en el Congreso de Laredo:

A pesar de haberlas aceptado la Federación Americana del Trabajo, los yanquis seguirán postergando a los mexicanos...

Me acerco a otro grupo que se ríe alegremente. Celebran el último cuento de *El Malojero*, quien repite anécdotas de Luis Bonafoux.

Continúo la ronda. Junto a la oficinita administrativa del Círculo se encuentran Pepín y Atanasio Fueyo. Discuten sobre el programa de veladas de invierno que tienen en proyecto. Me entero de que van a representar las obras *Tierra baja*, de Guimera, y *Los vagabundos*, de Gorky. Consideran también montar *El tío Juanito*, de Chéjov, en versión realizada por el obrero puertorriqueño Alfonso Dieppa.

Me acerco a la cantina y pido un pocillo de café. Aquí está José López, español, de oficio escogedor de cigarros. Discute con el anarquista Rojas. Este dice:

—Los bolcheviques han traicionado a los obreros rusos. Debían haber establecido las comunidades libres y no esa cataplasma de los *Soviets*.

López responde:

—Ustedes, los anarquistas, andan mal de la cabeza. Los hombres salieron de su estado de fieras ayer, ¿y tú quieres llevarlos a un mundo libre, sin ataduras de ninguna clase, y todo de un salto? Si queremos llegar algún día a una sociedad equitativa, hay que obligar a los hombres a ser buenos, y no bestias.

Ese era el ambiente.

Años más tarde conocí a un tabaquero puertorriqueño, de nombre Pedro Juan Bonit, quien residía en Nueva York desde 1913. Como información adicional sobre la vida de los emigrantes de esos años, transcribo a continuación la conversación que sostuve con él:

—¿Cuándo llegaste aquí?

—El 22 de diciembre de 1913.

—¿De qué pueblo tú eres?

—Nací y me crié en San Juan.

—¿Qué te indujo a emigrar?

—El afán de conocer mundo. Y también, claro, pensando que mejoraría económicamente.

—¿Dónde viviste cuando llegaste aquí?

—En la casa de huéspedes de Ramón Galíndez, en el 2049 de la Segunda Avenida, entre las calles 105 y 106.

—¿Conseguiste empleo con facilidad?

—En seguida. Había entonces mucho trabajo para torcedores. Es más, los fabricantes de cigarros tenían agentes que les buscaban empleados y por cada operario que les llevaban pagaban cinco pesos. Recuerdo a uno de esos agentes: Damián Ferrer, alias *Batata*.

—¿Dónde fue ese primer trabajo?

—En un chinchalito. Más tarde trabajé en la fábrica de Samuel I. Davis, en la Calle 81 y Primera Avenida. Ahí trabajaban más de cien tabaqueros puertorriqueños.

—¿Había para ese tiempo otros talleres que emplearan tantos puertorriqueños?

—Sí. Muchos.

—¿Y en esos talleres, tenían lectores como en Puerto Rico?

—Los había en casi todos. En la fábrica de Davis había dos: Fernando García, quien nos leía los periódicos por la mañana, y Benito Ochart, quien leía la novela por la tarde.

¿Notaste alguna diferencia entre las obras que se leían aquí y las que se leían en Puerto Rico?

—Bueno... Aquí creo que la lectura había progresado un poco más. Se leían libros de mayor valor educativo.

—¿Recuerdas algunas obras?

—Recuerdo *El fuego*, de Barbusse, *La hiena rabiosa*, de Pierre Loti...

—¿Quién pagaba a los lectores?

—Nosotros. Cada operario contribuía con 25 centavos semanales.

—¿Se hacían otras colectas?

—Sí. Todas las semanas contribuíamos para la prensa obrera. Y, por lo regular, había alguna colecta para ayudar a algún movimiento huelgario.

—¿Había ya negocios puertorriqueños en el *Barrio*?

—No. Todavía no se habían establecido *bodegas* ni restaurantes. Sólo existían casas de hospedaje y algunas barberías.

—¿En dónde se podían comprar para esa época plátanos, yautías y demás viandas criollas?

—Había una bodega *latina* en la Calle 136, cerca de Lenox, en el centro del barrio negro. En cuanto a productos españoles, se podían comprar en la tienda de Victoria, Calle Pearl, cerca de John.

—¿Conociste algún establecimiento comercial genuinamente puertorriqueño?

—No supe de ninguno. Aunque sí, recuerdo que había una botica de un tal Loubriel por la Calle 22, cerca de la Séptima Avenida.

—¿Recuerdas algunos puertorriqueños que vivieran en tu vecindad?

—Sí. Recuerdo a Andrés Araujo, Juan Nieto, Antonio Díaz, Agustín García, Felipe Montalbán y muchos otros. Creo que, ya en ese tiempo, por las calles 105 y 106, cerca de la Segunda Avenida, residían unas 150 familias puertorriqueñas.

—¿Y en lo que se conoce hoy como *Barrio Latino*?

—No. Ahí generalmente, vivían hebreos. Si acaso había alguna que otra familia hispana. Para ese tiempo, los puertorriqueños estábamos regados por otros barrios: Chelsea, Brooklyn... En Brooklyn, por los alrededores del Astillero y de Boro Hall. También había vecindarios puertorriqueños en el Este, por la calle 20; entre las calles 85 y 64, a lo largo de la Segunda y Tercera avenidas. Y había un sector de profesionales y familias acaudaladas en el Oeste, al otro lado del Parque Central. Allí vivían los doctores Henna, Marxuach...

—¿Qué relaciones había entre la comunidad?

—Bueno. Cada clase se desenvolvía en su ambiente. Los tabaqueros éramos los únicos que manteníamos relaciones colectivas. No existían sociedades exclusivamente puertorriqueñas. Pero los tabaqueros teníamos sociedades de socorros mutuos como La Aurora, La Razón, El Ejemplo... Los círculos educativos eran casi todos de ideología anarquista, excepto el Círculo de Trabajadores de Brooklyn, que admitía trabajadores de distintas ideologías. Los gremios del oficio eran la Internacional de Tabaqueros y La Resistencia... En mi barrio había un club llamado El Tropical que daba bailes y celebraba de vez en cuando alguna conferencia. Lo presidía un tal Gonzalo Torres. En el Oeste, recuerdo que también, para esta época, el Dr. Henna presidía el Club Ibero-Americano.

—Para ese entonces, ¿qué periódicos en español se publicaban aquí?

—*Las Novedades*, una publicación española, cuyo director era un tal García, a quien nosotros apodábamos *El Curita;* el semanario anarquista *Cultura Proletaria* y *La Prensa*, entonces semanario.

—¿Dónde compraste tu primera ropa aquí, en Nueva York?

—Me la fió el hebreo Markowsky, quien tenía una tienda en los bajos del edificio en que yo vivía. Allí compraban a crédito muchos tabaqueros.

—¿Se notaban diferencias raciales entre los boricuas?

—Entre los tabaqueros, ninguna. Para nosotros no había problemas de raza ni de religión. Pero entre la llamada *gente bien* muchos eran más postergadores que los mismos americanos.

—¿Cuánto ganabas para esa época?

—En Davis hacía un salario promedio de 30 dólares semanales.

—¿Y a cuánto ascendían tus gastos?

—Por cuarto, comida y ropa limpia yo pagaba unos 10 dólares semanales.

—¿Se jugaba ya la *bolita* en ese tiempo?

—Sí. Según he oído, ese juego empezó aquí para el 1870.

—¿Y en cuanto a escándalos entre boricuas?

—De vez en cuando se formaba alguna bronca pero sin resultados graves.

—¿Qué fiestas celebraban ustedes?

—En los hogares se conmemoraban las Navidades, Año Nuevo y Reyes.

—¿Sentían inquietudes por la situación de Puerto Rico?

—Desde luego.

—¿Te gustaría regresar?

—No me hables de cosas tristes. Yo he ido dos veces a Puerto Rico y ojalá que pudiera largarme mañana mismo...

A fines de 1918 y principios de 1919, las noticias que se recibían de Puerto Rico hacían hincapié en la miseria y en las huelgas que asolaban al país. Había huelgas de miles de trabajadores agrícolas, a los que se perseguía y atropellaba. También los tabaqueros realizaban paros con frecuencia. A esto se sumaban las víctimas de los terremotos... *La Prensa* inició una colecta pública para ayudar a estas últimas y como resultara mezquina la respuesta de los lectores, publicó un editorial quejándose de la poca preocupación por obras caritativas que había entre las comunidades hispanas. Esto originó una polémica en la que terciaron Luisa Capetillo, Gabriel Blanco y otros.

La posición expresada por Luisa fue la más discutida. Esta culpaba a los gobernantes por la miseria en que se vivía en Puerto Rico. Pedía que se diera a conocer esa situación al pueblo progresista norteamericano, y terminaba diciendo: "La tiranía, como la libertad, no tienen patria, como tampoco la tienen los explotadores ni los trabajadores".

Para esta época Luisa estaba empleada como lectora en una fábrica de cigarros. Debo decir algo de esta gran mujer puertorriqueña. Luisa Capetillo se unió al liderato de la Federación Libre de Trabajadores y participó en mítines y huelgas a través de todo Puerto Rico. Puede decirse, en justicia, que fue la primera mujer sufragista en las Antillas. De temperamento agresivo y dinámico, se dedicó en cuerpo y alma a la defensa de los derechos obreros y a la causa de la liberación femenina. Llegó en este tiempo a Nueva York desde La Habana, donde había causado un "escándalo" al presentarse en las calles vestida con la falda-pantalón que sólo las mujeres más avanzadas de la época se atrevían usar.

La última vez que hablé con Luisa fue en una casa de huéspedes que entonces tenía en la Calle 22, cerca de la Octava Avenida. Tenía que trabajar interminablemente y se veía siempre cansada. Pero a pesar de eso no perdía oportunidad de explicar a sus huéspedes sus ideas revolucionarias de fuerte tendencia anarquista. Esto no era óbice para que se comiera muy bien en su casa de hospedaje, porque además de su entusiasmo por la revolución, Luisa sentía gran afición por la cocina. Y como aquella noble mujer de Puerto Rico nunca se preocupó gran cosa por el dinero, allí comía todo el que se acercaba con hambre, tuviera o no con qué pagar. Naturalmente, su "negocio" vivía en crisis, viéndose muchas veces en grandes aprietos para pagar el alquiler del apartamento.

Las nuevas generaciones, y especialmente las mujeres de hoy, deberían conocer a Luisa Capetillo, su vida ejemplar de luchadora incansable. Sería una historia de gran interés humano. No sé qué fue de ella después de aquella entrevista.

Mientras tanto, miles de trabajadores puertorriqueños seguían arribando a Nueva York. Los apartamentos de los que ya residían aquí se abarrotaban de familiares, amigos y hasta de simplemente desamparados. Para este tiempo ya se calculaba que la comunidad puertorriqueña ascendía a 35,000 personas. De acuerdo con la estadística de la Internacional de Tabaqueros, había más de 4,500 puertorriqueños inscritos en los distintos gremios de la ciudad. La mayoría de los trabajadores carecían de las destrezas de un oficio. Constituían, pues, abundante mano de obra para cubrir las plazas de más baja remuneración en Nueva York.

No se realizaba ningún esfuerzo serio por organizar a la comunidad y hacer valer sus derechos ciudadanos. Las agrupaciones que existían, como he señalado antes, no respondían a otro propósito que el de organizar bailes. Una excepción de la época lo fue el Club La Luz, con domicilio en la Calle 120, esquina Avenida Lenox, que además de bailes celebraba de vez en cuando alguna velada cultural.

A principios de 1919 circuló el primer número del semanario *El Norteamericano*, publicado por South American Publishing Co., 310 de la Quinta Avenida. Alcanzó gran popularidad entre los hogares hispanos, pero al poco tiempo desapareció.

Para este tiempo visitó Nueva York el gran novelista español Vicente Blasco Ibáñez. Dictó tres conferencias en la Universidad de Columbia. La primera y más comentada giró sobre el tema: *Cómo ven los europeos a América*.

Pero el único acto que realmente merece recordarse, por haber dejado algún impacto en la comunidad puertorriqueña, fueron los Juegos Florales auspiciados por *La Prensa*. Constituyeron, sin duda, el acontecimiento más destacado de las comunidades de habla española en Nueva York desde principios de siglo. El jurado calificador fue integrado por Federico de Onís, Orestes Ferrara, Pedro Henríquez Ureña y el hispanista norteamericano Thomas Walsh.

La entrega de premios se efectuó el 5 de mayo en un acto en Carnegie Hall. Todos los pueblos iberoamericanos estuvieron representados. En ningún otro acto vi tantas mujeres bellas: mexicanas, españolas, dominicanas, cubanas, puertorriqueñas. Correspondió el primer premio a José Méndez Rivas, poeta colombiano, quien recibió la Flor Natural. El escritor dominicano M.F. Cesteros recibió otro premio. En cuanto a la parte de la concurrencia de Puerto Rico allí presente, todos salimos muy contentos. Un joven poeta puertorriqueño había recibido un *accésit* por su poema *Yo soy tu flauta...* Su nombre: Luis Muñoz Marín.

CUARTA PARTE

La década del 20

Capítulo XIV

CAMPAÑAS POLITICAS, DECADENCIA DEL TABACO Y DEPRESION ECONOMICA

La primera campaña política en Nueva York en que tomaron parte los puertorriqueños fue la de Alfred Smith en 1918. Se inscribieron alrededor de 7,000 puertorriqueños. El grueso de la votación se registró en los precintos primero y tercero de Brooklyn. Mucho se debió al Club Demócrata Puertorriqueño, la primera organización de su clase en el Partido Demócrata de Estados Unidos. Fueron sus iniciadores y dirigentes los puertorriqueños J.V. Alonso y Joaquín Colón.

Para las elecciones de ese año también se establecieron núcleos hispanos en Harlem, pero no como clubs independientes sino adscritos al Club Demócrata del lugar. Aquí se destacaron como dirigentes los puertorriqueños J.C. Cebollero y Domingo Collazo, este último reconocido como representante de la comunidad puertorriqueña por Tammany Hall.

Pero la gran mayoría de los puertorriqueños no ejerció su derecho al voto. No era cosa fácil presentarse en un colegio electoral e inscribirse. Los funcionarios sometían al aspirante a un interrogatorio inquisitorial con el propósito de amedrentarlo y hacerlo desistir. Eso mantenía a la generalidad de los puertorriqueños alejados de las urnas. Por otra parte, los mismos puertorriqueños generalmente pensaban que *no tenían nada que buscar en la política americana*... Esta actitud no varió hasta años más tarde, cuando Fiorello La Guardia y Vito Marcantonio emergieron en la vida política de la ciudad.

Ninguno de los partidos políticos, ni el demócrata ni el republicano, se interesaba seriamente por el apoyo de los puertorriqueños. En los meses de campaña electoral distribuían alguna propaganda en los vecindarios puertorriqueños, pero no hacían nada para facilitar su inscripción. Aún hoy, tantos años más tarde, la actitud de esos partidos es más o menos la misma.

Algo similar ocurría en lo que respecta a la organización sindical de los trabajadores puertorriqueños. Estos trabajaban, por lo regular, en talleres no organizados. Especialmente los talleres de costura y los restaurantes, ya para esta época, estaban saturados de puertorriqueños. Pero los sindicatos de esos ramos no hacían el menor esfuerzo por reclutarlos. Por otra parte, los carpinteros, albañiles, sastres y barberos procedentes de Puerto Rico no eran admitidos como miembros de las uniones de la AFL.

No fue hasta que los tabaqueros comenzaron sus batallas sindicales cuando las uniones de otros oficios empezaron a mostrar interés en los trabajadores puertorriqueños. Pero esto no ocurrió hasta los años veinte. Poco antes, el primer gremio, después de la Internacional de Tabaqueros, que comenzó a romper la barrera gremial fue la Unión de Peleteros.

El primer comité del Partido Socialista, integrado por puertorriqueños, que tuvo vida activa y prolongada, fue constituido en 1918 por Lupercio Arroyo, Jesús Colón, Eduvigis Cabán, Valentín Flores y yo. En las páginas que siguen habrá oportunidad de hacer referencia a estos compañeros.

Para este tiempo se conocían en Nueva York algunos puertorriqueños con ideas nacionalistas. Pero no estaban agrupados en organización alguna. No fue sino más tarde, bajo la égida espiritual de Vicente Balbás Capó, cuando fundaron una Asociación Nacionalista.

La contienda política provocó rivalidades entre los puertorriqueños que fungían de dirigentes demócratas. Esto motivó un pugilato por la "dirección de la colonia", como se decía entonces. Justo es reconocer que estas personas luchaban por el bien de sus compatriotas, pero los celos y divisiones imperantes hacían fracasar todo esfuerzo colectivo. Como resultado, cundían el pesimismo y la frustración.

En 1919 se inició un período difícil para los puertorriqueños. Con el fin de la Gran Guerra europea cerraron en Estados Unidos las industrias bélicas. Con la reconversión de la economía los trabajadores puertorriqueños se contaron entre los primeros en ser despedidos. Y a pesar de la baja en los ingresos, los alquileres y el costo de la vida en general aumentaban.

Ese año se caracterizó también por la persecución política contra los socialistas y personas sospechosas de simpatizar con la Revolución Rusa. Se aplicaba el mote de *bolchevique* a todo el que expresaba críticas al sistema. Muchos hombres notables se hallaban en prisión por sus posiciones pacifistas o antiimperialistas. Tal fue el caso de Víctor Berger, miembro del Congreso de los Estados Unidos, elegido por el Partido Socialista, quien fue sentenciado a diez años de presidio. También el más destacado líder del partido, Eugenio V. Debs, había sido condenado. Cientos de otros líderes obreros, a través de todo el país, corrían la misma suerte.

La ola de represión se extendió también a Puerto Rico. Los tabaqueros en huelga en San Juan enviaron a Cuba a dos de sus líderes, Ramón Barrios y Alfonso Negrín, en busca de ayuda y solidaridad. Ambos fueron arrestados al desembarcar, acusados de "anarquistas". La Internacional de Tabaqueros y el Partido Socialista apelaron a Washington y por intervención de la embajada norteamericana en La Habana se logró su libertad.

El 23 de febrero los diarios de Nueva York desplegaron una noticia que conmovió a las comunidades hispanas de la ciudad. Uno de los periódicos encabezó la información con estos titulares: "Se descubre complot para asesinar al Presidente Wilson; 14 anarquistas hispanos arrestados..."

Entre los distintos círculos anarquistas de Nueva York funcionaba uno denominado Los Corsarios. Tenía entre sus miembros algunos tabaqueros, pero la mayoría eran trabajadores marítimos, entre los que se contaban algunos puertorriqueños. El grupo publicaba un periódico con el nombre de *El Corsario* y en sus páginas colaboraban Marcelo Salinas, Pedro Estuve, J. de Borrán, Maximiliano Olay, Ventura Mijón y otros escritores españoles, cubanos y puertorriqueños. El periódico circulaba extensamente entre los marinos, trabajadores de muelles y mineros de habla española en distintos centros industriales de Estados Unidos.

Los "muchachos" de *El Corsario*, como los llamaban sus amigos, se reunían en el 1722 de la Avenida Lexington, cerca de la Calle 107. Allí tenían la redacción del periódico. Un domingo por la tarde, a la hora en que iniciaban su distribución, estando casi todos los miembros del círculo en el local, se vieron rodeados por alrededor de cincuenta policías y agentes federales. Todos fueron arrestados, el periódico confiscado y acusados de conspirar para asesinar al presidente Wilson, a quien se esperaba de regreso de Europa en esos días. Entre los detenidos había un solo puertorriqueño: Rafael Acosta.

Se levantó una gran protesta por los arrestos y se estableció un comité de Defensa de los Presos. Pero no fue una lucha prolongada. En las primeras audiencias del juicio, los abogados lograron la exoneración de los acusados. No pudieron evitar, sin embargo, que los españoles encausados, que eran la mayoría, fueran deportados a España.

La actividad política de los puertorriqueños se avivó en el curso de este año. Por iniciativa de los tabaqueros se celebraron varios actos de protesta por el encarcelamiento de Eugenio V. Debs, quien comenzó a cumplir diez años de prisión el 13 de mayo. En julio estalló una huelga que paralizó las fábricas de cigarros en Nueva York. La huelga se extendió poco después a todo Estados Unidos.

Esa huelga tuvo una significación especial para los puertorriqueños. Por efecto indirecto de esa contienda varias uniones reconocieron la importancia de los puertorriqueños como trabajadores. Fue entonces cuando se inició la organización de los confiteros, panaderos, empleados de hoteles, restaurantes y trabajadores de la aguja puertorriqueños. Por fin comenzó a regir para nosotros igual sueldo y horario que los fijados para trabajadores de otras nacionalidades.

En la huelga general de tabaqueros se registró un hecho de significación: por primera vez, delegados puertorriqueños participaron, en igualdad de condiciones, con delegados y dirigentes de otras nacionalidades. En el comité que tuvo la dirección del conflicto actuaron varios compatriotas, quienes por su inteligencia y militancia se ganaron el respeto y la consideración de los líderes nacionales más destacados. Entre otros muchos se distinguieron Santiago Rodríguez, Angel María Dieppa, Rafael Acosta, Lupercio Arroyo, Eduvigis Cabán, Enrique Plaza, Rafael Correa, Ceferino Lugo, Domingo García, A. Villanueva, Tomás y Valentín Flores y Angel Cancel.

Por estos días comenzó a surgir el movimiento nacionalista puertorriqueño en Nueva York. Unas declaraciones de Antonio R. Barceló, indirectamente, encendieron la mecha. Este líder del Partido Unionista, que sustituía ya a Luis Muñoz Rivera, manifestó a la prensa: "Sabemos que Estados Unidos necesita a Puerto Rico por razones estratégicas, dada la posición que nuestra Isla ocupa a la entrada del Caribe, frente al Canal de Panamá... Lo que pedimos es un régimen bajo el cual nos sea posible manejar nuestros propios intereses. Dése a nuestro pueblo el derecho de elegir gobernador por votación popular y permítase que todo el personal del Ejecutivo sea elegido o nombrado en Puerto Rico..."

Esas declaraciones del hombre que se suponía representaba el sentimiento independentista y que dirigía el partido que incluía la solución de independencia en su programa, fueron calificadas de "humillantes y entreguistas" por los que ya comenzaron a llamarse nacionalistas. Estos organizaron un acto de protesta y desde entonces se mantuvieron como grupo.

La depresión económica se manifestó más crudamente en 1920. Tradicionalmente, los tabaqueros habían sido, entre los trabajadores, los miembros de la comunidad puertorriqueña de más altos ingresos. Ahora les llegó el fin de su relativa prosperidad. La producción de cigarros a mano fue el sector más afectado por la crisis. Solamente había demanda para cigarros baratos. Por otra parte, las compañías tabacaleras comenzaron a adoptar la producción a máquina con el consiguiente desplazamiento de trabajadores.

Esta transformación del proceso industrial provocó choques inevitables entre obreros y patronos. Estos comenzaron a mudar sus fábricas de Nueva York hacia Nueva Jersey y Pennsylvania. En esas últimas ciudades enseñaban el oficio a mujeres, rebajando en esa forma el costo de la mano de obra. A pesar de todo, en Nueva York sobrevivían más de doscientos talleres independientes dedicados a la producción de cigarros selectos.

Los trabajadores de habla hispana, junto a hebreos e italianos, organizamos un nuevo gremio llamado Trabajadores Amalgamados de la Industria del Tabaco. Se establecieron capítulos locales en distintas ciudades y se publicó un periódico redactado en español y en inglés: *The Tobacco Worker*. Constituimos la redacción el cubano W. Rico, el hebreo Sam Sussman, el italiano Cayetano Loria, el norteamericano J. Brandon, y yo como represenante de los tabaqueros puertorriqueños.

Esta acción nuestra provocó un conflicto con la Unión Internacional de Tabaqueros de la AFL. Esta pretendía detener el proceso de mecanización de la industria haciendo concesiones a los pequeños talleres. Los *amalgamados*, que así nos llamábamos, condenamos esa política y abogamos por la organización de los trabajadores de las nuevas fábricas mecanizadas.

Lo cierto es que la era de los tabaqueros, como factor importante en la vida económica y en las luchas sindicales en Estados Unidos, estaba tocando a su fin. Ante el impacto de la mecanización, muchos tabaqueros puertorriqueños optaron por establecer *chinchalitos*. El desempleo dispersó a la mayoría, pero aún así, como se verá, los tabaqueros siguieron contribuyendo al mejoramiento de la comunidad puertorriqueña en Nueva York.

En 1920, a comienzos de la zafra, tuvo lugar una gran huelga de trabajadores de la industria azucarera en Puerto Rico. En distintos puntos del país ocurrieron graves encuentros entre la policía y los trabajadores. Las corporaciones norteamericanas, especialmente la Central Aguirre, recurrieron a la prensa de Estados Unidos denunciando a los obreros como "revolucionarios" y "bandidos" y pidiendo la intervención represiva de Washington.

Por iniciativa de los tabaqueros, se organizaron en Nueva York un sinnúmero de actos en solidaridad con los huelguistas y contrarrestando la propaganda de las corporaciones azucareras. En cuanto a eso último, se redactaron informes sobre la verdad de la situación para la prensa, agencias noticiosas y el Congreso de Estados Unidos. Realizaron esta labor Lupercio Arroyo, Pedro San Miguel, Jesús Colón, los dirigentes socialistas Algenon Lee y Augusto Claessens y Luis Muñoz Marín... Fue ésta la primera vez que Luis Muñoz Marín tomó parte activa en la lucha de los trabajadores.

En agosto de 1920, cumpliendo una encomienda de la Legislatura de Puerto Rico, Alfonso Lastra Chárriez se detuvo en Nueva York, de regreso de Francia, con los restos de Ramón

Emeterio Betances. Por intervención del Dr. José J. Henna, las cenizas del ilustre patriota fueron colocadas en el Ayuntamiento de la ciudad para dar a la comunidad puertorriqueña oportunidad de rendirle tributo. Representantes de México, Cuba, República Dominicana y Haití hicieron acto de presencia. Muchos trabajadores desfilaron ante la urna con gran veneración. Finalmente, los restos de Betances se trasladaron a Puerto Rico.

Para esta época se hallaban en esta ciudad muchos actores y cantantes hispanos, entre ellos, Eduardo Font, Pilar Arcos y Carlos Blanc, quienes hacían esfuerzos sobrehumanos para presentarse en público. Pero la situación, a todas luces, no era propicia.

Valga decir que mi situación personal no era mejor que la de la generalidad de los tabaqueros. Al fundarse Trabajadores Amalgamados de la Industria del Tabaco acepté un puesto de dirigente con paga. Además de jefe de redacción del periódico *The Tobacco Worker*, tenía que actuar como árbitro entre patronos y obreros. Esta última tarea era sumamente difícil debido a los cambios de producción que se implantaban. Había que defender, por un lado, los intereses obreros, y al mismo tiempo evitar la fuga de fábricas hacia otras ciudades. No fueron pocos los disgustos con compañeros bien intencionados que no entendían el alcance de la transformación que se operaba en la industria. Cansado de debates inútiles y de la lucha infructuosa (ilógica desde el punto de vista socialista) contra las máquinas, que algunos pretendían imponer, renuncié. Caí así en el enorme ejército de los desempleados.

Todos mis esfuerzos por conseguir trabajo resultaron inútiles. A los tres meses de andar calle arriba y calle abajo, me vi obligado a mandar a mi esposa e hija a vivir con su familia. Yo me quedé en el apartamento, pero llegaba tarde en la noche y me escabullía antes del amanecer evadiendo al conserje. Y de nuevo a emprender la búsqueda de trabajo que no aparecía por ningún sitio.

En el curso del día visitaba las fábricas de cigarros y algunos compañeros me regalaban *la fuma*, para que no careciera de cigarros, pero me veía obligado a venderlos en las tabernas.

Frecuentaba aquellas que tenían *mesa libre*, es decir, en las que se podía comer algo siempre que el parroquiano comprara un vaso de cerveza. Había que tener cierto cuidado en esto: no se podía visitar una cantina más de una vez por semana para que no lo confundieran a uno con la legión de vagabundos que hacían lo mismo. Se corría el riesgo de que lo echaran a la calle con cajas destempladas.

Un día observaba yo a un cocinero italiano que preparaba espaguetis tras los cristales de una pizzería en la Calle 34 con el estómago pegado a la espina dorsal y la boca echa agua, cuando al volver el rostro, leí este letrero en la puerta del lado: "Se necesitan hombres fuertes para trabajo fuera de la ciudad". Di un salto hacia la puerta y entré.

El empleo, según me informaron, era en Pennsylvania. Pagaban 75 centavos la hora y se garantizaban cinco días de trabajo a la semana, más oportunidad de trabajar sábado y domingo, si se quería... ¡Acepté al punto!

Se me cayó el corazón (y el estómago) cuando me dijeron que todo solicitante debía sufragarse los gastos de viaje para lo cual había que depositar, por adelantado, $7.50. Los contratados deberían presentarse en la sala principal de la estación del ferrocarril a las cinco de la mañana del lunes. Un tren especial los recogería a las seis en punto y los llevaría a Pennsylvania.

La agencia había desplegado anuncios impresionantes en la prensa. Acudían numerosos obreros, pero muchos se marchaban descorazonados por carecer del importe requerido. Yo salí resuelto a encontrar el dinero. Lo conseguí de varios amigos, y esa noche no fui a dormir al apartamento. Me fui directo a la estación del ferrocarril. Otros, en número de alrededor de 300 habían hecho igual, y todos pasamos la noche allí, entre ellos unos cincuenta puertorriqueños.

Dieron las cinco de la mañana, las seis, las siete, las ocho, las nueve... Ningún representante de la agencia apareció. Varios trabajadores fueron a la oficina del despacho de trenes y preguntaron por el tren especial para Pennsylvania. ¡Nonines!

Nadie sabía del asunto. Con la indignación que se puede suponer fuimos al cuartel de la policía más cercano. Vino un empleado de fiscalía. Se inició una investigación... Todo quedó en la nada.

Había sido, sencillamente, una estafa. Y yo volví a ambular por las calles, ahora con intenciones suicidas.

Capítulo XV

NUEVAS ORGANIZACIONES, UN NEGOCIO DE TRAPOS Y REGRESO AL TABACO

El año 1922 fue especialmente penoso para los puertorriqueños en Nueva York. Parecían estar más amontonados que nunca en los apartamentos. Tengo la impresión de que había una docena de personas —hombres, mujeres y niños— por habitación. Casos conocí en que tres matrimonos se veían obligados a dormir en un mismo aposento. También supe de matrimonios que se las arreglaban para que los hombres durmieran por el día y las mujeres por la noche. Y a pesar de la situación, nuevos emigrantes seguían llegando de Puerto Rico.

El desempleo era casi total entre los puertorriqueños ese año. Hombres conocí, personas honradas y respetuosas de la ley, que tuvieron que recurrir a la fabricación de *pitorro*. Con la venta de ron clandestino sobrevivían no pocas familias. El otro recurso fue la *bolita*. Sí, el juego de los números fue medio de sustento para banqueros de *chavería* e infinidad de vendedores.

La gente se acostaba con hambre y soñaba con números y símbolos. Los libros de interpretación de sueños, o de la *charada*, como decían, se encontraban en casi todos los hogares. No era extraño oír en la calle de los vecindarios puertorriqueños:

—Préstame la *charada*. Anoche soñé con auras tiñosas.

—Pues, juégate el 033.

Cuando alguna familia se veía obligada a mudarse de apartamento se buscaba un carrito de mano. No había más muebles que camas, *cauchos* y catres. Si acaso, una mesa destartalada y algunas sillas. Y, naturalmente, los trastes de cocina.

Los edificios habitados por puertorriqueños nunca se pintaban. No se reponían los cristales de las ventanas, así que no había más remedio que tapar el hueco con cartones o trapos. La calefacción y el agua caliente las proveían sólo la víspera del día en que venían a cobrar el alquiler. El servicio de salubridad no recogía la basura regularmente en esos vecindarios. En verdad, es sorprendente que no fuera mayor la cantidad de tuberculosos, de prostitutas y de delincuentes y que, a pesar de todo, los puertorriqueños sobrevivieran en esas condiciones.

Ejemplo extremo, aunque no insólito, fue el de Salustiano Miranda, cuya familia conocí accidentalmente. El marido, un hermano, la esposa y tres hijos vivían en un sótano al que se llegaba luego de bajar por una escalera oscura. El lugar se utilizaba antes como depósito de carbón. Llegué allí a tientas. La estancia se iluminaba con gas fluido. No tenía ventanas y tras un tabique estaba la caldera que suministraba agua caliente al edificio. En una esquina había un colchón cubierto con periódicos viejos y una frazada hecha trizas... A continuación transcribo la conversación que sostuve con la señora Miranda.

—¿Hace tiempo que llegaron a Nueva York?

—Mis hijos y yo llegamos el verano pasado. Mi marido y mi cuñado vinieron hace dos años. Luego me mandaron el pasaje.

—¿Y dónde está su marido?

—Anda con el hermano buscando algún empleíto... La fábrica en que trabajaban cerró hace seis meses.

—¿De dónde son ustedes?

—Somos de Utuado. Del campo... Teníamos una finquita de cinco cuerdas cerca de la carretera de Adjuntas. Pero la perdimos y nos fuimos pa'l pueblo. De allí vinimos a parar a Nueva York.

—¿Y cómo consiguieron este sótano?

—El *janitor* es de Utuado. Usted sabe... Nos metió aquí a lo *escondío*.

Las otras comunidades de habla española padecían igual, pero, por lo menos, tenían el socorro de sus embajadas. Los españoles consiguieron de Madrid que se enviara un barco para repatriar a los indigentes. Más de 2,000 españoles abandonaron Nueva York por cuenta de su gobierno. México tendió la mano a sus nacionales facilitando el regreso de los mexicanos que lo solicitaban. También las autoridades consulares establecieron cocinas económicas en algunas grandes ciudades. Así de difícil era la situación para los emigrantes.

Nuevos intentos se hicieron para establecer una organización que luchara por resolver el problema del inquilinato, mejorar la salud y la asistencia médica. Pero los esfuerzos no tenían mayor resultado.

Para esta época se destacaban como intelectuales puertorriqueños en Nueva York Rafael Torres Mazzorana, Luis G. Muñiz, Cordero de la Fuente, Gadea Picó, Antonio González, Alfonso Quiñones, Gonzalo O'Neill, J. Cruzado, Domingo Collazo, Fiol Ramos y otros. Algunos de estos hombres promovieron la fundación de ciertas sociedades. Pero ignoraban, o sencillamente daban la espalda, al elemento trabajador. Generalmente, repudiaban las ideas socialistas y no comulgaban con la lucha obrera.

Una de las organizaciones establecidas este año fue la *Alianza Puertorriqueña*, presidida por Gonzalo O'Neill. Esta y organizaciones tales como el *Club Latinoamericano*, el *Club Betances* y otros grupos constituyeron el 2 de diciembre de 1922, en la Wadleigh High School, la Liga Puertorriqueña. Fue éste el primer esfuerzo serio por establecer una agrupación unitaria de la comunidad. Sus directores fueron el antes citado O'Neill, J. Rodríguez Sanjurjo y R. Pabón Alves. Aunque sus miembros estuvieron presentes en gran número, ninguno de los líderes de las sociedades de artesanos fue electo a la dirección.

El 3 de septiembre, la Asociación Nacionalista, fundada por esos días, llamó a una reunión para organizar un acto de protesta contra el entonces gobernador de Puerto Rico, E. Montgomery Reilly. El Partido Unionista, con Barceló a la cabeza, combatía fuertemente al gobernador por sus tropelías, mientras el liderato del Partido Republicano y el líder socialista Santiago Iglesias lo defendían. La reunión, celebrada en el Hotel Waldorf Astoria, fue muy concurrida. Líderes obreros como Lupercio Arroyo, Gabriel Blanco, Ceferino Lugo, Julio N. González y otros asistieron, pero al querer intervenir, la presidencia les negó el uso de la palabra. Se formó un pequeño zafarrancho, y el grupo se retiró. La asamblea, sin embargo, continuó su curso y poco después se celebró el acto de protesta contra el gobernador a quien el pueblo había puesto el mote de *Moncho Reyes*.

El 20 de noviembre se anunció la llegada del gobernador E. Montgomery Reilly a Nueva York. Venía acompañado por Santiago Iglesias, Roberto H. Todd y Carlos Toro, republicanos estos últimos, en viaje a Washington, donde se proponían abogar por ciertas reformas gubernamentales. Al día siguiente fueron recibidos en el muelle con un piquete de protesta organizado por los nacionalistas. Por cierto, pretendieron culpar a éstos por un incendio que se había producido en el barco, a consecuencia del cual se hundió junto al muelle; pero no hallaron pruebas que sustentaran la acusación.

Para este tiempo surgieron distintas agrupaciones puertorriqueñas o formadas, en su mayoría, por puertorriqueños: el Club Demócrata Hispanoamericano, la Asociación Puertorriqueña, que inició Manuel Negrón Collazo, y el Club Caborrojeño, fundado y presidido por Ramón Pabón Alves.

Y mientras tanto, ¿qué era de mi vida?

Pues, estaba pasando días difíciles, por decir lo menos. Pero un día se me presentó una oportunidad donde menos lo esperaba. Tenía yo varios amigos de nacionalidad italiana, tabaqueros de oficio, quienes me estimaban. Uno de ellos, Gaetano Scime, me regaló el abrigo, y también los zapatos, con que pasé el último invierno. Muchos fueron los días que mitigué el hambre en la casa de esa bondadosa familia. Los Scime, dicho sea de paso, eran oriundos de Sicilia. Emigraron a la Argentina a fines del siglo pasado y de allí pasaron a Tampa, Florida, donde aprendieron el oficio de tabaqueros. Pasaron más tarde a Nueva York, y fue en esa casa acogedora donde conocí a otro siciliano: Tony Di Angelo Pope. Se desempeñaba éste como *trapero* y su negocio había crecido fabulosamente. Como era analfabeto, al igual que todos los miembros de su familia, necesitaba a alguien que se encargara de sus cuentas... Pues, aquí estoy yo, le dije.

Fue así como devine en *trapero* y tenedor de libros. No me atreví a informarle a mi esposa (¡vanidad muy puertorriqueña!) la naturaleza de mi ocupación. Como hija de la pequeña "aristocracia" de un pequeño pueblo nuestro, se sentiría humillada. Pero yo me sentí loco de contento.

Salía de mi apartamento a las cuatro de la madrugada e iba en busca de Tony, a quien hallaba preparando el carro tirado por un caballo. La buena bestia llevaba campanitas colgadas al cuello. Sonaban durante todo el trayecto anunciando el paso del *trapero*. Nuestra ruta empezaba en la Calle 72 y Avenida West End y terminaba en la Calle 110 y Avenida Riverside. En todo ese distrito vivía gente acomodada y se conseguía buena mercancía. Además, Tony tenía contratada su clientela: los conserjes de los edificios y los miembros de la servidumbre vendían toda clase de ropa, especialmente indumentaria femenina. Tony tenía fama de pagar más que cualquier otro *trapero*.

De lo floreciente del negocio me enteré tan pronto comencé a hacer un inventario. Poseía Tony varios edificios en Flushing que utilizaba para almacenar la ropa. Su esposa e hijas, y algunas empleadas, examinaban la mercancía y la separaban en tres clases: la inútil, la regular y la de primera. Las dos últimas se remendaban y se planchaban. Estas se vendían luego, al por mayor, a distintas tiendas de barrio. El resto se negociaba con otros traficantes.

El negocio rendía utilidades en más de un sentido. Diariamente se hallaban distintas cosas en aquellos trapos: dinero, prendas, etcétera. De más está decir que muchos de esos trajes eran de personas recién muertas, y una parte de la mercancía era mal adquirida por los que la vendían. Pero en ese negocio no caben escrúpulos.

Ordené las cuentas (yo conocía las artes de la contabilidad) y todas las semanas rendía informe al patrono del importe de las ventas y los depósitos en el banco. Cada cierto tiempo el hombre compraba edificios medio en ruinas y terrenos en los alrededores de Flushing. A poco de iniciar mi trabajo, adquirió el dominio de una compañía de impresos y colocó un pariente suyo como administrador. El negocio florecía a ojos vistas.

Yo estaba muy contento con mi sueldo de 35 dólares semanales, más gastos de transportación y almuerzo. Este último, preparado por la esposa de Tony. Además, me tenía prometido un bono de fin de año.

Reanudé mis estudios y comencé a prepararme para tomar los exámenes libres de la Universidad del Estado de Nueva York. Me sentía bien, trabajaba como un burro y no deseaba perder mi empleo. Pero el diablo siempre está en vela para meter la cizaña.

Tony era un hombre relativamente bueno. Pero no pensaba

en otra cosa que en su negocio, y era bastante cerrado de mente. Explotaba sin piedad a su familia, a pesar de que ya era un hombre prácticamente rico. No permitía la menor diversión a sus hijas. Eran cinco (no tenía ningún varón), la mayor ya en sus treinta años y la menor diecinueve. No habían ido ni siquiera a un cine. Pasaban los días en el almacén, y aun los días festivos, escogiendo la ropa, remendando y planchando. Hacían los quehaceres de la casa, preparaban comida para los empleados y hasta debían cuidar del caballo, dos vacas y varias cabras que tenían en un terreno cercano a los almacenes.

La familia vestía de la ropa vieja que llegaba. En ocasiones, a espaldas de su marido, la madre escogía algunos buenos vestidos para sus hijas. Tony consideraba eso un derroche... Salvo dos primos que tenían, con la única persona que entablaron relación estas mujeres fue conmigo. A petición de la madre, a veces compraba distintas cosas para la familia en mis viajes al centro de la ciudad. Siempre me advertía que no se lo hiciera saber a Tony.

Al principio, estas inocentes relaciones no alarmaron al padre. Pero no tardó en hacer demostraciones hostiles. Me di cuenta cuando Tony comenzó a hacerme encargos que me mantenían alejado de la casa, a pesar de que era en una habitación de la propia casa donde realizaba mi trabajo de contabilidad. Como comenzara a asignarme otras tareas, me era imposible mantener la contabilidad al día. El sábado era mi día libre, así que arreglaba las cuentas los viernes por la tarde y los domingos.

En esas ocsiones, Tony no me dejaba solo un momento. El mismo me traía la comida a la improvisada oficina. Pero valga aclarar que nunca hizo alarde de mal trato conmigo. Al contrario, me aumentó el sueldo después de obsequiarme con un bono de cien dólares a fin de año.

La nueva situación llamó la atención de las mujeres de la familia. La madre y las hijas imaginaron que yo estaba disgustado con ellas. Pero como le tenían miedo pánico a su padre, no se atrevían acercárseme. Así transcurrió algún tiempo. Hasta que un domingo...

El padre se entretuvo en el almacén con unos compradores.

La madre, viendo que avanzaba la hora del mediodía, me envió el almuerzo con la hija menor. Al momento mismo de entrar la muchacha a mi oficina, apareció Tony. Sin decir palabra, le cayó a pescozones, la condujo violentamente hasta donde estaba su esposa y formó un gran escándalo. Cuando regresó a la oficina, le entregué el último balance, diciéndole al mismo tiempo que buscara a otro empleado porque yo había conseguido trabajo en la ciudad. La verdad es que no podía continuar siendo testigo de aquella tiranía paternal.

Tony comprendió la verdadera razón de mi renuncia. Dijo que no quería que su esposa e hijas se metieran en las cuestiones del negocio. Juró que tenía plena confianza en mi honradez, que no sospechaba nada malo. Terminó ofreciendo alquilar una oficina en el propio Flushing para que pudiera trabajar sin perturbaciones. Y dada la conveniencia del empleo, y el para aquel entonces envidiable sueldo, me quedé. Aproveché sin embargo la ocasión para exigir que me librara de la tarea de acompañarlo en la compra de trapos. Aceptó.

Con la nueva oficina, el negocio siguió prosperando. Allí se hacían las transacciones. Sólo por teléfono me comunicaba con la familia, y para asuntos del negocio exclusivamente. Pero las mujeres empezaron a llevar la conversación a otro terreno: inquirían qué había pasado. Yo repetía la misma respuesta: el negocio había aumentado y la nueva oficina se había hecho imprescindible.

Una tarde se presentó la hija menor de Tony, inesperadamente, en la oficina. Venía muy arreglada, con labios y cachetes pintados y vistiendo los mejores trapos de calle. A decir verdad, estaba muy atractiva. Pero yo, escamado, pregunté:

—¿Quién te mandó que vinieras aquí?

—Papá llamó por teléfono diciendo que se quedaba en la ciudad hasta más tarde— repuso. —Y yo quiero aprovechar para ir al cine. Yo nunca he ido. Usted tiene que acompañarme.

—¿Tu mamá sabe que venías a buscarme?

—No. Le dije que iba a casa de una amiga y que regresaría antes de que llegue papá.

—Tú no debes engañar a tu madre.

—No estoy dispuesta a seguir soportando tantas prohibiciones. Mi madre y mis hermanas continuarán siendo esclavas. ¡Yo no!

—Esa no es la mejor manera de actuar. Llama a tu padre...

—¡Usted no conoce al viejo! Si le hablo me dará una paliza.

—Pero tú tienes a tus primos...

—¡Todos le temen! Bueno... Se hace tarde. ¿Me lleva al cine o no? Porque si no viene usted yo me voy sola.

—No me entiendas mal. Yo...

Y apenas podía balbucear las palabras. Frente a mí tenía la tentación, y sólo podía pensar en mi empleo.

—¡Pues, me iré sola!— exclamó, y se fue corriendo escaleras abajo.

Y entonces me di cuenta de que me había salvado en un hilo. Porque Tony apareció súbitamente. Había estado oyendo la conversación desde el pasillo. Entró lleno de ira y dijo:

—Es usted un amigo legal. Así me gustan los hombres.

Y casi llorando de rabia, dio media vuelta y salió tras de su hija.

Me imaginé lo que pasaría y a los pocos minutos lo confirmé. El padre le dio tamaña golpiza a la hija, y cuando la madre intervino, también le dio a la madre. La infortunada señora concluyó que yo había informado a su marido de la imprudencia de la hija y me recriminó amargamente por teléfono. El tejemaneje continuó por varias semanas. Al final, no pude resistir más y renuncié... Renuncié con dolor en el alma, como se puede suponer.

Varias semanas llevaba de nuevo desempleado cuando, una noche, en una asamblea de la Sección Socialista, me encontré con Amalie y Frank Lotarius, a quienes no veía hacía algún tiempo. Enterados de mi situación económica, este buen matrimonio originario de Bohemia me ofreció un préstamo para que montara una fabriquita de cigarros. Tendría dos años, para reembolsarle el dinero, sin recargo alguno... Acepté la oferta.

En sociedad con Henry Havidson, un hebreo socialista, monté un chinchal (no era mucho más que eso) en el 342 Oeste de la Calle 42. Yo trabajaba en la mesa y Henry vendía la producción. Ese era el arreglo. Pero a poco de iniciar operaciones, mi socio perdió todo interés en la venta de cigarros. Solterón, próximo a cumplir cincuenta años, trabó relaciones con una mujer acaudalada. Y mientras más atención le prestaba a la fémina, más cuesta abajo se iba el negocio. No hubo más remedio que venderlo, y eso hice, antes de ir a la quiebra total.

El dinero que obtuve de la venta apenas alcanzó para pagar el préstamo inicial. Mientras tanto, a Luis Piérola, quien fue el comprador, no le fue mejor que a mí, excepto en un aspecto: el dueño del edificio quiso rescindir el contraro de arrendamiento y Luis creyó que salía de perlas por el solo hecho de que lo relevaba de toda deuda. Pero he aquí que dos meses más tarde nos enteramos de que los dueños del edificio lo habían vendido por una suma fabulosa, y para que los inquilinos lo desalojaran tuvieron que darle 10.000 dólares a cada uno. En ese lugar se levanta hoy el McGraw Building, uno de los mejores de la Calle 42.

Meses más tarde, observando el comienzo de la construcción, me decía Piérola, tratando de consolarme:

—Amigo Bernardo, el que nace barrigón, ni aunque lo fajen...

Capítulo XVI

DISCREPANCIAS, LUCHAS INTESTINAS Y, COMO PERDEDOR, PUERTO RICO

El problema del *status* político de Puerto Rico fue tema de intensa controversia entre los puertorriqueños de Nueva York en 1922. En enero de ese año llegó, de paso para Washington, Antonio R. Barceló. Iba a defender el Proyecto Campbell, pendiente de consideración por un comité del Congreso. El proyecto hacía de Puerto Rico un llamado Estado Libre Asociado, similar al que se establecería, años más tarde, a instancias de Luis Muñoz Marín.

La Federación Libre de Trabajadores y el Partido Socialista y, naturalmente, Santiago Iglesias, se oponían al proyecto. Este ultimo había dicho en un discurso reciente que aquello "no era ni estado, ni libre, ni asociado". Y con su malabarismo característico sostenía: "Los puertorriqueños deben demandar completa soberanía para su país. Yo, y el pueblo trabajador que represento, somos partidarios del Estado, y estamos en contra de ese propuesto 'estado' que no puede compararse, ni aun estrechando la imaginación, con la autonomía de los dominios ingleses..." En armonía con esa posición, la AFL trabajó en Washington contra el Proyecto Campbell. La medida no prosperó.

La Asociación Nacionalista celebró una asamblea en el 153 Oeste de la Calle 33 a principios de febrero. Presidió la reunión J. Meléndez y, entre otros, estuvieron presentes Rafael Torres Mazzorana, Vicente Balbás Capó, Octavio E. Moscoso y Alfonso Quiñones. Se concluyó que las disposiciones del Proyecto Campbells eran inferiores a la autonomía concedida en el 98 por España, y se acordó que solamente la completa independencia era aceptable.

Este mismo grupo celebró más tarde una velada para conmemorar el aniversario de la muerte de José de Diego.

Otro acto conmemorativo, aunque mucho más humilde, se

celebró para esos mismos días. Un grupo de tabaqueros y obreros de otros oficios organizamos una velada en memoria de Pachín Marín. La iniciativa de honrar a Francisco Gonzalo Marín, nuestro valiente poeta, muerto en Cuba durante la revolución, partió de Alfonso Dieppa y Domingo García. Vale decir unas palabras acerca del primero.

Dieppa, a quien hemos mencionado antes en esta crónica, fue un valioso puertorriqueño, marino de oficio. Viajó por todo el mundo, hablaba varios idiomas y escribió distintos trabajos en prosa y verso. Hombre modesto, nada de ello se publicó. Su única obra conocida fue una versión que realizó del drama de Chéjov, *El tío Juanito,* representada con gran éxito en el Círculo de Trabajadores de Brooklyn.

Para este tiempo daba Dieppa los toques finales a un libro que estaba escribiendo sobre lo que sería Estados Unidos para el año 2000. A juzgar por lo que oí, era una obra de las que luego han venido a conocerse como "ciencia ficción". Desgraciadamente, nada más se supo de la obra ni del autor. Precisamente, después del acto a que hago referencia, desapareció Alfonso Dieppa de Nueva York.

Gran número de viejos tabaqueros, que conocieron personalmente a Pachín Marín, asistieron a nuestra velada. Domingo Collazo hizo un breve relato de su vida en Nueva York, antes de marchar y tomar las armas en los campos de Cuba. Presentó el siguiente retrato del héroe: "Era Pachín de estatura un poquito más que mediana. De postura elegante. Tenía atracción magnética, pero sin asomo de petulancia. Modesto en su palabra y en su trato, era inconfundible e inolvidable para quien lo viera una vez. Tenía el don de impresionar favorablemente. Era un Lord Byron moreno..."

Santiago Iglesias y Bolívar Pagán hablaron en un acto celebrado en el Harlem Terrace en defensa de la gobernación de E. Montgomery Reilly. Muchos socialistas, entre ellos Jesús Colón, Guillermo Vargas y yo, repudiábamos esa posición. Entendíamos que perjudicaba a nuestras luchas en Nueva York y no estábamos dispuestos a amparar los propósitos oportunistas de Iglesias y su Partido Socialista de Puerto Rico.

En abril ocurrió un incidente desgraciado que destruyó la

idea de una agrupación unitaria representativa de la comunidad puertorriqueña. La Liga Puertorriqueña, que encabezaba Gonzalo O'Neill, se afilió al Partido Demócrata. Sus dirigentes justificaron la acción en un extenso manifiesto que decía, en parte: "Si hemos de vivir con el pueblo americano, si hemos de formar parte de la Gran República, no queremos, dadas nuestras aspiraciones, vegetar dentro de un ambiente como autómatas sino actuar como seres conscientes... demostrando que poseemos cualidades para que se nos considere como elementos laborantes de valía..."

Pero ese giro hacia una posición político-partidista fue repudiado por muchos miembros de la Liga. Así se manifestó en la asamblea celebrada el 21 de abril en el local de la misma, 600 Oeste de la Calle 125. Presidió la asamblea Gonzalo O'Neill, quien la inició con un discurso justificando la acción. La concurrencia lo oyó con paciencia, pero tan pronto terminó, se formó una algazara. Todos querían hablar, unos a favor y otros en contra. Finalmente J. Ortiz Lecodet logró dejarse oír, recordando que la agrupación se había establecido como fusión de varias organizaciones. Y añadió: "El propósito de la fusión fue constituir una sociedad cívica, cultural y benéfica, a la que pudieran pertenecer todos los compatriotas de todos los partidos, ideologías y colores..." Impugnó la autoridad de los dirigentes para tomar un acuerdo de naturaleza político-partidista como el adoptado. En los mismos términos habló Joaquín Colón, quien recordó que en Brooklyn funcionaba el Club Demócrata Puertorriqueño. Afirmó que eso era otra cosa, y que la Liga tenía otra naturaleza y respondía a propósitos mucho más amplios. Gonzalo O'Neill y su grupo fueron aislándose cada vez más de los asistentes. Y se dio fin a la asamblea sin que se llegara a ningún acuerdo formal.

Más tarde, los dirigentes de la Liga, O'Neill, Sasport, José Martínez, Alfonso Quiñones, Ramón Pabón Alves y otros, constituyeron un comité del Partido Demócrata. Pero, tras varias reuniones, se vio claro que no tenían el respaldo que esperaban.

Poco después surgió otra organización: la Alianza Obrera. Entre sus dirigentes se contaban Lupercio Arroyo, Jesús Colón,

Eduvigis Cabán, Guillermo Vargas, Catalino Castro y Luis Muñoz Marín. Sus propósitos: fomentar la organización sindical de los trabajadores y establecer un centro comunal para la defensa de los puertorriqueños sin distingos partidistas.

Mientras tanto, tras la renuncia de Gonzalo O'Neill, asumió la presidencia de la Liga Puertorriqueña Luis G. Muñoz. Abogando por la idea unitaria, éste convocó a una asamblea, la cual estuvo muy concurrida. Pero aunque todos coincidían en la unión, se manifestaron grandes discrepancias en cuanto a los objetivos. Presentes en la asamblea había varios representantes de la Asociación Nacionalista, quienes sostuvieron que ninguna sociedad tenía sentido si no postulaba la independencia para Puerto Rico. Por otro lado, los integrantes de la Alianza Obrera abogaron porque la Liga fuera "de todos y para todos", sin asumir posiciones político-partidistas. La discusión se prolongó por varias horas y, finalmente, se acordó nombrar un comité que estudiara las divergencias y presentara unos posibles puntos unitarios en una próxima reunión. El comité fue nombrado, pero no pudo ponerse de acuerdo. Y así, nuevamente, se disipó este segundo esfuerzo por constituir una agrupación representativa de la comunidad puertorriqueña.

Distintos puertorriqueños continuaron identificándose con el Partido Demócrata. Se efectuaron reuniones en Harlem y en Chelsea. En esos lugares, y más tarde en otros puntos de la ciudad, surgieron clubs del Partido Demócrata integrados por puertorriqueños. Finalmente, se estableció una Federación de Clubs Demócratas Puertorriqueños de Nueva York.

El Día del Trabajo, en septiembre de 1923, la Alianza Obrera celebró un acto en Harlem Terrace con asistencia de más de mil personas. El Presidente, Eduvigis Cabán, concedió la palabra a Torres Mazzorana y a Santos Bermúdez. Estos utilizaron sus turnos para atacar violentamente a Santiago Iglesias, a la Federación Libre de Trabajadores, al Partido Socialista, a la Federación Americana del Trabajo y a la propia Alianza Obrera. El primero condenó esas organizaciones por ser "sociedades sin alma". Alegó que no tenían "sentimiento de nacionalidad ni amor a las cosas del espíritu". Afirmó que "todo lo que piden para los trabajadores es un pedazo de pan". Acusó de "oportunistas" a los que pertenecían a la FLT y a la AFL. Y el segundo, por su parte, injurió a Iglesias, a Gompers y demás dirigentes obreros, señalándolos como "estafadores que traicionan a los trabajadores".

Estos discursos causaron gran tumulto entre la concurrencia. Pero la presidencia amparó a los oradores y no permitió que se les interrumpiera. Luego, al terminar, el Presidente Cabán manifestó que habían abusado de la bondad de la mesa directiva, no siendo oradores oficiales del acto. Estos fueron Prudencio Rivera Martínez y Luis Muñoz Marín, quienes les siguieron en el uso de la palabra, contradiciendo todo lo dicho por los oradores anteriores.

A fines de año se celebró una reunión de "hombres sin patria" en Nueva York. Me refiero a un grupo de puertorriqueños que se negaron expresamente a aceptar la ciudadanía de Estados Unidos al ser impuesta por la Ley Jones de 1917. Se dice que entre doscientos a trescientos adoptaron esa posición. A la reunión a que me refiero, celebrada en un restaurant de la Calle 104 y Avenida Columbus, asistieron 60 compatriotas. Recién se había anunciado que una decisión del Tribunal Supremo de Estados Unidos los despojaba de todos sus derechos civiles. Eran, pues, parias en su propia tierra de Puerto Rico.

Uno de los presentes, Osvaldo F. Torres, sugirió apelar a un país de América Latina para que les concediera facilidades para fundar una "colonia". Así se acordó y a ese fin se nombró una comisión. México tendió la mano a los "sin patria" y los invitó a radicarse en el país. Enterado Santiago Iglesias por informe de la Federación Pan Americana, se comunicó con estos puertorriqueños informándoles que deseaba hablarles. Aceptaron y, a tal fin, realizaron otra reunión.

Los "sin patria" recibieron a Iglesias con animosidad, casi con odio. Pero éste oyó sus vituperios sin inmutarse. Luego, manifestó: "Yo no comparto la opinión que ustedes tienen de la ciudadanía americana. Creo firmemente que Puerto Rico está llamado a labrarse un destino político y económico mucho mejor siendo parte de Estados Unidos, siempre que todos nos unamos para el logro de derechos iguales que los demás ciudadanos americanos. Admiro vuestro valor personal, vuestro idealismo y el amor que tienen por su patria, pero vuestro propósito es absurdo y descabellado. Aunque sea combatiendo mis ideas, ustedes realizan mejor labor por Puerto Rico viviendo en Nueva York o allá, en la Isla..." Luego prometió que hablaría con sus amigos en el Congreso para presentar un proyecto de ley que les restituyera todos los privilegios como ciudadanos americanos. Y sea por esto, o por la jovialidad con que aguantó los vituperios, lo cierto es que Santiago Iglesias calmó a los "sin patria".

Después de la Alianza Obrera, la organización más importante en la vida de los puertorriqueños en Nueva York en este tiempo fue la Puerto Rican Brotherhood of America, fundada el 3 de noviembre de 1923. Fueron sus iniciadores, entre otros, Antonio Dávila, Eusebio Cruz, Juan Valderrama, Juan Carreras, Aurelio Betancourt, Jacinto Paradís, Juan J. Matos y Faustino Dorna. Su primera Junta Directiva quedó integrada por Rodrigo del Manzano, presidente; Tomás Gares, vicepresidente; Juan Carreras, secretario, y Vicente Rolón, tesorero. A Manzano le sucedieron en la presidencia Julio Pietrantoni y Felipe Gómez.

A la Convención de la AFL, celebrada ese año en Portland, Oregon, concurrió Luis Muñoz Marín en compañía de Santiago Iglesias. Lo significativo de la delegación fue la denuncia de los crímenes del dictador Gómez, de Venezuela, presentada por Muñoz Marín. Esto preparó el camino para la celebración de distintas conferencias de desterrados venezolanos con dirigentes de la AFL en Washington. De ahí partió una petición para que Estados Unidos rompiera relaciones diplomáticas con el tirano.

En esa Convención de la AFL se discutieron tres asuntos que se salían de lo corriente y tradicional: la formación de un partido obrero, la reorganización de las uniones sobre líneas industriales y el reconocimiento de la Unión de Repúblicas Socialistas Soviéticas. Los delegados más liberales, socialistas y radicales, argumentaron a favor de esas posiciones. Pero después de violentos debates, se impuso el voto abrumador de los conservadores y las tres resoluciones fueron rechazadas.

Como nota curiosa vale apuntar que, en su viaje de regreso, la delegación puertorriqueña se detuvo en San Francisco. En

esa ciudad estaba activa una Liga Puertorriqueña, la que efectuó un agasajo en honor de Santiago Iglesias y Luis Muñoz
Marín.

El 1924 se inició para los puertorriqueños con nuevo ajetreo
político. El entonces Comisionado Residente en Washington,
Félix Córdova Dávila, presentó un proyecto de ley en el Congreso de Estados Unidos con el propósito, según declaró a los
periodistas, de "proveer una forma de gobierno autonómico"
para Puerto Rico. Añadió que "no se acariciaría más el sueño de
la independencia, si se otorgaba la forma de gobierno que se
solicitaba". A tono con esa iniciativa, la Legislatura nombró
una comisión conjunta para respaldar el proyecto en Washington. En la citada comisión se incluyó a Santiago Iglesias. En
Nueva York había un grupo de puertorriqueños que le tenían
un odio cimarrón a Iglesias. Entre éstos se contaban Luis G.
Muñiz, J. Rodríguez Sanjurjo, Antonio González, Rafael
Torres Mazzorana, Alfonso Quiñones y José Martínez. Abro-
gándose la representación de la comunidad puertorriqueña, el
grupo envió un mensaje al secretario del Interior demandando
se eliminara a Santiago Iglesias de la comisión. Alegaba, entre
otras razones, que éste "había sido un agitador peligroso de
tendencias radicales", que empleaba "una propaganda incen-
diaria, comunista y bolchevista" y que "constituye un verdadero peligro para el bienestar y la tranquilidad de Puerto Rico".

El secretario se limitó a contestar que él "no podía negarse a
recibir a un representante nombrado oficialmente por la Legislatura de Puerto Rico". Pero no fue éste el único repudio. En
nombre de la Federación de Clubs Demócratas Puertorriqueños, sus directores J.V. Alonso y Joaquín Colón, condenaron el
ataque de que se hacía víctima a Santiago Iglesias. Reafirmán-
dose en su "imparcialidad", declararon que era aceptable que se
hiciera crítica a los líderes políticos de Puerto Rico, "pero no
vemos con buen juicio que estos señores traten de desacreditar a
ningún puertorriqueño: que venga a este país en misión oficial". Y concluyeron: "No lo toleraremos en el caso de Iglesias y
no lo toleraríamos si fuera contra Barceló".

El Comité de Asuntos Insulares del Congreso inició audiencias sobre el proyecto y Muñiz y su grupo pidieron ser oídos.

Depusieron Luis G. Muñiz y Rafael Torres Mazzorana. El primero declaró que "la limitada facultad política que tienen los dirigentes puertorriqueños la han usado para la corrupción". Y pidió que el Congreso realizara una investigación. El segundo, por su parte, afirmó que "el pueblo de Puerto Rico no está preparado ni capacitado para ejercer el voto". Por tal razón, "no debe concedérsele ninguna mayor extensión de gobierno propio o autonomía".

En el curso de su declaración, Torres Mazzorana afirmó que representaba a "80.000 puertorriqueños de la colonia de Nueva York". Luego, a preguntas de uno de los comisionados, admitió que no tenía credenciales de ninguna sociedad. Y Córdova Dávila, como miembro del Comité del Congreso, lo sometió a un interrogatorio insinuando, a través del mismo, que el deponente *chantajeaba* con una revista que publicaba en Nueva York... Al salir de las audiencias, Torres Mazzorana anunció que llevaría a Córdova a los tribunales, pero no cumplió su amenaza.

En un momento del interrogatorio, se desarrolló el siguiente diálogo entre un miembro del Comité del Congreso y el testigo:

—¿Cuánto tiempo lleva usted, señor Mazzorana, viviendo en Estados Unidos?

—Cinco años. Soy elector inscrito en el registro electoral de mi distrito.

—Usted ha vivido aquí tan corto tiempo, y se cree capacitado para elegir al Gobernador de Nueva York; y sin embargo, no cree usted al pueblo de Puerto Rico capacitado para ejercer el sufragio...

Respaldando el proyecto comparecieron, en representación de la Alianza Obrera, Lupercio Arroyo, y en representación de la Federación de Clubs Demócratas, J.V. Alonso.

La reacción en Nueva York y Puerto Rico contra Luis G. Muñiz y Rafael Torres Mazzorana fue violenta y tumultuosa. Máxime cuando, al cierre de las audiencias, se hizo público que el Secretario del Interior había pedido al Congreso "que no diera a los puertorriqueños el derecho de elegir su gobernador, porque no estaban capacitados para asumir esa responsabilidad..."

Muñiz y Mazzorana habían *triunfado*... ¡contra Puerto Rico!

Capítulo XVII

LA EXPERIENCIA DEL "TERCER PARTIDO", UN TRABAJO ANFIBIO Y EL CALUROSO VERANO DEL 26

La vida no me resultaba más fácil que para el resto de mis compatriotas. En enero de 1924 me nació un segundo vástago, una hija... Después de la venta del chinchalito había pasado varios meses sin empleo, trabajando alguno que otro día en esta o aquella fabriquita de un amigo. Otras veces, haciendo cigarros clandestinamente en mi propia casa. Tal era mi situación, que me hallaba resuelto a aceptar cualquier empleo.

Un día me enteré de que necesitaban "un hombre fuerte, que no tuviera miedo al trabajo", en una fábrica de productos antisépticos. Corrí a solicitar la plaza. El hombre que me recibió me midió de pies a cabeza, me hizo varias preguntas y me entregó un formulario. Estampé allí mi firma, y aquello fue como un contrato de esclavitud: jornal miserable, larga jornada de trabajo y renuncia a cualquier reclamación por accidente... En ese tiempo, y en las condiciones en que estábamos, había que someterse.

Antes de iniciar el trabajo, me enseñaron a vestirme. Primero, tenía que ponerme unas botas de goma que se abrochaban más arriba de las rodillas. Después me ponía la *batola*, también de goma, que me cubría todo el cuerpo. Luego me cubría la cabeza con una capucha del mismo material, con agujeros para los ojos y la nariz. Y finalmente, me ponía los guantes de cuero.

Una vez que me hube vestido, me señalaron una escalera que daba al sótano. Había allí una rueda gigante con infinidad de tubitos metálicos por los que brotaba agua a presión. Con una mano debía tomar las botellas sucias que traía una polea sin fin, quitar las ya lavadas de la rueda y poner la otra. ¿Fácil, verdad? El único problema era que la maldita rueda giraba a tanta velocidad que no dejaba respirar a uno. ¡Y todo eso bajo un chorro constante de agua!

Aquella *pega* la inventó el diablo. Tenía los brazos en movimiento constante. A pesar de la indumentaria, la humedad me calaba hasta los huesos. La jornada era de siete a cinco de la tarde con un intermedio de dos horas para almorzar. El sueldo: tres dólares diarios.

En aquel sótano, propio para anfibios, soñando con la emancipación de los trabajadores, me pasé muchos meses. Aun así, la verdad es que eran días de gloria comparados con la situación por la que atravesaba la mayoría de mis paisanos. En el curso de ese año de 1924 el desempleo en Nueva York ascendió a medio millón de personas y se dijo que había más de cinco millones de desempleados en toda la nación. Como es bien sabido, no existía ningún seguro contra el desempleo.

Emigrantes jóvenes de Puerto Rico llegaban a Nueva York con la cabeza llena de planes y no tardaban en chocar con una realidad difíil. Perdida la voluntad, arrastrados por el ambiente, eran fácil presa del crimen. Precisamente, en abril de ese año, ocurrió el primer asalto a mano armada escenificado por un puertorriqueño en esta ciudad: Félix Munet, natural de Ponce, hijo de una distinguida familia, asaltó, pistola en mano, un establecimiento comercial en el 532 Oeste de la Calle 22. Se llevó 3.000 dólares.

No pretendo afirmar que no se dieran otros casos delictivos. Pero de ahí en adelante comenzó a aparecer en la gran prensa el gentilicio "Puerto Rican" relacionado con algún tipo de crimen. Y así se comenzó a explotar la malquerencia contra nosotros, a justificar la sospecha y el discrimen.

En 1924 los puertorriqueños demostraron un mayor interés en las cuestiones políticas en Estados Unidos. La campaña presidencial fue especialmente agitada. Un nuevo factor surgió a la palestra: el "tercer partido" de Robert M. La Follette.

La candidatura presidencial de La Follette mereceió el apoyo del Partido Socialista Americano. Poco después, la dirección de la AFL anunció oficialmente su respaldo. El movimiento progresista de La Follette unió a liberales del Este, a los "farmers" del Mediano Oeste, a los trabajadores organizados, a las minorías nacionales... Un espíritu de victoria latía en los círculos obreros de toda la nación.

En Nueva York, nuestra Alianza Obrera celebró una nutrida asamblea de respaldo a la candidatura presidencial de La Follette. Más tarde, con la participación del futuro alcalde de la ciudad Fiorello La Guardia, celebramos otra asamblea y se designó un Comité de Campaña. Este quedó formado por Lupercio Arroyo, Jesús Colón, Cabán, Félix León, Luis Boveda, Valentín Flores, Luis Muñoz Marín y yo. Inmediatamente iniciamos una serie de actos públicos en todos los vecindarios puertorriqueños.

En su campaña presidencial, La Follette combatió la centralización del capital y el monopolio que ejercían los banqueros industriales sobre los recursos económicos de la nación. Se manifestó contra la expansión imperialista y la explotación y dominio de las naciones débiles. Abogó por el mejoramiento de las condiciones de vida de los trabajadores, la protección de la agricultura y la promoción de nuevas fuentes de empleo.

Se esperaba un respaldo de no menos de 9 millones de votos para La Follette. Pero el vaticinio resultó muy optimista. Los sindicatos locales de la AFL no respondieron al llamado de la dirección central. El movimiento del "tercer partido" no demostró en las urnas la fuerza que anunciaba su militancia. Entre la gran masa de electores prevaleció la tendencia tradicional a votar por uno u otro de los partidos históricos.

Vale recordar una anécdota de la campaña. De Brooklyn solicitaron de Santiago Iglesias que recomendara un orador para un acto de masas que se organizaba. Este sugirió a Cayetano Coll y Cuchí, quien después de pasearse por distintos partidos en Puerto Rico, coqueteaba entonces con el Partido Socialista. La recomendación no fue de nuestro agrado y resolvimos asistir al mitin para rectificar al orador si fuera necesario. Allí me encontré con Luis Muñoz Marín, quien me expresó igual preocupación. Pero, para sorpresa nuestra, el voluble Cayetano pronunció un discurso de gran contenido social. Ninguno de nosotros lo hubiera podido superar.

Muñoz Marín y yo acompañamos al orador de regreso al centro de la ciudad. En el *subway* se desarrolló el siguiente diálogo entre nosotros:

—Dígame, compañero Cayetano, ¿tiene y siempre tuvo esas

ideas tan bien expresadas por usted esta noche?

Le lancé la pregunta a quemarropa recordando que era uno de los hombres que más habían combatido a los socialistas en Puerto Rico.

El hombre no se inmutó. Me miró fijamente. Cambió luego la vista a Muñoz Marín, y volviendo a clavar en mí sus ojos, contestó con el aplomo de abogado *jaiba* del que tuvo fama:

—Mi querido amigo, si en años pasados, y en Puerto Rico, yo hubiera hablado como esta noche, me hubiera muerto de hambre o andaría hoy desterrado por el mundo.

Así pensaban y actuaban todos los profesionales e intelectuales, con rarísimas excepciones. Y si ahora podían expresarse, por lo menos algunos, con mayor sentido de humanidad, mucho se debía a la obra realizada por la Federación Libre de Trabajadores y el Partido Socialista. Para esta fecha la FLT contaba con 236 uniones locales con propiedad mueble e inmueble valorada en 150.000 dólares. El Partido Socialista, por su parte, en las elecciones de 1920, en Puerto Rico, había recibido 59.817 votos, contaba con un senador y cuatro representantes y tenía mayoría en nueve municipios. Se vislumbraba como partido de porvenir, y los profesionales e intelectuales que se le acercaran no habrían de "morirse de hambre".

Para este tiempo reanudé mis estudios, esta vez en el Colegio Cooperativo establecido en la Calle 115. Esta institución se había fundado a iniciativa del Partido Socialista y de las uniones obreras. Muchos profesores universitarios y del sistema de instrucción pública de la ciudad dictaban cátedras. Recibían un sueldo nominal y el costo de los cursos se dividía por igual entre todos los estudiantes. La escuela ofrecía cursos preparatorios para los exámenes libres que periódicamente anunciaba la Universidad del Estado de Nueva York.

En ese plantel se formaron miles de hebreos en las profesiones liberales. Un número reducido de puertorriqueños comenzaba a reconocer la oportunidad que representaba este Colegio Cooperativo para gente de origen obrero. Cuatro compatriotas asistían a clases conmigo: Lorenzo Mercado, Modesto Seda, José Machuca y José Verdiales. Este último se hizo farmacéutico. Más tarde, se incorporó a la Brigada Internacional que defendió la República Española. No volví a saber de ese brillante compatriota.

Mientras tanto, yo seguía en el trabajo anfibio de lavar botellas. Me sostenía la esperanza de continuar estudiando hasta aprobar los créditos necesarios para ingresar en un Colegio de Leyes. La vida me arrojó por otro camino.

En este año de 1924 perdió la comunidad puertorriqueña de Nueva York a uno de sus ciudadanos más preclaros. El 2 de febrero, a los 76 años de edad, murió el Dr. José J. Henna. Henna, batallador, junto a Hostos y Betances, por la revolución antillana, vivió 55 años en esta ciudad. Arribó aquí, como exiliado, consecuencia de la Revolución de Lares, en 1869. Apenas dos años antes había regresado a Puerto Rico, recién graduado de médico en París.

Aparte de sus actividades revolucionarias, ganó fama como médico y como hombre de ciencia. Fue médico muy querido de la emigración iberoamericana, francesa y china. Hombre de vastísima cultura, además de su español vernáculo, hablaba a perfección el inglés y el francés. Se desempeñaba también en italiano, en alemán, en portugués y conocía el idioma chino. Era versado en pintura, escultura y música.

Henna fue el decano de los médicos de habla hispana de Nueva York. Perteneció al cuerpo médico del Hospital Belleview, fue fundador del Hospital Francés y miembro del Museo Metropolitano de Bellas Artes. El gobierno de Francia lo hizo Caballero de la Legión de Honor y recibió elogios y condecoraciones de distintos países. Los funerales de este ilustre puertorriqueño constituyeron una profunda demostración de duelo. Miles de compatriotas desfilaron ante su cadáver, y también iberoamericanos, franceses, norteamericanos, chinos... Fue un reconocimiento a su obra.

Y ya que hablamos del Dr. José J. Henna, vale recordar aquí a otro hombre representativo de la revolución antillana: Juan Rius Rivera. Al año siguiente, el 24 de septiembre de 1925, falleció en Honduras, donde residía. Enterados de la infausta nueva, celebramos en la Sección Socialista de Chelsea, Calle 26 y Octava Avenida, un acto en su honor. La oración fúnebre estuvo a cargo de Domingo Collazo.

Collazo trazó a grandes rasgos la biografía de Rius Rivera. Recordó que a los 22 años, en 1870, desembarcó en Cuba junto al General Agüero. Por su habilidad militar y su arrojo, lo nombraron Oficial del Estado Mayor. Hizo la campaña de Oriente junto al General Calixto García. Por su acción en Holguín fue ascendido a Comandante. Al cabo de la Guerra de los Diez Años, se colocó junto al gran Maceo, el Titán de Bronce, en la Protesta de Baraguá.

Respondió al llamado de José Martí al reanudarse bajo su dirección la lucha armada. Intentó llevar la guerra revolucionaria a Puerto Rico. Imposibilitado de hacerlo, encabezó una expedición a Cuba. Capturado por los españoles, sufrió prisión en Ceuta. Finalizó la guerra con el grado de General.

Presente en el acto estuvo un viejo marino norteamericano, de nombre Albert Sheridan. Había conocido a Rius Rivera, siendo tripulante del barco que condujo su última expedición a Cuba. Recordó la peligrosa travesía... Su relato conmovió a la concurrencia.

Desde distintos extremos se reanudan esfuerzos por establecer nuevas agrupaciones en la comunidad puertorriqueña. En julio de 1924 se constituyó la *Junta de Defensa de Puerto Rico*. Compusieron su cuerpo directivo Domingo Collazo, J. Monge Sánchez, Ernesto Andino Cepeda, Luis Battistine, J.A. González y Antonio Gotay. Pero esta agrupación desapareció en corto tiempo.

En septiembre de ese mismo año, la élite de la comunidad se reunió en el Hotel Waldorf-Astoria y fundó la Casa de Puerto Rico. Su junta de gobierno fue integrada por el Dr. Ruiz Arnau, Gonzalo O'Neill, Martín Travieso, Lcdo. Pedro Rodríguez Capó, R.M. Delgado, Manuel Argüezo, Dr. López Antongiorgi, Dr. Arturo Martínez, Lcdo. Luis V. Rivera, Ulises García Sandoval, José P. Echandía, Dr. Janer y F. González Acuña. Representaban la "flor y nata" de la colonia... Pero no hay constancia de que hicieran nada, y no edificaron ni un bohío.

Algún tiempo después, en mayo del año siguiente, los escritores y periodistas puertorriqueños en Nueva York decidieron constituir un cenáculo literario. Como decía la convocatoria al acto, "para ver de arreglar el mundo". José G. Benítez, Rafael

Torres Mazzorana, J. Rodríguez Sanjurjo, Francisco Torres López, Ramón Gadea Picó, José Sangado, Jorge Pastor, Ramón Mínguez, Carlos Fernández, R. Villa, Antonio González y Luis G. Muñoz se reunieron con tal propósito en el restaurante La Boheme, Calle 120 esquina Séptima Avenida. Se fundó el grupo, sí, señor... Todo parece indicar que muy pronto se dieron cuenta de lo difícil que es recomponer el mundo, y ninguna constancia hay de que hicieran algo.

Pero los puertorriqueños comenzaban a pensar en la contienda política, especialmente en el Partido Demócrata. En el Distrito 19 de Manhattan se reconocieron más de 2.000 votos puertorriqueños a favor del congresista Sol Bloom. Este demostró gran interés en la solución de nuestros problemas en el curso de su campaña. Pero después de ser elegido hizo ciertas declaraciones al corresponsal en Nueva York de *La Democracia*, Domingo Collazo. Un grupo le pidió públicamente cuentas y el representante Bloom se vio obligado a rectificar, afirmando que nunca había hecho tales declaraciones... Este incidente disgustó a muchos electores puertorriqueños que se preguntaban : si así actúa uno que presume de liberal, ¿qué podemos esperar de otros políticos yanquis?

Más que en Manhattan, era en Brooklyn donde había progresado notablemente la afiliación de puertorriqueños al Partido Demócrata. Los clubs de ese partido ayudaban a resolver múltiples problemas a los emigrantes: cuestiones de inquilinato, defensa legal en las cortes, reclamaciones por accidentes del trabajo, asistencia médica, etcétera. También en sus locales se organizaban fiestas, bailes y actividades deportivas a las que concurrían los puertorriqueños. Fueron precisamente líderes o comisarios de barrio del Partido Demócrata los que formaron el primer equipo de *base-ball* integrado por jugadores puertorriqueños en Nueva York. Se conoció como el *Puerto Rico Stars*.

Desde los tiempos del Club Agüeybana y del Club Rius Rivera, en los años de auge de la revolución antillana, no se conoció en Brooklyn otra organización puertorriqueña hasta 1917. En ese año, Julio Díaz, Rafael Osorio y Jesús Colón empezaron a formar grupos políticos y culturales. Colaboraron también J. Castro López, José Avilés, Ricardo Portela, Carlos

Tapia, Pedro Tejada, Joaquín Barreras y otros.

El 1925 fue un año fecundo en tentativas para establecer sociedades de diversos tipos. Pero el esfuerzo más provechoso y duradero fue el Caribe Democratic Club fundado a iniciativa de J.V. Alonso, en Manhattan. Trabajó siguiendo la líneas de los clubs de Brooklyn, y como se verá más adelante, El Caribe, como vino a conocerse, realizó una meritoria labor en bien de la comunidad puertorriqueña de Nueva York.

Mientras tanto, los de la Alianza Obrera seguíamos activos. A mediados de año celebramos un acto en que habló el líder obrero de Puerto Rico Prudencio Rivera Martínez. El acto fue parte de la campaña para estimular la organización de trabajadores puertorriqueños, que en número cada vez mayor invadía la industria de hoteles, restaurantes, fábricas de ropa y empresas de servicio.

Y en esa brega arribamos al año 1926. El verano fue particularmente caluroso. Nuestra gente vivía en la calle y por todo el Barrio Latino, y aun en el propio Harlem se oían cánticos y risas. En las aceras, numerosos grupos jugaban a las damas o al dominó. Otros ambulaban contentos por las calles en dirección al lago del Parque Central. En alguna que otra esquina los piragüeros hacían su agosto... ¡Piraguas de frambuesa, de guanábana, de vainilla! La piragua se inició en Nueva York con los puertorriqueños.

Fue el 28 de julio. De momento, la alegría de la tarde se interrumpe. Grupos de gente salen corriendo en todas direcciones. Las madres, que han llevado a solear a sus hijos en el parque, los toman en brazos y marchan apresuradamente. El gran gentío que llenaba las calles se desvanece en unos minutos. Los tableros de juego yacen abandonados en las aceras. Se cierran ruisosamente las puertas y las ventanas. Y en los apartamentos semioscuros se comienza a hablar de heridos y de muertos.

Turbas armadas con garrotes habían aparecido súbitamente emprendiéndola a golpes contra los puertorriqueños. Varios establecimientos, cuyos dueños eran puertorriqueños, fueron asaltados. Rotas las vitrinas, la acera frente a ciertas *bodegas* aparece cubierta de arroz y habichuelas, de plátanos y yautías.

Un carrito de piraguas está hecho pedazos en la esquina, regadas por la cuneta las botellas rotas... El terror se ha adueñado del Barrio Latino.

No fue hasta más tarde que se supo, con alguna certeza, lo que había ocurrido. Los primeros ataques arrojaron más de cincuenta heridos, algunos de gravedad. Y al correrse la voz, los puertorriqueños reaccionaron. Algunos grupos armados se lanzaron a la calle para hacer valer su hombría... Fue entonces cuando apareció la policía dizque para imponer el orden.

Aquel verano caluroso de 1926 fue como un bautismo de fuego para la comunidad puertorriqueña de Nueva York.

Capítulo XVIII

AÑO DE DESASTRES PERSONALES
CON UN FINAL VENTUROSO

La comunidad puertorriqueña se puso de pie como un solo hombre. La Puerto Rican Brotherhood tomó la iniciativa y convocó a una reunión de todas las agrupaciones. Su presidente, Blas Oliveras, dirigió la asamblea. Informó que se había elevado una protesta a las autoridades de la ciudad y del estado e hizo un vibrante llamamiento a la unión. Tras algunas intervenciones, se acordó celebrar una asamblea de la comunidad. Así se hizo, días más tarde, el 9 de agosto de 1926, en el Harlem Casino, con asistencia de miles de personas.

Ya para entonces se tenía una idea clara de lo que había ocurrido. Rivalidades comerciales entre hebreos y latinos habían sido la causa de las agresiones. Las tiendas de los primeros decaían y, naturalmente, resentían el creciente número de *bodegas* puertorriqueñas e hispanas. Esto movió a algunos a contratar *malotes* para amedrentar a los comerciantes puertorriqueños.

El *New York Times*, el *Daily News* y demás diarios de la ciudad, incluyendo el hebreo *The Day*, enviaron reporteros a la asamblea del Harlem Casino. Después de los discursos de rigor, se acordó fundar una agrupación unitaria, y se le dio el nombre de Liga Puertorriqueña e Hispana. Sus propósitos: "Unir a todos los hispanos sin distinción... Representar a la colonia ante las autoridades... Será una sociedad benéfica... Tendrá un centro educativo, oficina de información... Hará propaganda para que los borinqueños voten... Trabajará por el mejoramiento económico, político y social de Puerto Rico y no actuará como instrumento de ningún partido".

Inmediatamente se eligió la siguiente Junta Directiva: Blas Oliveras, presidente; J.V. Alonso y Pedro San Miguel, vicepresidentes; José González Benítez, secretario; J.M. Antonmarchi, subsecretario; J.M. Vivaldi, tesorero, y los siguientes vocales:

Lupercio Arroyo, Cayetano Arrieta, Carlos M. Fernández, Ricardo Irigoitá, Enrique Alegría y N. Viqués. Los tres últimos eran argentino, español y centroamericano, respectivamente.

La protesta de la comunidad fue muy efectiva. La tensión continuó durante varias semanas. Ocurrieron varios encuentros callejeros, pero de menor importancia. Imperó la calma y el buen juicio. *The Day* y otros periódicos hebreos repudiaron editorialmente los disturbios. Y nosotros, por nuestra parte, nos limitamos a defendernos.

Las intenciones perversas de los que iniciaron los atropellos no tuvieron eco en las comunidades hebreas. Los puertorriqueños, en general, no se dejaron arrastrar, tampoco, por alguno que otro paisano que trató de explotar odios ancestrales. Blas Oliveras, Pedro San Miguel, Lupercio Arroyo, J.V. Alonso y demás líderes del movimiento de defensa abogaron en todo momento por la concordia y la buena vecindad.

Algo bueno resultó de aquel verano caluroso de 1926: la Liga Puertorriqueña e Hispana se transformó en una amplia organización representativa de la comunidad.

En este año se estableció el Ateneo Obrero, del cual fui yo presidente. Lo fundamos, entre otros, Sabino Vázquez, Jesús Colón, Juan Rovira, Emilio Fariza, Manuel Flores Cabrera, Juan Bautista Pagán y otros compatriotas, y también de otras nacionalidades, interesados en la literatura y en las artes. Nos movía el propósito de afirmar y ampliar las ideas de la Alianza Obrera por rumbos culturales definidos. Interesábamos establecer un centro educativo popular que contrarrestara la tendencia, generalizada entre los puertorriqueños, de considerar su estadía en Nueva York como cosa pasajera, acariciando siempre el regreso eventual a la isla. Nos dábamos cuenta ya de que ante nosotros crecía una nueva generación de puertorriqueños, nacidos en esta ciudad, quienes merecían nuestra atención. Era preciso ayudarles en el descubrimiento de sus orígenes culturales. Alguna obra, como se verá, realizamos.

De Puerto Rico llegaban de nuevo noticias de que se organizaba una gran emigración de obreros destinados a Arizona y Nuevo México. Y en septiembre, los periódicos publicaban informaciones como la siguiente: "Gran contingente de puertorriqueños traídos para trabajar en las fincas algodoneras rehusan hacerlo por 50 centavos diarios. Habiendo abandonado los campos, más de cien hombres, mujeres y niños se hallan en completa miseria...''

Una vez más se repetía la historia. Pero los trabajadores puertorriqueños, repudiando a sus embaucadores, preferían arrastrar con dignidad la miseria. Algunos perecieron. Otros fueron rescatados por la comunidad puertorriqueña de San Francisco. Otros más consiguieron, con mil sacrificios, llegar a casas de familiares suyos en Nueva York.

El 1926 fue un año de desastres para mí. Al finalizar los cursos preparatorios, me matriculé en la Universidad. Pero después del primer abono, no pude saldar el resto de la matrícula. No tenía dinero. No tenía trabajo. No tenía salud ni paz espiritual. Definitivamente, tuve que renunciar a la ambición de hacerme de una profesión.

Mi empleo como lavador de botellas me causó una sinusitis aguda. Tuve que ausentarme del trabajo y sin ningún miramiento me suplantaron con otro. Y como los males siempre vienen en pareja, para mayor calamidad, mi vida matrimonial se hizo cada día más intolerable y tuve que ponerle fin. Separado del cariño de mis dos hijos, a quienes consideraba la luz de mis ojos, comencé a vivir días muy tristes. Era la caída estrepitosa de un soñador.

Pasaba el tiempo ambulando por la ciudad, sin deseos de hacer nada, sintiéndome cada día peor. A Joe Slavin le debo, en gran parte, haber podido salir del hoyo. Era un compañero de la Juventud Socialista, a quien no veía desde hacía años. Nos tropezamos en la calle, y reconociendo mi estado de ánimo, me arrastró hasta el consultorio de su padre, un prestigioso médico. Este me rompió afectuosamente los senos frontales y maxilares aliviándome la sinusitis. Poco a poco comencé a recuperar la salud y el tiempo fue cicatrizando las heridas del espíritu... Decidí empezar de nuevo como quien comienza a vivir.

Marcelo Mendoza, tabaquero, compueblano de Cayey, me dio trabajo en su fabriquita situada en la Calle 53 y Octava Avenida. Para esta fecha las calles comprendidas entre la Sexta y la Novena Avenidas, a lo largo de la curva que hacía el tren elevado, constituían un arrabal inmundo habitado, generalmente, por negros norteamericanos. Los contornos del vecindario, hasta Times Square, estaban plagados de tabernas clandestinas. Era la época de la Prohibición con sus *speakeasy*, su contrabando de licores y fabricación casera de alcoholes.

Los negros, y los pobres en general, patrocinaban las cantinas de la Calle 53, entre la Octava y Novena avenidas. Allí se expendía *maplé* y alcohol venenoso. Los cabarets de lujo, siempre camuflajeados, estaban situados cerca de la Gran Vía Blanca, en la Calle 52, entre la Séptima y Octava avenidas. Allí había uno especialmente famoso, propiedad de un francés llamado Luis... Los dueños de esos negocios no tenían apellido.

Este cabaret ocupaba un extenso entresuelo, al que se entraba por una humilde cafetería que daba a la Calle 52. Al fondo había un corredor con una puerta que simulaba una salida al patio. Los parroquianos debían identificarse allí, y sólo entonces se les daba entrada. Se había abierto un pasadizo que conectaba al edificio vecino por el sótano. Era la vía de salida hacia la Calle 53. De manera que los parroquianos entraban por un lado y salían por otro sin levantar sospechas.

El amplio salón subterráneo estaba adornado con relativo lujo. Las paredes estaban todas cubiertas por cortinas, no sólo como parte del decorado, sino también para ahogar el ruido. Una orquesta tocaba toda la noche. Se presentaban espectáculos y había una pista de baile para los asistentes. A un extremo se veía la barra, con luces opacas, donde decenas de cantineros servían licores de todos los países del mundo. En cada puerta, o tras algunas mesas, se reconocían muchos hombres armados de cachiporras, algunos con la mano bajo la chaqueta. Eran, como es fácil suponer, los guardias del lugar.

Yo conocí el sitio porque fui muchas veces a llevar cigarros. Por cierto, que esto puede dar una idea exacta de cómo se esquilmaba a los parroquianos. Los cigarros que nosotros suplíamos a 10 centavos se vendían en el establecimiento a dólar. Una copa de cognac costaba tres dólares. En cuanto a mujeres, las había de todas las nacionalidades y mancebos homosexuales también, quienes se cotizaban al doble que las mujeres. Allí, puedo decir como en las novelas de antaño, tenía su asiento toda clase de vicios.

A principios de 1927 una comisión de la Puerto Rican Brotherhood realizó un estudio sobre los puertorriqueños residentes en Nueva York. El informe, publicado en el boletín oficial de la asociación, decía, en parte:

"La colonia (puertorriqueña) pasa hoy de 100,000 almas, distribuidas en la forma siguiente:

"Sector de las calles 14 a la 30, Este y Oeste, 10,000 habitantes;

"Sector de las calles 90 a la 116, Este de la Quinta Avenida, 20,000 habitantes;

"Sector de las calles 110 a la 125, Oeste de la Quinta Avenida hasta la Avenida Manhattan, 40,000 habitantes;

"Sector de Brooklyn, cerca del Astillero de la Marina, calle Columbia y cercanías, 25,000 habitantes."

El mismo estudio revela que había 15 sociedades puertorriqueñas activas en los distintos vecindarios. En cuanto a los electores, se afirma que se inscribieron 5.000 para las elecciones precedentes, 2.000 de ellos en el Distrito 19. Se da cuenta que hay unos 400 puertorriqueños empleados en agencias del gobierno federal en Nueva York. Y, por último, se informa que hay alrededor de 200 bodegas y más de 125 restaurantes propiedad de puertorriqueños.

Creo que la información anterior es bastante exacta. Sin embargo, recuerdo que para ese tiempo la New York Mission Society calculaba que en Nueva York residían 150,000 puertorriqueños. El *New York Times*, por su parte, elevaba la cifra a 200,000. En cuando al total de electores inscriptos, creo que el informe de la Brotherhood se queda corto.

En enero se iniciaron las clases en el Ateneo Obrero. Se dictaron clases de inglés, de geografía política, de sociología y de historia del movimiento obrero. A cargo de los cursos estuvieron Spencer Miller, Augusto Claessens, Emilie Bartok, todos ellos profesores socialistas que brindaron gratuitamente su cooperación.

Para este tiempo, los círculos socialistas y progresistas en Nueva York se movilizaron para protestar por la invasión de los *U.S. Marines* a Nicaragua. Comenzaba a mencionarse el nombre de César Augusto Sandino como el defensor de su tierra. Entre otras actividades, la *Alianza Obrera* apeló a Fiorello La Guardia, cuyo distrito como Representante en el Congreso de Estados Unidos incluía nuestro Barrio Latino, para que denunciara ésa acción imperialista desde·el hemiciclo. Así lo hizo.

Otro gran acontecimiento nos mantenía también a la expectativa: el proceso de Sacco y Vanzetti que se ventilaba en Boston. El 6 de junio se decretó un paro como protesta por la condena a muerte de los dos mártires proletarios. En los estados de Nueva Inglaterra participaron en la huelga más de medio millón de trabajadores. En muchas ciudades se efectuaron acciones similares. En Nueva York se realizó una gran manifestación que terminó en Union Square. En esa ocasión yo fui designado orador en representación de Puerto Rico.

A fines de este año se fundó el Centro Obrero Español con la participación, no solamente de españoles, sino también de hispanoamericanos y de puertorriqueños. Entre sus fundadores se cuentan Ricardo Martínez, Miguel Cruz, Manuel González, Domingo García, Alfonso Machado, J. Fernández y los hebreos sefarditas Alberto Moreau, S. Fidias y León Slavin.

Estos fueron años de decadencia del Partido Socialista Americano. Eugene V. Debs había muerto. Se había fundado el Partido Comunista de Estados Unidos. Ambos partidos sostenían una pugna a muerte y en el seno de los mismos se libraban apasionadas luchas intestinas.

La Liga Puertorriqueña celebró numerosos actos en el curso del año. Entre éstos, uno en que se develaron retratos de los hombres más destacados de América Latina y, naturalmente, de Puerto Rico. Por otra parte, la Brotherhood auspició en la Universidad de Columbia una conferencia sobre Hostos dictada por Antonio E. Pedreira. También, por iniciativa de la Liga, se celebró un acto de reconocimiento a la comisión de legisladores presidida por Antonio R. Barceló, que gestionaba reformas para Puerto Rico.

El año fue asimismo fecundo en la iniciación de periódicos orientados hacia la comunidad puertorriqueña. Los tabaqueros Guillermo Vargas y Carlos Cosme publicaron *El Machete Criollo*. Alfonso Lastra Chárriez publicó *Metrópolis*. Y Ramón La

Villa inició un semanario, de carácter jocoso, con el nombre de *Gráfico*. Este último fue el que tuvo la mayor significación y sobrevivió largos años.

El partidismo político volvió a sembrar la discordia al postular el Partido Republicano al compatriota Víctor Fiol Ramos para el Consejo de la ciudad de Nueva York por el Distrito 17. En ese sector residían muchos puertorriqueños y los dirigentes de la Puerto Rican Brotherhood hicieron público su respaldo al candidato. Esto motivó una calurosa controversia. De una parte se sostenía que bastaba que uno de los partidos postulara a un puertorriqueño para que éste mereciera el respaldo de toda la comunidad. Otros, entre ellos la dirección de la Liga Puertorriqueña, sostenían una posición contraria: señalaban que no era aceptable que la maquinaria de un partido, sin la participación de los electores, designara a un puertorriqueño sólo por el mero hecho de serlo.

La polémica se prolongó durante varios meses. A pesar de que las agrupaciones puertorriqueñas reconocidas rehusaron apoyar el candidato, muchos puertorriqueños le dieron su voto. Pero estábamos muy lejos de que un compatriota nuestro, por vía de los partidos republicano o demócrata, o por cualquier otra vía, ascendiera a un puesto electivo.

Para ese entonces volvieron a agravarse mis padecimientos físicos. El bueno del doctor Slavin dictaminó que debía cambiar de clima y me recetó un viaje a Arizona o Colorado. De ninguna manera, ordenó, debía seguir trabajando en una fábrica de cigarros. Nada afectaba tanto a mis senos frontales como el tabaco. ¡Qué cosas se les ocurren a los médicos!

Me vi, pues, obligado a buscar otra ocupación. Y fue así como, al cabo de muchas gestiones, terminé por hacerme vendedor y me tiré a la calle con muestras de distintas fábricas. Pero logré muy poco, hasta que un día tuve la idea de probar vendiendo tabaco en rama. Por suerte, trabé relación con The Schwartz Tobacco Leaf, una compañía de hebreos radicada en el 197 de la calle Water. A las tres semanas hice mi primera venta de más de 2.000 dólares. Y de ahí en adelante mis ventas no bajaron de 5.000 dólares mensuales. Me convertí en el vendedor estrella de la casa. Y por primera vez en mi vida entré en una época de vacas gordas.

Con el cambio de la situación económica mejoró naturalmente mi condición física y espiritual. Volví a soñar y a concebir proyectos idealistas. Y el 20 de marzo de 1927 compré a Ramón La Villa el semanario *Gráfico*.

No se me tome a mal si afirmo que *Gráfico* fue la mejor revista de la comunidad puertorriqueña hasta entonces. Quien lo dude, que haga una visita a la Biblioteca Central de Nueva York y examine la colección que allí se conserva. Con justificado orgullo puedo decir que esa publicación sirvió bien a los puertorriqueños y a los hispanos en general. Libramos campañas por mejoras económicas, políticas y sociales. Los editoriales, escritos en inglés y español, abordaron problemas de vivienda, vicios, deficiencias, derechos civiles, cultura y arte. Defendimos las aspiraciones de Puerto Rico y combatimos las tiranías de Juan Vicente Gómez, en Venezuela, y Gerardo Machado, en Cuba. No hubo discrimen contra un puertorriqueño que no fuera denunciado en las páginas de *Gráfico*. Fue, en una palabra, hasta donde dieron nuestros recursos, testigo fiel de la comunidad puertorriqueña en Nueva York.

Muchos destacados escritores colaboraron en *Gráfico*. Recuerdo especialmente a Cayetano Coll y Toste, Antonio J. Colorado, René Jiménez Malaret, Muna Lee de Muñoz Marín, Jesús Colón, Rafael Torres Mazzorana, Juan Bautista Pagán, Erasmo Vando y Antonio González. Entre las personas que ayudaron a la empresa, debo consignar los nombres de Ramón La Villa, Eugenio Nogueras, Francisco Colón Berdecía, Simón Jou, Tomás Gares, Alberto O'Farril, Carlos M. de Castro, Enrique Besteiro, Luis Torres Colón y Manuel Flores Cabrera.

Aquella empresa periodística me costó mi buen dinero. Me satisface que haya sido el ensayo más sólido y duradero para proveer a nuestra comunidad de un portavoz independiente y desinteresado. Desgraciadamente, no faltaron los celos y las rencillas entre los dirigentes de las sociedades organizadas. Cada grupo pretendió invadir el campo con algún improvisado engendro periodístico. Y seguimos careciendo de espíritu unitario y de verdadera conciencia nacional. A pesar de todo, avanzábamos.

Capítulo XIX

CONSOLIDACION DEL BARRIO LATINO Y NUEVOS ELEMENTOS PARA SU HISTORIA

Los puertorriqueños se habían extendido desde la Avenida Lexington, entre las Calles 96 y 107, hasta el borde del barrio italiano de la Primera Avenida. En todo ese sector se vivía a la usanza criolla. Siguiendo la modalidad impuesta por los tabaqueros, blancos y negros convivían en armonía. Ya para ese tiempo abundaban los comercios *latinos*: bodegas, barberías, carnicerías, etc. A la puerta de los establecimientos colgaban los racimos de plátanos y en la propia acera se exhibían las viandas y vegetales. En tiendas y calles sólo se oía hablar en español.

Pero los otros grupos nacionales que aún residían en el lugar resentían el creciente desarrollo de la población puertorriqueña. Consideraban escandaloso el modo de vivir de los boricuas. Se producían fricciones entre los distintos grupos y de vez en cuando las mujeres chocaban en los mercados. En los bares o cantinas ocurrían choques similares entre los hombres y a veces estallaban broncas más o menos serias. Esta situación empeoró después de los disturbios de Harlem.

Algunos niños puertorriqueños regresaban de la escuela, casi todos los días, con ojos amoratados. La madres vivían en constante inquietud debido a esas camorras. Los escolares, naturalmente, contestaban la agresión. Y todo hubiera quedado en pleitos de muchachos a no ser por el gusano del racismo.

Las peleas de los chicos provocaban la intervención de los mayores. Así un día, el 14 de junio de 1927, en la esquina de la Calle 96 y Tercera Avenida, un hombre dio de patadas al niño Luis Berríos. Un policía, que estaba de servicio, reía de la agresión como si fuera una gracia. Pero en ese momento pasaba el compatriota Juan Sabater. Sin encomendarse a nadie, se arrojó sobre el agresor como apagando fuego y no lo soltó hasta que lo recogieron para llevarlo al hospital. Fue entonces cuando intervino el policía: se llevó preso al boricua y lo acusó de agresión grave. La noticia se propagó por todo el vecindario en cuestión de miñutos. Numerosos *jíbaros templaos* se tiraron a la calle para amparar a sus paisanos. Esto evitó mayores atropellos.

Las sociedades de la comunidad puertorriqueña se reunieron y elevaron protestas a las autoridades. Una nueva asamblea, sumamente nutrida, volvió a celebrarse en el Harlem Terrace. Hablaron J.V. Alonso, J.N. Ocasio, Rafael Rivera, Luis Torres Colón, Alfonso Lastra Chárriez, Blas Oliveras y otros. Se llamó a la concordia y a la tolerancia, pero todos coincidieron en contestar a la agresión con la misma moneda.

La activa, aunque serena, actitud surtió efecto positivo en todo el vecindario. Los individuos que mostraban mala voluntad a los puertorriqueños se tranquilizaron, o sencillamente se mudaron. La supremacía de nuestros paisanos se impuso en ese sector.

La comunidad puertorriqueña, al igual que cualquier otra, tenía su escoria social. Pero no pocos maleantes de otras nacionalidades (muchos llegaban de polizontes al puerto de Nueva York desde países latinoamericanos) recalaban en el Barrio Latino. Esto aumentó considerablemente el bandidaje y el crimen. Y lo grave era que, generalmente, se les confundía con puertorriqueños.

No pretendo afirmar que nuestros paisanos estuvieran totalmente libres de delitos. Pero vale mencionar aquí que existe evidencia que comprueba que se nos achacaban más crímenes de los que en justicia nos correspondían. Así lo revelé en *Gráfico* tras un estudio de todas las denuncias de la policía, entre 1930 a 1933, relacionadas con atracos y robos.

Desgraciadamente, esa infamia contra nuestra gente no sólo contribuyó a propagar una mala imagen, sino que también —lo que quizás es todavía peor— ha afectado nuestro amor propio como puertorriqueños. Al igual que todo pueblo, los hijos de Puerto Rico, y sus descendientes en Nueva York, tenemos que preservar nuestra herencia de hombres de bien y lo que siempre distinguió a nuestros mayores: la dignidad puertorriqueña.

Washington había intensificado su agresión contra Nicaragua. La prensa publicaba escandalosas historias sobre los "bandidos" y su cabecilla, César Augusto Sandino. El hermano de éste, Sócrates Sandino, se hallaba a la sazón en Nueva York e hizo frente a la calumniosa campaña. Liberales, progresistas, socialistas y comunistas norteamericanos hicieron causa común con el pueblo nicaragüense.

Entre otras actividades de protesta contra la invasión, el 19 de febrero de 1928 se celebró un gran acto en el Templo del Trabajo, Calle 14 y Segunda Avenida. Participaron en el mismo como oradores Scott Neahring, el conocido autor de *La diplomacia del dólar;* León Ganett, director de *The Nation;* John Brophy, presidente de la Unión Internacional de Mineros; Juan De Jesús, presidente del Club Filipino; Ricardo Martínez, de la Unión Obrera Venezolana; H.C. Wu, de la Sociedad de Escritores Chinos, y el autor de estas memorias, como director de *Gráfico.* Tras este acto, la lucha contra la invasión a Nicaragua cobró mayores dimensiones.

Poco después, en ocasión de una visita suya a Nueva York, Santiago Iglesias habló en un acto de la Liga Puertorriqueña sin hacer mención en absoluto de esa agresión imperialista de Estados Unidos. Por el contrario, ensalzó la política de Washington con respecto a América Latina. Esa actitud del dirigente obrero y socialista fue acremente censurada por la generalidad de los dirigentes de la comunidad puertorriqueña en Nueva York.

Mientras tanto, los puertorriqueños comenzaban a demostrar una mayor militancia en los centros de trabajo. Así, por ejemplo, paralizaron el trabajo en una fábrica de botones en demanda de un aumento de salarios. A pesar de carecer del apoyo de los sindicatos reconocidos, consiguieron su objetivo. Pero las uniones de la AFL seguían indiferentes al clamor de los trabajadores puertorriqueños.

Con el triunfo del Partido Republicano, ese año tomó posesión de la Casa Blanca Herbert Hoover. Con Nicaragua invadida por los infantes de marina, Haití ocupado militarmente, la República Dominicana intervenida en sus aduanas, Cuba dominada por la Enmienda Platt, Puerto Rico sometido a un proceso de asimilación, Colombia sangrando por la herida de

Panamá, el nuevo presidente realizó un viaje de buena voluntad por los países de América Latina. Esto arreció el debate antiimperialista en todos los centros de avanzada del Hemisferio, especialmente en Nueva York.

En la gran sala del Park Place, en pleno corazón de Harlem, se celebró un debate sobre el tema de la intervención de Estados Unidos en el Caribe por estudiantes de las universidades de Puerto Rico y de Columbia. Nuestro equipo estaba integrado por Antonio J. Colorado, Gabriel Guerra y Vicente Roura. Compusieron el jurado los catedráticos de la Universidad de Columbia Fernando de los Ríos, William Shepherd y José Padín, y el presidente de la Cámara Hispana de Comercio, Eduardo López.

Los muchachos norteamericanos se batieron con habilidad, pero el jurado, con el apoyo del público, falló a favor de los puertorriqueños. Nuestro equipo demostró su superioridad, tanto por la naturaleza de su posición como por la brillantez de sus argumentos. Sostuvieron la tesis de que Estados Unidos "no tenía derecho a intervenir en el Caribe sin siquiera declarar la guerra".

Para este tiempo, el caso de un puertorriqueño que se enfrentaba a morir en la silla eléctrica conmovió a nuestra comunidad. Se trataba del paisano Félix Ostolaza, procesado por asesinato en primer grado. De no haber sido por la intervención de distintas sociedades, especialmente la Federación Puertorriqueña de Clubs Demócratas, le hubiera cabido la pena de muerte. Con la intervención de buenos abogados, se logró probar que el acusado había actuado en defensa propia. Y salvamos a nuestro paisano de la silla eléctrica.

Al recibirse en Nueva York la noticia del ciclón de San Felipe que había devastado a Puerto Rico, se inició inmediatamente una campaña de socorro. La ayuda a las víctimas se encauzó a través de la Cruz Roja. Entre las actividades para recolectar fondos, celebramos un festival de artistas en el Star Casino. Fiorello La Guardia nos brindó su mayor cooperación. Recuerdo cuando, junto a Pedro San Miguel y Alberto Hernández, lo visitamos en sus oficinas.

—*Godo di vederla. Voglia scusarmi un momento*— dijo

cuando entramos a su despacho privado.

Sostenía una conversación telefónica, que interrumpió sólo para saludarnos. Una vez que hubo colgado el teléfono, dijo en inglés:

—Perdonen que los haya hecho esperar. Estoy a sus órdenes.

—Venimos a recabar su cooperación para las víctimas del huracán en Puerto Rico. Quisiéramos organizar un festival artístico...

No tuvimos que darle mayores explicaciones.

—¡Esa es una buena idea!— exclamó. Y alargando la mano, dijo tomando el teléfono: —Estas cosas no se pueden dejar para luego.

Realizó, en presencia nuestra, varias llamadas, y al cabo, dijo:

—Ya está contratado el lugar y fijada la fecha. Pagaremos un precio nominal por la sala. En cuanto a los artistas, tendrán los mejores que están actuando en Broadway en esta temporada. Los artistas hispanos será cosa de ustedes. Será un espectáculo como jamás se ha visto en Harlem.

Así actuaba La Guardia. Demás está decir que dimos un grandioso acto artístico. Todos los artistas actuaron desinteresadamente. Una vez pagados los gastos indispensables, el resto de lo recaudado se envió a Puerto Rico para socorrer a las víctimas de San Felipe.

Fiorello La Guardia gozaba de extraordinarias simpatías entre la comunidad puertorriqueña. Tan pronto fue designado candidato a alcalde por el Partido Republicano, la Puerto Rican Republican Organization le dio su apoyo. Dirigentes de esa agrupación fueron los compatriotas R. Villar, Juan B. Matos, Fernando Torres, Frank Torres, Francisco M. Rivera y Felipe Gómez.

Con el transcurso del tiempo, las barriadas puertorriqueñas variaban tanto en demarcación como en composición social. A principios de 1929, el viejo vecindario integrado en su mayoría por tabaqueros, al Este de Manhattan, se desplazó hacia Harlem. Definitivamente, el Barrio Latino se consolidó como el corazón de la comunidad puertorriqueña en Nueva York.

Lejos de mejorar, las condiciones de vivienda empeoraban.

Cuando un edificio pasaba a ser habitado por paisanos nuestros, cesaba toda labor de mantenimiento. Al mismo tiempo, se hacía más deficiente el recogido de basura. Esto daba una impresión de abandono en los vecindarios puertorriqueños. Los apartamentos, incluyendo sótanos y entresuelos, estaban abarrotados de gente. Hombres, mujeres y niños compartían el espacio con ratones, cucarachas y basura.

El Barrio Latino cobraba perfiles propios. Una cultura típica se amasaba en la común experiencia de una población que sobrevivía a pesar de la hostilidad del ambiente. A la larga, esa cultura daría sus particulares frutos.

Por el vecindario se difundían las boticas y las botánicas. No había gran diferencia entre las primeras y las últimas. Abundaba el comercio de yerba luisa, artemisa, ruda y hasta de la uña de la gran bestia... Médicos, brujos, farmacéuticos, adivinadores, dentistas, espiriteros, echadores de baraja se intercambiaban clientes. La miseria siempre invita a la superchería, y cuando la realidad ofrece pocas posibilidades para liberarse de la pobreza, el mito es un consuelo. Para ello está, de una parte, la religión en sus múltiples variedades populares, y de otra parte, el juego. Este abundaba, como siempre ocurre en las sociedades pauperizadas. Y también, naturalmente, el baile.

Decenas de agrupaciones competían en la organización de bailes y concursos de simpatía y de belleza. Especialmente la juventud femenina era muy dada a esos actos con espectáculos sumamente cursis. Pero lo peor no era la frivolidad que imprimían a la vida, sino el hecho de que muchas de esas actividades eran simple mampara de aprovechamiento para algunos tipos más o menos maleantes. Estos "vivos" se erigían en presidente o secretario-tesorero de unas organizaciones fantasmas que sólo existían para "el guiso" de sus iniciadores. Ciertas agrupaciones de esa clase eran legítimas, valga la aclaración. Pero abundaban los "reinados", con alguna jibarita ingenua de "reina", organizados por "buscones" que "limpiaban", como decían ellos, sus buenos cientos de dólares.

En esas fiestas se hacían a veces representaciones, supuestamente cómicas, en las que los personajes eran siempre "jíbaros" de Puerto Rico. Se trataba de payasadas ridículas en las que un

189

mamarracho cualquiera se las daba de actor cómico sólo porque se encasquetaba una pava en la cabeza y salía a escena con unos pantalones remendados tocando maracas. No faltaba nunca alguien del público que protestaba. Pero era el gusto de la época. Y debo hacer una excepción de valía: Erasmo Vando, versátil actor, quien con su agrupación *Los Jíbaros* realizó representaciones de verdadero sabor campesino puertorriqueño.

Actos distintos eran los que se celebraban en el Centro Obrero Español. Este se convirtió en centro de estímulo de preocupaciones sociales. Allí se constituyeron distintos grupos, entre ellos la Liga Antimperialista Puertorriqueña. Entre sus dirigentes se contaron Domingo García, Antonio Rivas, Sandalio Marcial, Concepción Gómez, Angel María Dieppa y José Santiago.

Esa agrupación publicó el periódico *Vida Obrera* como parte de su campaña de organización sindical. Fruto de este trabajo fue la organización del ramal hispano de la Unión Amalgamada de Trabajadores de Restaurantes y Cafeterías, cuyo primer dirigente fue Pablo Martínez.

En cuanto al campo artístico, debo destacar la fundación de Puerto Rico Literario. Compatriotas que en el curso de su vida realizaron valiosa obra constituyeron el grupo en junio de 1929. La sociedad definió su objetivo: "Cultivar las letras españolas, fomentar el deseo de estudio y conservar la fe de la juventud puertorriqueña en el credo independentista".

Nos reuníamos en la Biblioteca Pública de la Calle 115, en una *cuevita* que nos cedió galantemente nuestra compatriota Pura Belpré, quien era bibliotecaria. Los integrantes de la matrícula no tardaron en destacarse en algún campo de las letras: Francisco Acevedo fue el pionero del periodismo radial en San Juan. Lorenzo Piñeiro, periodista también, se hizo luego abogado y se destacó como dirigente del Partido Independentista Puertorriqueño, al que representó en el Senado; Max Vázquez, periodista y escritor de mérito; Bartolo Malavé, abogado; Rafael Mariotta, también periodista; René Jiménez Malaret, ensayista; Juan Bautista Pagán, periodista y escritor; Luis Hernández Aquino, poeta entre los primeros de su generación;

Erasmo Vando, actor... En fin, aquel fue un grupo con el que me honro haber compartido labores y sueños.

Para este tiempo rondaba por Nueva York Rafael Hernández. Fueron sus días de bohemia y de duro trabajo. Su canción *Lamento borincano* comenzó a oírse por todo nuestro Barrio Latino... Estábamos en los umbrales de la más grave crisis económica por la que habría de atravesar Estados Unidos.

Capítulo XX

DOS EXPERIENCIAS REPROCHABLES, PERO MUY DE SU TIEMPO, EN LA VIDA DE BERNARDO

En el Barrio Latino y en Harlem, en general, todos los días parecían días feriados. Las calles estaban a todas horas llenas de gente. Reinaba el desempleo. Casi todos los días le echaban los muebles a la calle a alguna familia puertorriqueña. Se iniciaba la lucha contra los desahucios.

Pero nuestra gente no parecía amilanarse con la depresión económica. El hecho de que la crisis se extendía por todo Estados Unidos la hacía más llevadera para quienes siempre habían vivido al borde de la miseria. Un apretón más no parecía hacer gran diferencia.

Las bodegas estaban llenas de cuentas incobrables. Según la policía, la delincuencia se había duplicado; asaltos a mano armada, robos, prostitución, venta clandestina de ron y, naturalmente, la *bolita*, esa lotería de los pobres que cultiva esperanzas haciendo ricos a unos pocos *banqueros*... Fue para esta época, en Nueva York, que Rafael Hernández compuso su canción inmortal: *Lamento borincano*.

Mi situación personal se había agravado. El almacén de tabaco para el que trabajaba quebró. Tuve, con pesar de mi alma, que poner fin a la aventura periodística de *Gráfico*. Caí de nuevo en el ejército de los desempleados, que ahora se contaban por millones. Volví a hacer cigarros *de chivo*, sin licencia, vendiéndolos a cualquier precio. Pero tuve que desistir. Eramos tantos tabaqueros haciendo lo mismo que, en verdad, no había mercado para tantos chiveros.

En esta época de mi vida me vi arrastrado a incurrir en dos acciones reprochables. La primera de ellas tiene que ver con el negocio de la *bolita*.

En el verano de 1929 vivía yo con mi hermana, quien había sido abandonada por su esposo, un soberano sinvergüenza. Mi hermana, con un hijo pequeño, atravesaba por uno de esos difíciles momentos de la vida. Empeoraba la situación el hallarse gravemente enferma. Debía, pues, socorrerla, y juntamos nuestras miserias para poder sobrevivir.

Como todos los días, temprano en la mañana, me tiré a la calle con la ilusión de tropezar con algún milagro que cambiara mi suerte. Recuerdo que caminé desde la Calle 115 hasta la Calle 59, recorriendo el extremo Sur del Parque Central. A mediodía me encontré cerca del chinchal de mi amigo Mendoza. Llegué en el momento en que se preparaba para salir a almorzar. Me invitó y, naturalmente, acepté.

Poco tiempo después regresamos al taller y yo me puse a hacer *la fuma* para completar *la gorra*. En eso estaba cuando se me presentó una oportunidad de empleo y hasta la posibilidad de hacerme rico. La cosa ocurrió así:

En el apartamento contiguo al tallercito de Mendoza tenía sus oficinas Francis, un negro, *banquero* de la *bolita*, para ese tiempo uno de los reyes de Harlem. Empleaba a más de media docena de personas, con sueldos de cien dólares semanales. Su tarea era revisar las papeletas que entregaban los *corredores* diariamente. Estos formaban la red de venta que se extendía por Harlem y el Barrio Latino.

Los números premiados se daban a conocer a las tres de la tarde. La revisión de papeletas tomaba a los empleados dos horas, y tan pronto iniciaban su labor, se les incomunicaba totalmente. Nadie podía abandonar el lugar hasta tanto no terminara el cotejo y se dieran a conocer los premios.

Pero he aquí que, de alguna manera, a pesar del cerrado sistema, todo parecía indicar que antes de ser anunciado el número premiado era ya de conocimiento de alguna persona, aún a tiempo para jugarle. Y esas apuestas de última hora barrían frecuentemente la banca y amenazaban con arruinar a Francis.

Esa tarde se refugió el *banquero* en el tallercito de Mendoza y comenzó a quejarse amargamente.

—Me están robando— dijo confidencialmente —pero ni siquiera sé cómo lo hacen.

Y a mí se me ocurrió preguntar:

—Dígame, Francis, ¿cuánto pagaría usted a quien le descubra cómo es que lo desbancan?

—Pues, le daría un buen regalo y, además, lo emplearía.

—Yo lo averiguaré— dije sin detenerme a pensarlo mucho, recordando sólo el cuadro de mi hermana y su hijo.

Examiné con él las oficinas. Observé luego cómo trabajaban sus empleados. Durante todo el tiempo que duraba el cotejo de papeletas, se desconectaba el sistema telefónico. Las ventanas estaban cerradas, algunas tapiadas permanentemente. No había ninguna comunicación entre el personal y la calle. A nadie le era permitido moverse hasta finalizar la tarea. La verdad es que el problema se presentaba peliagudo.

Me puse de plantón frente al edificio. Durante varios días estuve dando vueltas y fumando, distraídamente, en la acera. Llevaba ya más de una semana tratando de descrifrar el misterio y no tenía pista alguna. Especulaba, de vez en cuando, sobre la cantidad de dinero que me daría Francis una vez que descubriera el origen del "robo", como lo calificaba el banquero. Entre mis proyectos figuraba el volverme a casar. Sea por ese acicate o por lo que fuera, me sentía émulo de Sherlock Holmes.

Todos los días, a la misma hora, había observado yo a un muchacho que recorría la calle vendiendo revistas. Gritaba: ¡*Life, Vogue, Mercury*! Llegaba hasta la esquina y regresaba por la misma acerca voceando a pleno pulmón las mismas revistas. Un día noté que llevaba otras revistas, pero sólo voceaba tres. ¡Recórcholis!, me dije. Y al día siguiente compré al muchacho las tres revistas que pregonaba. Volvió el muchacho a recorrer la distancia que acostumbraba y regresó hasta el punto en que yo permanecía. Le oí vociferar de nuevo los nombres de las revistas que le había comprado... ¡Resuelto el misterio!, exclamé para mí.

Lo di por resuelto cuando descubrí que a pesar de haber vendido las tres revistas, y de no tener más ejemplares de las mismas, el muchacho volvió a vocearlas a pleno pulmón. Así es que, al día siguiente, hice que Francis hiciera guardia conmigo. Y cuando apareció el muchacho y estaba a punto de pregonar sus revistas, le echamos mano y lo metimos en la fabriquita de Mendoza.

El chico llevaba diez ejemplares de distintas revistas y Francis se las compró todas. Demostraba estar nervioso y quiso marcharse, pero no se lo permitimos. Lo sometió Francis a un interrogatorio, le ofreció dinero y, al cabo, *cantó*... Cada revista, confesó, representaba un dígito. Usualmente llevaba diez: es decir, del uno al cero. Las tres que cantaba, en su orden, delataban el número de la bolita que había salido ese día, cuando todavía había tiempo para apostarle. El truco era obra de un sobrino del propio Francis.

Aquel mismo día me dio Francis 500 dólares y me ofreció un empleo por cien dólares semanales. Acepté lo primero pero rehusé lo segundo. Confieso que aún hoy me quema las manos aquel dinero. Con mi esfuerzo contribuí a salvar de la ruina a uno de los hampones más poderosos de Harlem. La necesidad, en ese momento, me obligó. Pero en forma alguna acepté el empleo. Para mí ese "negocio" fue siempre condenable.

Vale apuntar, sin embargo, que no pocos puertorriqueños se hicieron de dinero como *banqueros* de la *bolita*. No daré sus nombres por aquello de no avergonzar a sus hijos. Pero sépase que entre las "personalidades" que en distintas ocasiones acompañaron para gestiones en Washington a comisiones de Puerto Rico, siempre había algún *banquero*. Mencionaré sólo·a uno, conocido como *El Cubano Loco,* quien fue uno de los organizadores del agasajo al recién nombrado gobernador Teodoro Roosevelt en el Park Palace... Todos fueron predicadores de la moral en calzoncillos.

Los negocios turbios y las prácticas poco escrupulosas siempre han abundado en Nueva York. Generalmente, con raras excepciones, esta ciudad ha sido gobernada por hampones y traficantes en bajos negocios amparados por Tammany Hall. Por eso casi no sorprende ver a *banqueros* de la *bolita* destacarse como personalidades en la política y en la vida social. Un buen número de puertorriqueños e hispanos comenzaron a probar que ellos también tenían talento y habilidad para triunfar en ese ambiente. De ahí la creencia, que parece comprobar la práctica, de que cada nueva emigración produce su propia mafia.

Pues, uno de los hombres fuertes de la naciente mafia boricua me era bien conocido y pretendía continuamente darme pruebas de su amistad. Enterado de que yo me hallaba con el agua al cuello, me ofreció un trabajo. Al leer la rápida negativa en mi rostro, añadió:

—Es un trabajito suave, pero no tiene relación con el juego. Yo sé de un cabaret donde hace falta un animador festivo. Tú tienes una vena jocosa... Sería un buen empleo para ti.

—Jamás se me ha ocurrido que yo sirva para eso.

—Pues, yo creo que tú serías un exitazo. Siempre leí en *Gráfico* tus "cuentos bobos". Cuentos así vendrían de perilla al presentar los espectáculos.

—Tú sabes que yo detesto esos jolgorios.

—¡No seas tonto! Tú no tienes que mezclarte en nada. Al cabaret irías sólo a trabajar. Mira, yo soy el socio *tapao* de un lugar aquí, en Harlem. Ordenaré a mi representante que te pague 40 dólares semanales, más lo que comas y quieras beber. Vete el viernes por la noche, después de las once. ¡Da todo por arreglado!

La proposición me dejó pensando. Despreciar cuarenta dólares semanales en aquellos días, más la comida y la bebida por la casa, cuando me encontraba tragándome la lengua... Después de discutirlo a fondo conmigo mismo, salvando reparos, me presenté el día señalado a mi nuevo trabajo.

El llamado café nocturno se hallaba situado, como era costumbre para ese tipo de negocios, en un sótano en cierta calle del Barrio Latino. Un matrimonio que no era puertorriqueño fungía como dueño. La clientela consistía de hombres mayores, vejetes con dinero y algunos profesionales. El establecimiento, de más está decirlo, contaba con la debida protección de la policía, la que recibía su "iguala" correspondiente. Era, por tanto, un lugar seguro.

El cabaret se llenaba de mujeres de todas las nacionalidades, quienes aparecían acompañadas de sus supuestos maridos, que no eran sino sus chulos. Bailaban casi en cueros y era muy popular un baile que llamaban "de la pijama". Y, naturalmente, entre pieza y pieza los clientes hacían sus fáciles "levantes", como creo que se dice ahora.

Trabajé allí tres meses. Presentaba los números de variedades: un espectáculo a la medianoche y otro a las tres de la madrugada. En medio de mis presentaciones siempre relataba un cuento. Mi actuación gustaba, puesto que recibía propinas. No pocas veces, hombres y mujeres me gratificaban pidiéndome de antemano que les dedicara el cuento de la noche. Económicamente salía bien, pero me hallaba muy disgustado en aquel ambiente de estercolero. Una noche, sin pensarlo mucho, y sin decir adiós a nadie, resolví no volver a pisar el lugar... Regresé, pues, al desempleo.

Pero con el dinero que gané en esas dos experiencias, para mí reprochables, saldé todas mis deudas. Nunca me gustó deber nada a nadie. Por eso, quizá, tuve siempre fama de hombre acomodado. La razón para ello es que jamás lloré necesidades en público. Tengo para mí que los amigos que poseen bienes de fortuna no se nos acercan cuando estamos *brujas*. De otro lado, siempre he creído que no pegan bien el estómago y el bolsillo vacíos. Por lo mismo, y sobre todo en una gran ciudad, un hombre se siente doblemente peor cuando, además de hambriento, va sin chaqueta, sin corbata y con la camisa sucia. Nada invita menos a un cambio de suerte como exhibir la cara de la miseria. Por eso he tenido por norma vestir tanto mejor cuanto peor sea mi situación económica.

Como el hidalgo del cuento, volví a pasearme por Nueva York con un palillo en la boca.

La depresión económica en Estados Unidos ya no se podía tapar con la mano, a pesar de las floridas declaraciones del presidente Hoover. Siguiendo su ridículo consejo, en las calles de las grandes ciudades los desempleados recurrían a la venta de manzanas. Otros apelaban a la acción de masas y la policía desbarataba a palos sus manifestaciones.

El 11 de febrero de 1931 más de 60,000 desempleados se reunieron en Times Square demandando trabajo. El gobierno de la ciudad lanzó contra ellos olas de policías a caballo. Mientras tanto, en Washington, se hacía frente también con la violencia al clamor de los veteranos de las fuerzas armadas desempleados... Sólo en Nueva York, 75,000 personas insolventes firmaron peticiones de auxilio en los cuarteles de la policía.

El gobierno no prestaba socorro alguno. La beneficencia pública se hallaba en bancarrota. Y bajo tales condiciones, no es de sorprender que el crimen y la inmoralidad se difundieran por los sectores más pauperizados de la ciudad.

Esta situación produjo una plaga de picapleitos y buscones que explotaban a puertorriqueños y negros cuando caían en las garras de la justicia, fueran o no culpables. De más está decir que los ricos boliteros y sus agentes, los contrabandistas de licores, los pejes gordos del bandolerismo, jamás eran molestados por la policía. Y se explica: la "protección policíaca" se cotizaba a bajo precio.

Toda esta corrupción comenzó a salir a la luz pública en una investigación efectuada por la oficina fiscal. Harlem y los sectores vecinos fueron el centro de atención. Desfilaron cientos de testigos denunciando a los estafadores, entre los que se contaban políticos, abogados y agentes de fianzas. Entre otras cosas, salió a relucir el comercio con certificados de nacimiento de Puerto Rico.

Ese último negocio era fabuloso para este tiempo. Todo parece indicar que había una red que funcionaba entre San Juan-La Habana-Nueva York. En esta forma se encubrían criminales de todo tipo, de distintos países, recayendo el desprecio y el prejuicio sobre los puertorriqueños. Según ciertos cálculos, más de 1,500 personas, la mayoría criminales de oficio, habían comprado certificados de nacimiento de Puerto Rico. Se cotizaban a 500 dólares. No es de extrañar que en un solo día se pudieran leer los siguientes titulares en los periódicos de Nueva York: "Pandilleros acribillan a balazos a niños de Harlem... Pistolero abalea a comerciante en Harlem... Maleantes estafan a hispanos en Harlem... Avalancha criminal en Harlem... Una madre mata a sus dos hijos y se suicida en Harlem... Atraco a un bodeguero en Harlem... Gran número de hispanos arrestados por fabuloso robo de joyas... Redada de boliteros en Harlem..."

Y suma y sigue.

Capítulo XVI

LA SUERTE LE SONRIE Y BERNARDO HACE DINERO
SIN QUE POR ELLO ABANDONE LA LUCHA

Cuando era más grave la situación económica, se me presentó un golpe de fortuna que parece novelesco. Después del empleo en el cabaret, volví a liar cigarros en la fabriquita de mi amigo Manuel Samalot. Un día me llamó allí por teléfono uno de los acreedores de la compañía tabacalera para la que había trabajado y que, como apunté antes, se había declarado en quiebra. El hombre deseaba verme inmediatamente. Pensando que tendría alguna proposición favorable que hacerme, salí disparado hacia su oficina. Me recibió con estas palabras:

—He decidido formar una sociedad con usted para abrir un almacén de tabaco en rama en Harlem.

—¡Pero si yo no tengo un centavo!— exclamé.

—No hace falta. Yo pondré el capital y el crédito y usted su habilidad de vendedor.

—Bueno... Pero ¿cómo me las arreglaré para vivir mientras el negocio se desarrolle?

—Tendrá usted un sueldo para que vaya viviendo, progrese o no la empresa. Si al cabo del primer año hubiera ganancias, las dividiremos por partes iguales.

—Acepto.

—Pues, busque usted un local apropiado. Y aquí tiene un cheque por mil dólares... Abra una cuenta corriente en el banco más cercano a nombre de nuestra sociedad.

Para aquellos días sobraban en Harlem los locales desocupados. Conseguí uno espléndido en la esquina de la Calle 117 y Avenida Lexington. Y me entregué al trabajo con toda la devoción que se puede suponer.

El negocio creció con gran rapidez. Establecí un plan de crédito escalonado a todos los pequeños talleres de tabaqueros. Vendí material a los tabaqueros sin trabajo, dedicados a producir *de chivo*. Como aceptaba que me pagaran en pequeñas mensualidades, innumerables *chinchaleros* se hicieron mis clientes. Cada mes seleccionaba por lo menos un obrero honesto y lo ayudaba a abrir su taller, pagándole hasta el primer mes de alquiler. Me convertí en uno de los mayores almacenistas en el comercio al detal de tabaco en rama. Y esto ocurría cuando los almacenes mayoristas estabn abarrotados de tabaco y no hallaban forma de salir de tanta mercancía

Para noviembre de nuestro primer año de negocios manejaba un volumen de cuentas sorprendente. Volví a gozar de las vacas gordas, y esta vez como ejecutivo de mi propia empresa. Y de la noche a la mañana casi sin saber cómo, me embarqué en mi segundo viaje matrimonial.

De mi vida íntima no diré nada, que eso poco importa, y cerraré aquí mi etapa de comerciante, aun cuando me obligue a adelantar los acontecimientos. Baste decir que los competidores se vieron amenazados por mi agresividad. Me montaron una guerra sin cuartel, y para sacarme del mercado me acusaron ante el gobierno de vender material a los *chiveros* que trabajaban sin licencia. Esto provocó investigaciones y pleitos. Al final, se redujeron a un mínimo nuestras ganancias y la sociedad quedó con un montón de créditos incobrables. Resolvimos pagar a nuestros acreedores. Así lo hicimos, y tras aquel período de abundancia, volví al reino de los *pelaos*.

Pero no se crea que me alejé de la lucha totalmente mientras manejaba el negocio de tabaco. Mi almacén, precisamente, fue centro en que se discutieron planes de combate contra la dictadura de Machado en Cuba. Allí se reunía una agrupación clandestina, fundada con ese propósito, a la que se le dio el nombre de *Legión de la Flor Roja*. En las reuniones participaron, entre otros, los cubanos Andrés Garmendía, Prudencio Fernández Trueba, Alvaro Moreno, el general Alemany, Olivín Zaldívar y J. Medina Reyes; el yucateco Sabás Vega, el dominicano Tulio Cestero Burgos y yo, puertorriqueño.

En la primavera de 1931 se trabajaba por el envío de una expedición armada a Cuba. Se había comprado un barco y mucho parque de guerra, y más de 150 voluntarios aguardaban órdenes en Nueva York para partir. Nuestro grupo fue derrotado en la selección del jefe de la expedición. A mí me agradó menos la designación del general Menocal como caudillo de la revolución contra Machado. Tuve la impresión de que todo se reduciría a una pelea de *quítate tú para ponerme yo,* y renuncié. Pero a pesar de mi renuncia, continué cooperando en la organización de la expedición armada.

Los planes fueron frustrados por los espías de Machado. Estos delataron los preparativos a las autoriddes norteamericanas. Algunos expedicionarios fueron arrestados, entre ellos los jefes. El barco, que esperaba fuera de las aguas jurisdiccionales, sólo pudo recoger 33 hombres. Los demás no llegaron al lugar de la cita.

A pesar de tan graves contratiempos, la expedición desembarcó en Cuba. Machado le hizo frente con numeroso ejército. Los revolucionarios se batieron valientemente, pero fueron derrotados. Entre los que escaparon con vida se hallaban tres miembros de la *Flor Roja:* Montiel, Alvaro Moreno y Sabás Vega.

El día 3 de febrero de 1932 el candidato a la presidencia por el Partido Demócrata se dirigió a la nación en una de las que luego serían sus famosas *fireside chats.* Los trabajadores, y el pueblo en general, a través de sus receptores de radio, quedaron impresionados por la serena voz de Franklin Delano Roosevelt. En términos sencillos, describió lo que se proponía hacer, de ser elegido presidente, para devolver la prosperidad al país. Emprendería un magno proyecto de obras públicas en que se emplearían millones de obreros; haría que el propio gobierno tomara la iniciativa en la explotación de los inmensos recursos hidráulicos; se rodearía de los mejores cerebros de la nación... Aquel discurso y los que le siguieron difundieron un espíritu de optimismo a través de Estados Unidos.

Para esa fecha se calculaba en 15 millones los trabajadores desempleados. Nueva York se contaba entre las ciudades más afectadas. Ese invierno de 1932 fue especialmente crudo y a mediados de febrero toda la ciudad se hallaba cubierta de nieve. Unos 12,000 hombres fueron empleados por el Ayuntamiento para limpiar las calles. Muchos puertorriqueños aprovecharon la ocasión para ganar algún dinero, y había que verlos envueltos en trapos, cubriéndose el cuello con periódicos viejos, esgrimiendo sus palas de trabajo, tiritando de frío.

Vale apuntar que entre 1930 a 1931 se reportaron en Nueva York 2,500 suicidios, entre los que se contaron 35 puertorriqueños.

La ola de protestas continuaba sin abatirse a pesar de que las autoridades arrojaban a la policía, y aun al ejército (como fue el caso de la manifestación de veteranos en Washington), contra las masas. Pero esos atropellos, lejos de apaciguar la protesta, encresparon aun más a la opinión pública. El pueblo progresista se alineó detrás de Roosevelt.

Con el triunfo del Partido Demócrata, en noviembre de 1932, perdimos los puertorriqueños en Nueva York nuestro mejor aliado en el Congreso de Estados Unidos: Fiorello La Guardia. Este había sido postulado por el Partido Republicano y la avalancha de votos de Roosevelt dio también la victoria al candidato demócrata en el distrito del Barrio Latino: J.J. Lanzetta.

Para este tiempo la Liga Puertorriqueña había caído en extrema pasividad. Muchos de sus antiguos miembros y algunos de sus dirigentes deseaban que la agrupación tomara rumbos más a tono con la situación. Esto dio origen a la fundación del Club Eugenio María de Hostos, cuya primera Junta Directiva estuvo integrada por Jesús Colón, Alberto Rivera, Isabel O'Neill, María Alamo Cerra, Manuel Flores Cabrera, Juan Rovira y el autor de estas memorias.

La agudización de las luchas sociales dio nuevo auge a las organizaciones radicales en Estados Unidos, especialmente al Partido Comunista. En este tiempo los comunistas comenzaron a asumir un papel destacado en las luchas sindicales y en la organización de las marchas de desempleados. En las barriadas pobres organizaron huelgas de inquilinato y encabezaron la lucha contra los desahucios. En Harlem y en el Barrio Latino comenzó a hacerse sentir la influencia de los comunistas, entre los que se contaban muchos negros y no pocos puertorriqueños.

Ocurrió para estas fechas un incidente desgraciado que enturbió las relaciones de lucha entre comunistas y nacionalistas puertorriqueños. Para estos últimos, los puertorriqueños, sin importar donde estuvieran, debían dar todo su entusiasmo y apoyo a la lucha de independencia de su patria. Y llegaban al extremo de considerar que implicarse en luchas sociales inmediatas en Nueva York era desviar a los puertorriqueños de su primordial deber patriótico. En su concepto, los boricuas no eran emigrantes sino "exiliados", y como tales, su único pensamiento debía ser el rescate de su tierra y su pronto regreso a Puerto Rico.

Los obreros puertorriqueños, y especialmente los comunistas y sus simpatizantes, rechazaban esa posición. Para ellos estaba fuera de discusión la necesidad de luchar por la independencia de Puerto Rico, pero no por ello había que cruzarse de brazos frente a la explotación de que eran víctimas los puertorriqueños en Nueva York. Esto imponía prioridades de luchas inmediatas. Mientras los opuestos puntos de vista se mantuvieron a nivel de debate, no hubo mayor problema.

Pero he aquí que nacionalistas y comunistas puertorriqueños comenzaron a cuestionar sus respectivas posiciones en los mítines que unos y otros celebraban en las calles del Barrio Latino. Se interrumpía con preguntas a los oradores desde el público, y esto dio lugar a la acusación de que se pretendía "desbaratar" el mitin. Así unos y otros se embarcaron en un pugilato callejero que degeneró en distintos encuentros personales. En una de estas trifulcas cayó herido de muerte el joven puertorriqueño Angel María Feliú, nacionalista, y como autores del crimen se acusó a los comunistas.

Ninguno de los dos bandos tenía, seguramente, intención criminal. El desgraciado suceso fue obra de pasiones individuales. Pero durante mucho tiempo pesó sobre el desarrollo de la lucha social de puertorriqueños e hispanos en Nueva York. Y elementos interesados no perdían oportunidad para recordar el incidente, explotando prejuicios y socavando la unidad popular.

Tras el primer año de gobierno del presidente Roosevelt se hizo claro que se necesitaría algo más que simples medidas de emergencia para rehabilitar económicamente al país. El debate entre conservadores y progresistas cobró tonos subidos. La nueva legislación que la Casa Blanca enviaba al Congreso era bombardeada por el sector reaccionario. Las fuerzas novotratistas debían ampliar sus bases populares. El movimiento obrero comenzó a cobrar visos más radicales. Se inició la organización de las grandes industrias de producción masiva. Al mismo tiempo, comenzaron a tomar cuerpo nuevos alineamientos políticos.

Un ejemplo de esto último, y de la mayor significación política, fue la organización del Fusion Party, en el que se unieron demócratas y republicanos progresistas tras la candidatura de Fiorello La Guardia a la Alcaldía de Nueva York. El 29 de septiembre de 1933 los fusionistas postularon al puertorriqueño J.M. Vivaldi como asambleísta por el Distrito 17.

El Partido Fusionista estableció su División Hispana, con sede en Harlem, bajo la dirección del mencionado Vivaldi, Enrique Torregrosa, Víctor Fiol, Salguero Font, Florencio Ruiz, Antonio González, Félix Caro, J.D. López, Miguel Collazo y Luis Caballero.

Al mismo tiempo se desarrollaba la lucha sindical de los obreros puertorriqueños, especialmente entre los empleados de hoteles y restaurantes, y en la industria de la aguja. En ambos sectores trabajaban muchos paisanos nuestros, y en el curso del año se efectuaron varios paros de protesta y piquetes en masa.

La sección de Harlem del Partido Comunista inscribió candidatos a asambleístas estatales y a consejeros municipales de la ciudad. Estos candidatos recibieron el respaldo de la Liga Antiimperialista Puertorriqueña, del Centro Obrero Español y de algunas uniones obreras.

Mientras tanto, La Guardia, al frente de las fuerzas fusionistas, realizaba una campaña de mucha efectividad. En todo momento mantuvo a la defensiva a los dos contrincantes de los partidos tradicionales. Recorría los barrios pobres y explicaba los remedios que se proponía implantar desde el Ayuntamiento si era elegido alcalde. Para sorpresa de toda la prensa metropolitana y vergüenza de Tammany Hall, los fusionistas triunfaron por una mayoría de más de doscientos mil votos. Y se inició la época de Fiorello La Guardia en City Hall.

El recién fundado Club Hostos fue centro de múltiples actividades. Se organizaron clases de español y de cultura hispánica para jóvenes y niños y se auspiciaron innumerables conferencias. Entre estas últimas, debo mencionar una sobre "Fundamentos de la lucha nacionalista en Puerto Rico", dictada por Filiberto Vázquez, y otra sobre "Literatura rusa hasta la revolución de 1917", dictada por Max Vázquez. Lo cual puede dar idea de los temas en discusión.

También la Junta Nacionalista celebró distintos actos públicos, entre otros, uno relacionado con el Congreso Estudiantil Inter-americano, reunido en Costa Rica. Centro de la actividad fue el informe rendido por el delegado de los estudiantes de Puerto Rico, Francisco Pagán Rodríguez.

Igualmente activa estuvo la Liga Antiimperialista Puertorriqueña. En sus salones habló uno de los más admirados oradores de esta época: el intelectual cubano Leonardo Fernández Sánchez. Disertó en esa ocasión sobre Puerto Rico, discutiendo especialmente el problema agrario en relación con la economía azucarera.

En mayo de 1933 ocurrió el famoso incidente entre el multimillonario John D. Rockefeller y el pintor mexicano Diego Rivera. Este había sido contratado para pintar una serie de murales en Rockefeller Center, por cuyo trabajo se le pagaría una pequeña fortuna. El artista adelantó un plan descriptivo de su proyectada obra y el mismo fue aceptado. Pero he aquí que al quedar terminado su primer mural, Rockefeller puso el grito en el cielo al reconocer la imagen de Lenin extendiendo sus manos para estrechar la de un negro y la de un soldado. Exigió el destacado representante del gran capital norteamericano que se pintara otra cosa, pues, a su juicio, aquello "no era una obra de arte".

Diego se negó, naturalmente. La controversia agitó a toda la ciudad. Se organizó un piquete masivo de protesta frente al Rockefeller Center. Pero el millonario no cedió en su actitud. El mural fue finalmente destruido por el "gran patrocinador de las artes". La digna actitud de Diego Rivera se ganó el aplauso del mundo.

Mientras tanto, la suerte de nuestra isla no parecía haber cambiado con la presidencia de Franklin D. Roosevelt. Todas las expectativas de que con el Nuevo Trato se nombrarían gobernadores de más alta calidad intelectual y administrativa, se estrellaron con la realidad. Quien primero recibió ese nombramiento fue un tal Gore, sólo por su respaldo a la campaña electoral en Florida. A poco de ocupar el cargo, en viaje de visita a su estado, manifestó que Puerto Rico "se arruinaría con la independencia". Con ello perdería la entrada libre de su azúcar a Estados Unidos, y Florida sería la beneficiada, puesto que podría arrebatarle su participación en el mercado azucarero. Por ello invitaba a los hacendados de Puerto Rico a trasladar sus centrales a ese estado. Y no conforme con despotricar en esa forma, sugirió una emigración masiva de obreros puertorriqueños a la Florida. En cuanto a eso último, le salimos al paso en Nueva York, y promovimos también una campaña en Puerto Rico. Esta tuvo eco y la descabellada idea no prosperó.

Otra acción que habría de perjudicar a los puertorriqueños fue la realizada por la esposa del presidente, la señora Eleanor Roosevelt. Tras un sonado viaje a Puerto Rico, en abril de 1934, en un agasajo que le hiciera en Nueva York la Women's Trade Union League, habló de la honda impresión que le había causado la miseria reinante en la isla. Y añadió: "El número de tuberculosos es enorme, al igual que en la comunidad puertorriqueña aquí, en Nueva York... Puede que ninguna de ustedes emplee a una persona de ésas en su casa, pero un hijo nuestro, cuidado con esmero, puede trabar contacto con alguno de esos enfermos en la calle o en la escuela. Y la tuberculosis es una enfermedad sumamente contagiosa..."

Así se expresó la señora Roosevelt, sin mala fe, seguramente con buenas intenciones hacia nosotros, pero los resultados de sus palabras, por lo menos en lo inmediato, no podían ser sino perjudiciales para los puertorriqueños, especialmente los residentes en Nueva York. Miles de nuestros paisanos trabajaban en restaurantes y cafeterías, en contacto con alimentos que se expendían al público. Las posibilidades de empleo en ese sector se harían más difíciles, y también el conservarlos. Más difícil se haría también la vida a las mujeres puertorriqueñas empleadas como domésticas y niñeras. Y así, a la discriminación corriente, se sumaba el peligro de que nuestros paisanos infectaran a la población con la tuberculosis.

"¡Vaya, hombre! Hasta cuando se nos quiere hacer favor, se

nos perjudica a los puertorriqueños..." Eso me dije, y pensé que algo debíamos hacer.

Capítulo XXII

DONDE SE DA EJEMPLO DE COMO A VECES
PERJUDICAN LAS BUENAS INTENCIONES,
Y OTROS SUCESOS

La relación que estableciera entre tuberculosis y puertorriqueños la señora Roosevelt, tras su viaje a Puerto Rico, tuvo
efectos perjudiciales inmediatos. El Departamento de Sanidad
de Nueva York extremó sus exigencias a las pequeñas fábricas
de cigarros en que, como dueños o empleados, trabajaban
muchos paisanos. Numerosas empleadas domésticas perdieron
sus empleos e igual ocurrió en la industria de hoteles y restaurantes. El real o imaginario peligro se utilizó como excusa para
evitar la promoción de obreros puertorriqueños y condenarlos a
la simple labor de lavaplatos.

Nosotros reaccionamos rápidamente contra las palabras
inconsultas de la señora Roosevelt. Ocupaba yo entonces la
posición de director del Club Hostos y presidente de la Liga
Puertorriqueña, y en mi carácter de tal envié a la Primera Dama
un telegrama informándole sobre el resultado funesto de sus
declaraciones. Ella no entendió, o no quiso entender, y en
palabras un tanto coléricas repudió nuestra posición.

La prensa, en Nueva York y en San Juan, tomó nota de
nuestra protesta, tachándonos de "mal agradecidos" por no
apreciar "el gesto generoso de la humanitaria dama". ¡Claro
que ese repudio procedía de personas cuyos hijos no estaban
afectados por las manifestaciones de la esposa del presidente!
Pero no me amilané y envié a la prensa declaraciones en las que,
en parte, decía:

"El cuadro presentado por la señora Roosevelt, en vez de
hacernos favor, nos perjudica... Bien saben los que han estu-
diado las condiciones de pobreza de nuestro pueblo las causas
que la originan... Los hijos de Puerto Rico no estamos aquí por
placer. Vivimos en Nueva York por necesidad. Nuestro problema no se resuelve, como lo ha hecho la señora Roosevelt,

presentando a los boricuas como un grupo racial que padece enfermedades contagiosas, para que los americanos caritativos nos den una limosna, y para que los otros, que son los más, nos insulten...''

Poco más tarde sucedió algo que confirmó, para nuestra desgracia, la apreciación que hiciéramos de las palabras de la señora Roosevelt. Era costumbre de distintas agrupaciones religiosas incluir a niños de la comunidad puertorriqueña en sus campamentos de verano. Alrededor de 6.000 niños puertorriqueños se beneficiaban con una o dos semanas de vacaciones en los campos del Estado de Nueva York. Las iglesias de todos los credos en el Barrio Latino, especialmente, reclutaban a los niños, beneficiándose las familias más pobres. Y esto fue lo que sucedió:

Con fecha 22 de mayo de 1934, el Reverendo Joseph Haviland, quien tradicionalmente enviaba a un crecido número de niños puertorriqueños de su parroquia a los campamentos de verano, recibió la siguiente carta:

"Muy apreciado señor Haviland: Vuestra comunicación de mayo 16, dirigida a la Gould Foundation, ha sido remitida a nuestra oficina, porque nosotros estamos preparando y haciendo arreglos para los acomodos de niños en los campamentos de verano.

"Tengo entendido que la mayoría de vuestros niños son puertorriqueños, y por esta razón, creo que la Gould Foundation no estará en condiciones de aceptarlos este año, porque hemos sido requeridos para que no le enviemos niños puertorriqueños.

"Sinceramente vuestra, Edith May Holmes, Supervisora de Solicitudes.''

La carta procedía nada menos que de la Federation of Protestant Welfare Agencies.

La Liga Puertorriqueña llamó inmediatamente a una gran protesta pública. Y a la reunión de organización de la misma concurrieron representantes de prácticamente todas las agrupaciones sociales, políticas y religiosas del Barrio Latino.

Se acordó dar al acto forma de juicio público en el que los acusados serían la Gould Foundation y las agencias religiosas que en forma tan desconsiderada discriminaban contra los niños puertorriqueños. Con un Park Place repleto de público se inició el proceso, habiéndome tocado a mí actuar de presidente del tribunal. Se comenzó por seleccionar un jurado constituido por 23 delegados de distintas sociedades obreras y religiosas. Se nombró jueces a los distinguidos letrados Jacobo Bohana y H. Tower.

Actuó como abogado defensor de las instituciones acusadas, el licenciado León Abramaguer. El reverendo S. Martínez, de las iglesias hispanas, actuó como *amicus curiae*. Y llevaron el peso de la acusación, actuando como fiscales en nombre de la comunidad puertorriqueña, H. Brideman, Julio Medina y Jesús Colón. Todos los acusados fueron debidamente notificados del proceso e invitados a nombrar sus defensores, si así lo deseaban.

El acto, como se puede imaginar, resultó dramático e interesante. De más está decir que la prueba fiscal convenció al jurado, y también al público, de que había sido "abusiva, discriminatoria y cruel" la actitud adoptada contra los niños puertorriqueños por la Gould Foundation y demás agencias religiosas. Se condenó a tales instituciones a que "se retractaran públicamente de esa actitud viciosa e inhumana y se diera oportunidad a las congregaciones protestantes del Barrio Latino para que enviaran sus niños a los campos de verano, como era costumbre..." Las instituciones condenadas reaccionaron favorablemente y rectificaron su actitud.

Para este tiempo me mudé a un apartamento en el 1644 de la Avenida Park. En el descanso de la escalera de escape, en la ventana de la cocina, el inquilino anterior dejó cinco tiestos de barro con unos troncos marchitos. Como jíbaro que soy, y amante de las plantas, regué los tiestos sin mayores esperanzas de que revivieran. Pero así ocurrió, y a poco tenía cinco preciosas matas que embellecían la ventana de la cocina.

Todos los que visitaban la casa quedaban encantados con lo que yo, hiperbólicamente, llamaba *mi jardín*. La verdad es que no tenía la menor idea de qué clase de plantas eran aquellas. Yo esperaba que algún día florecieran... Lo que sí echaron fueron semillas, algunas de las cuales regalé a visitantes.

Uno de esos visitantes que llevé hasta la cocina para que

admirara mis plantas fue Francisco Colón Berdecía, quien trabajaba en una droguería del Barrio Latino. Cuando las vio, exclamó:

—¿Sabes tú lo que estás cultivando?

Respondí que no tenía la menor idea.

—Pues, te aconsejo que las arranques y las quemes. Eso es *cannabis indica*. O, como la llaman aquí, en el barrio, *la grifa*... ¡Marihuana!

Mi mujer se puso muy nerviosa. Y yo también. En esos días eran frecuentes los allanamientos de morada en busca de la mala yerba. De haber sido yo víctima de uno, ¿a quién diablos iba a convencer de que había cultivado esas plantas en completa inocencia? Seguí el consejo del amigo: las arranqué y les prendí fuego.

Ya para esta época, el comercio de marihuana en Nueva York estaba muy extendido. Además de la yerba importada, se cultivaba en las casas y en los patios. Los traficantes la mezclaban con orégano seco y liaban cigarros y cigarrillos en proporción de tres cuartas partes de orégano y una cuarta parte de marihuana. Este producto "nativo" se vendía más barato que el importado.

Como presidente de la Liga Puertorriqueña y director del Club Hostos, seguí estimulando la organización sindical de los trabajadores puertorriqueños. Pero aunque había interés de parte de éstos, el alto liderato de las uniones de la AFL se mostraba huraño y hostil. Entre las trabajadoras de la aguja surgió un movimiento espontáneo que movió a las obreras puertorriqueñas de la Local 22 de la International Ladies Garment Workers Union a apelar a la más alta dirección, en carta suscrita por 187 miembros, pidiendo se autorizara la formación de una Unión Local de miembros de habla española. Ya antes se había hecho así con las obreras italianas para facilitar su organización. El Consejo Ejecutivo de la Unión Internacional dio veto de bolsillo a la proposición.

Un movimiento espontáneo de organización surgió entre los trabajadores de varias fábricas de envases de cartón, en las que había muchos puertorriqueños. Un paro se inició en una de ellas y la huelga se extendió luego a otras fábricas de la misma empresa. Se dieron numerosos encuentros callejeros entre huelguistas y rompehuelgas. Los obreros de habla española, la mayoría puertorriqueños, quienes constituían más de la mitad de los operarios, se mantuvieron fieles a la huelga. Muchos fueron arrestados y maltratados por la policía. A pesar de ello, la huelga tuvo un éxito relativo.

En enero de 1935 tuvimos noticias de la huelga decretada por los trabajadores de muelles en San Juan. Surgieron, simultáneamente, huelgas en la industria azucarera a través de todo Puerto Rico. En distintos lugares ocurrieron actos de violencia entre trabajadores y guardias al servicio de las empresas. Estas noticias nos movieron a iniciar en Nueva York un movimiento de solidaridad con los huelguistas. A ese fin, formamos un frente unido con la participación de algunos gremios obreros, varias agrupaciones cívicas y la Sección de Harlem del Partido Comunista y la Junta Nacionalista de Puerto Rico en Nueva York. Este movimiento fue significativo por más de una razón: primero, porque representaba un acercamiento entre los nacionalistas puertorriqueños y el movimiento obrero, y, segundo, porque contribuía a superar el encono que la muerte de Feliú había provocado entre nacionalistas y comunistas en Nueva York.

Entre otros actos, organizamos un piquete de apoyo a la huelga frente a las compañías navieras que hacían la travesía entre Nueva York y San Juan. Se enviaron mensajes de protesta a las autoridades en San Juan y en Washington y cartas de solidaridad y respaldo a los obreros en huelga. En distintas barriadas de la ciudad se organizaron comités de socorro para los huelguistas.

Esta labor de masas, en apoyo a las huelgas en Puerto Rivo, tuvo frutos positivos. El acercamiento entre las diversas organizaciones hizo posible una más estrecha colaboración, dando mayor dimensión a la lucha por la independencia de Puerto Rico. Así lo demostró el imponente desfile que tuvo lugar ese mismo año, el 14 de septiembre, por las calles de Harlem y el Barrio Latino. Ese alcance masivo de la demostración se logró por la diversidad de organizaciones que participaron: desde la Sección de Harlem del Partido Comunista, la Junta Nacionalista y la Asociación Pro Independencia de Puerto Rico, hasta los Consejos de Desempleados, la Orden Internacional de Trabajadores, el Centro Obrero Español y la Iglesia Cristiana del Séptimo Día.

El 21 de marzo de 1935 ocurrió una tremenda revuelta en Harlem. La chispa que provocó la violencia fue el arresto de Lino Rivera, un muchacho a quien acusaron de robo en Kress, una tienda localizada en la Calle 125, cerca de la Avenida Lenox. Varias mujeres lo tomaron por un joven negro norteamericano, aunque era puertorriqueño, y salieron a la calle protestando por la forma abusiva en que los guardias privados (blancos, naturalmente) realizaban el arresto. Cientos de personas rodearon a las mujeres y, a medida que crecía la indignación, comenzaron a lanzar ladrillos contra las vitrinas del establecimiento. La violencia callejera se extendió por toda la comunidad prolongándose durante varias horas. Cuando finalmente se restableció la calma, Harlem parecía una ciudad casi en ruinas y en estado de sitio.

El muchacho atropellado por los guardias y el clamor de las mujeres fue como válvula que estalla y hace salir a la superficie todo el dolor y sufrimiento de la población negra. En tan amplio territorio había miles de comercios, todos administrados por blancos. En ninguno, ni en los más grandes ni en los más humildes, se empleaba a una sola persona afroamericana. Prevalecía la más rampante discriminación, y ésta era más abusiva y humillante precisamente por ser Harlem la más populosa comunidad negra de Nueva York. Y esta negativa a emplear negros, aun en los comercios patrocinados por los negros, y cuando prevalecía el mayor desempleo entre los negros, a los que, además, se obligaba a pagar más altos alquileres que a los blancos, hacía más repulsiva la discriminación racial.

Afortunadamente, Fiorello La Guardia era en esos momentos el alcalde de Nueva York. Tan pronto tuvo noticias de la revuelta, se personó en Harlem, refrenó a la policía, que pretendía resolver el problema a toletazo limpio, y reconoció públicamente que los negros eran víctimas de grandes agravios. Improvisó allí mismo un mitin y habló en forma conciliadora, comprometiendo la ayuda del gobierno de la ciudad para resolver los más apremiantes problemas de la población negra: socorro inmediato, empleos, etc. Su rápida acción evitó que se repitieran los actos de violencia.

Esa revuelta del 21 de marzo parece que sembró el pánico entre los administradores de las empresas que funcionaban en Harlem. De ahí en adelante, casi todos los establecimientos comenzaron a emplear negros en puestos menores. Los recién establecidos órganos de socorro *(relief)* reclutaron a investigadores negros, y también el Departamento de Educación y la Policía. Esto lo inició Fiorello La Guardia en su primer período como jefe del Ayuntamiento de Nueva York.

Si algo ha enseñado a los puertorriqueños, incluso a los puertorriqueños blancos, la vida en Estados Unidos, es el reconocimiento de la discriminación. Esta asume las caras más variadas. Una de ellas la mostró, más o menos para este tiempo, la Cámara de Comercio de Nueva York. Con la excusa de que pretendía determinar "el grado de inteligencia" de los niños puertorriqueños, auspició una serie de exámenes experimentales. Después de someter a la prueba a 240 estudiantes, proclamó en los periódicos que los niños puertorriqueños eran "deficientes" y carecían de "madurez intelectual".

Ese "experimento" provocó la protesta de las agrupaciones representativas de la comunidad puertorriqueña. En mensaje enviado a la Cámara de Comercio, sugerimos el nombramiento de un Comité de Maestros, en el que hubiera una representación de nuestra comunidad, para redactar un examen a someter a un grupo igual de niños puertorriqueños y norteamericanos. Estábamos seguros de que los nuestros no saldrían mal parados, en lo que se refiere a inteligencia natural. Pero a juzgar por el poco interés demostrado, la Cámara de Comercio de Nueva York perseguía otros propósitos. Nuestra sugerencia nunca se materializó.

Para esta fecha la comunidad puertorriqueña se había extendido considerablemente. Además del Barrio Latino, en Harlem, habían surgido barriadas densamente pobladas en el Bronx, Washington Heights y en parte de Long Island. Los dueños y administradores de apartamentos oponían viva resistencia a la expansión puertorriqueña. En muchos casos, especialmente en Washington Heights, rehusaban alquilar viviendas a familias procedentes de Puerto Rico. Esto motivó la formación de un Comité de Defensa de Derechos de los Hispanos. Lo integraron, entre otros, los doctores E. Verges Casals, Max Ríos y Vando de León, y los licenciados Enrique Sarabals y Carlos Rodríguez.

En 1935 cumplí cincuenta años de edad. Llevaba casi veinte años en Nueva York. Con mis años de lucha en Puerto Rico bien podía decir que había dedicado no menos de treinta años al afán de *mejorar el mundo*... La verdad es que me sentía cansado, y desde hacía tiempo me roía por dentro el deseo de retirarme al campo y llevar una vida sosegada.

Quise desarrollar un movimiento amplio de educación tomando por base la Liga Puertorriqueña. Alguna labor positiva habíamos realizado. Se mantenían cursos sobre distintos temas políticos y sociales, y especialmente la enseñanza del español. Pero últimamente éstos habían decaído. La organización misma había perdido muchos de sus recursos. La membresía había disminuido y apenas se podía mantener la carga financiera de su programa educativo. Para empeorar la situación, surgieron discrepancias internas que hacían cada vez más borrascosas sus reuniones. Una mal fundada rivalidad comenzó a manifestarse entre los ramales de Brooklyn y de Manhattan. Finalmente, se impuso la división. Y ya para ese entonces, falto de cooperación y viéndome en medio de luchas estériles, opté por renunciar.

Inicié así un nuevo capítulo en mi vida. Había conseguido una casa en un lugar campestre de Long Island y tomé la decisión de trabajar la tierra. Ya se verá cuánto tiempo duró aquel parcial alejamiento de la lucha... Mientras tanto, cambios significativos se estaban operando en la comunidad puertorriqueña en lo que se refiere a la política.

En las elecciones de 1934 un hombre nuevo, de ascendencia italiana, el joven abogado Vito Marcantonio, derrotó a J.J. Lanzetta, quien había arrebatado ese escaño del Congreso de Estados Unidos a Fiorello La Guardia. Este se hallaba ahora al frente del Ayuntamiento de Nueva York, y su antiguo puesto en

Washington, que abarcaba la representación del Barrio Latino, pasó a ser ocupado por Marcantonio. No es exageración afirmar que esto abría una nueva época para la comunidad puertorriqueña en Nueva York.

Capítulo XXIII

VITO MARCANTONIO, "CAMPEON DE LOS POBRES", DEFENSOR DE LOS PUERTORRIQUEÑOS

El 1º de octubre de 1934, en el restaurante Vulcano, en la Calle 116, cerca de la Tercera Avenida, se dio una cena en honor a Vito Marcantonio. Tenía éste 32 años. La cena fue iniciativa de los reverendos Joseph Haviland, Robert McLean, F.B. Aparicio, Arturo Salguero, E. Paz, José Franco, Elías Mason y J. Stark, pastores evangélicos de distintas iglesias radicadas en Harlem. Con ese acto daban testimonio público de su respaldo al joven abogado como candidato al Congreso de Estados Unidos. Tras un momento de oración, el reverendo Haviland, actuando en nombre de todos, bendijo a Marcantonio y lo proclamó "campeón de los pobres".

A los 18 años, cuando todavía cursaba la escuela superior, Vito Marcantonio dirigió una huelga de inquilinos en Harlem. Apenas graduado del Colegio de Leyes, fue jefe de campaña de Fiorello La Guardia. Cuando éste fue desplazado por J.J. Lanzetta, postulándose luego para la alcaldía, Marcantonio decidió reconquistar el antiguo escaño de La Guardia.

Aunque nada había hecho Lanzetta en el Congreso por Puerto Rico y nuestros paisanos, su candidatura fue apoyada por algunos puertorriqueños, entre otros, el doctor Cesteros, Juan I. Matos, Laura Santiago, el doctor Antongiorgi y el licenciado Pesquera. Representaban éstos a la pequeña élite profesional y burguesa. El respaldo de Marcantonio provenía de las agrupaciones del Barrio, las pequeñas iglesias, los obreros y alguno que otro intelectual izquierdista.

A pesar de la oposición del viejo liderato, Marcantonio ganó la postulación del Partido Republicano y se lanzó a una batalla abierta contra Tammany Hall. Contaba con el apoyo entusiasta de La Guardia y de su Partido Fusionista, y conquistó el escaño por el Distrito Congresional Núm. 20, tras enconada batalla, por una mayoría de 247 votos.

Desde su primer día como congresista, Marcantonio se impuso una tarea de trabajo digna de un coloso. Sus oficinas y cuarteles de campaña, situados en el 247 Este de la Calle 116, estaban prácticamente llenos de gente a toda hora. Se oía hablar en no menos de seis idiomas: italiano, español, polaco, hebreo, húngaro, inglés... Eran hombres y mujeres, jóvenes y viejos, con problemas de ciudadanía, de salud y beneficencia pública, de accidentes, de inquilinato, de inmigración y de las mil y una preocupaciones que agobian a los pobres. Y allí estaba Marcantonio con sus secretarios, cada uno de distinto origen nacional, como campeón de todos, ayudando a la solución de esos problemas.

Aun en los días más azarosos de sesión parlamentaria, Marcantonio no dejaba de viajar de Washington a Nueva York, y hasta sábados y domingos se hallaba al servicio de sus electores. Tuvo siempre la más activa participación en los debates del Congreso, y el mejor récord de asistencia. Sin embargo, para él no había problema humano pequeño. Vaya este testimonio como ejemplo.

Una noche me abordó en la calle una muchacha. Como era joven y puertorriqueña, y la noté tan flaca, no pude menos que compadecerme de la que, a ojos vistas, tenía muy poca experiencia como prostituta. Entablé conversación con ella, y aunque ignoro los cuentos que forman parte de esa vieja profesión, me sonó demasiado real el suyo. Cuando le pregunté por qué no había solicitado el *relief*, respondió:

—Hace más de seis meses que llené los papeles y todavía ni siquiera han ido a investigar.

Como me había informado que vivía con la madre, enferma, hice que me llevara a su casa. Subimos por una escalera pestilente, medio en ruinas. El edificio no tenía calefacción ni agua caliente. En los apartamentos no había cuarto de baño. Los inquilinos debían servirse de un inodoro que había en el pasillo y que nada tenía de inodoro a juzgar por la peste a excreta debida a las cañerías rotas. El aspecto general era de pura gusanera.

Había dicho verdad la incipiente ramera. De hecho, se había quedado corta, pues en ningún momento mencionó a un hijo suyo de pocos años. Lo hallamos jugando con unas barajas sucias cuando entramos a su apartamento. Este consistía solamente de una salita y cocina relativamente limpias. En un camastro pegado a la pared reconocí a una mujer, más bien un montón de huesos, cubierta por unas mantas raídas. Me dijo que era su madre, y la mujer hizo esfuerzos por incorporarse, pero no pudo.

Le dejé un dinero para que comprara algún alimento y salí con el corazón destrozado y lleno de rabia.

Al día siguiente fui a ver a Marcantonio y le relaté lo que había presenciado. No me dejó terminar y, tomando el gabán que colgaba del espaldar de una silla, me hizo que lo acompañara a la oficina de asistencia pública. Entró allí como un basilisco y se sentó en una silla al lado mismo del jefe, diciendo:

—De aquí no me voy hasta que se me designe un investigador para que vea el caso de una mujer que lleva seis meses esperando auxilio.

El burócrata pidió la planilla que había sido llenada por la mujer. La sacaron del archivo y los tres leímos una nota que decía: "Rechazada después de investigada. Peticionaria tiene medios de vida".

Marcantonio estalló de indignación. Se vio claro que ni siquiera se había investigado a la familia. Y escamado, el jefe de oficina, temeroso del escándalo, designó a una joven investigadora para que estudiara el caso.

No le bastó eso a Marcantonio. El mismo, personalmente, subió al apartamento y permaneció allí hasta que la funcionaria escribió y firmó su informe y recomendación. A la semana siguiente comenzó a recibir el *relief* la mujer... Por cierto, vaya esto como nota curiosa: la mujer reencauzó su vida y años más tarde vivía como una madre ejemplar.

Al igual que esta mujer había miles de casos, en apremiante necesidad de ayuda, que no se atendían. Los piquetes de protesta y las manifestaciones ante las oficinas de beneficencia pública se sucedían casi todos los días. Como medida de represión, a mediados de 1935 se inició un movimiento que perseguía la "deportación" de todas las personas con menos de dos años de residencia en Nueva York, que estuviera recibiendo el *relief*.

Implícitamente, la medida estaba dirigida contra los puertorriqueños.

Marcantonio asumió la dirección de la protesta. Se apeló al alcalde La Guardia y éste ordenó una investigación que sacó a luz el escándalo: cientos de empleados públicos se apoderaban de dinero destinado a los pobres, cuando no desviaban esos recursos para beneficio exclusivo de ciertos grupos privilegiados, en perjuicio de negros y puertorriqueños. Estas denuncias y esta continua defensa de los puertorriqueños y de los sectores más empobrecidos de Nueva York, ganó a Vito Marcantonio el odio de toda la reacción.

Años más tarde, no había campaña electoral en que no se agitara la acusación absurda de que miles de nuestros paisanos eran especialmente traídos de Puerto Rico sólo para que votaran por Marcantonio. Así de estúpida es la propaganda antipopular y antiobrera. Pero, corrijo: no es que sean estúpidos los originadores de esas campañas chauvinistas y discriminatorias. ¡Bien saben lo que hacen y quién paga sus plumas prostitutas!

Para esta época se inicia en la gobernación de Puerto Rico el general Blanton Winship, otro desgraciado nombramiento del presidente Roosevelt. La mayoría legislativa estaba dominada por la coalición del Partido Republicano y el Partido Socialista. El Partido Liberal, heredero de la tradición sentada por el Partido Unionista de Muñoz Rivera, aunque con mayor apoyo electoral, como partido sólo era, sin embargo, la minoría. Luis Muñoz Marín había asumido la dirección de *La Democracia*, en San Juan, y en las elecciones de 1936 fue elegido senador por el Partido Liberal.

Cierra el cuadro el Partido Nacionalista, ahora bajo la dirección de Pedro Albizu Campos, quien desde el momento mismo de asumir la presidencia, impuso una estrategia de lucha abierta contra el régimen colonial. El confrontamiento no se hizo esperar, culminando con el proceso del liderato del Partido Nacionalista en la Corte Federal, en San Juan. El 31 de julio de 1936, Pedro Albizu Camos, Juan Antonio Corretjer, Erasmo Velázquez, Clemento Soto Vélez, Juan Gallardo Santiago, Julio H. Velázquez y Luis F. Velázquez fueron sentenciados a penas de seis a diez años de prisión.

La comunidad puertorriqueña de Nueva York se llenó de ira al conocer la noticia de la condena. En todas las barriadas surgieron, casi espontáneamente, actos de protesta. Prácticamente todas las agrupaciones existentes en esa época se sumaron a la lucha en favor de los presos políticos. Vale apuntar, entre otras, la Mutualista Obrera Puertorriqueña, las Secciones de Harlem del Partido Comunista, el Centro Obrero Español, la Unión Industrial de Tabaqueros y el Comité Contra el Fascismo y la Guerra. La Junta Nacionalista en Nueva York recibió innumerables testimonios de adhesión.

En la Calle 113, entre las Avenidas Mason y Quinta, se celebró un gran acto con la participación de Vito Marcantonio. La multitud aplaudió delirantemente el texto de un telegrama, dirigido al presidente Roosevelt, demandando la libertad de los presos nacionalistas y exigiendo que pusiera fin "a las medidas despóticas del gobernador Winship". En ese mismo acto Marcantonio anunció que presentaría, y así lo hizo poco después, un proyecto de ley concediendo la independencia a Puerto Rico.

Poco antes de esos sucesos, el 27 de mayo de 1936, se reunió en Nueva York un Congreso Pro Convención Constituyente de la República de Puerto Rico. Lo integraron 51 delegados en representación de 23 agrupaciones puertorriqueñas de la ciudad.

A principios de agosto, con una concurrencia de miles de personas sumamente exaltadas, se celebró un acto en el Park Palace. Este tuvo lugar al conocerse la confirmación de la sentencia de prisión contra el liderato nacionalista. Los mensajes dirigidos al presidente Roosevelt, a los líderes congresionales y al gobernador Winship, aprobados por aclamaión, subrayaban: "Demandamos la libertad inmediata de los presos políticos... Si no se le da la independencia a Puerto Rico, la tomaremos".

Pocos días después se celebró otro acto, esta vez al aire libre, en la Calle 113, entre las Avenids Madison y Quinta, con una enorme concurrencia. Entre otros, hablaron Gilberto Concepción de Gracia y Vito Marcantonio. Este último manifestó: "El proceso de Albizu y sus compañeros de ideales fue de tipo inquisitorial. Nunca se había visto semejante atropello en la historia judicial de este país. Ese proceso constituye una página negra que llenará de vergüenza a las generaciones futuras de nuestro pueblo. Los gobernantes de nuestra Nación en esa isla han procedido más criminalmente que los representantes del Imperio Romano en el mundo colonial de su tiempo. Los hombres que amamos la justicia y creemos de veras en los principios democráticos de gobierno no podemos cerrar los ojos, con indiferencia, ante hechos tan crueles. Tenemos que protestar airados contra esa horrorosa mancha de sangre que es baldón ignominioso para el pueblo americano. Dondequiera que haya un americano amante de la justicia, debe protestar ardorosamente contra ese bandolerismo que atropella los derechos inalienables del pueblo de Puerto Rico''.

A pesar de su defensa en favor de los desposeídos de fortuna, Vito Marcantonio fue derrotado en su segunda campaña electoral. J.J. Lanzetta le arrebató el escaño. Y se explica: la candidatura de Marcantonio aparecía en la columna del Partido Republicano, que en Nueva York es baluarte de lucha contra la corrupción de Tammany Hall, maquinaria del Partido Demócrata. Las elecciones de 1936 fueron la apoteosis de Franklin D. Roosevelt como líder del Nuevo Trato, y en su arrolladora victoria llevó consigo, generalmente, a todos los candidatos de su partido, entre ellos a Lanzetta, en Nueva York.

Pero esta derrota no apartó de la lucha a Vito Marcantonio. Por el contrario, se lanzó a la campaña con mayor ardor. Se afilió al recién constituido American Labor Party, presentándose, al mismo tiempo, como candidato en las primarias del Partido Republicano. De nuevo, contra la oposición del alto liderato, ganó la postulación, apareciendo en la papeleta como candidato de ambos partidos. Recuperó así su escaño en las elecciones congresionales de 1938.

En las elecciones de 1940 se postuló como candidato del American Labor Party con el apoyo del Partido Republicano y ganó nuevamente. En las siguientes elecciones, en 1942, el liderato republicano le negó su apoyo. En esta ocasión peleó la nominación tanto en el Partido Republicano como en el Partido Demócrata, y triunfó en ambas primarias. Pero en Washington siempre se identificó como representante del American

Labor Party.

Para las elecciones de 1944, conservadores y reaccionarios de los dos partidos tradicionales se unieron en una campaña vil para derrotar a Vito Marcantonio. Parte de la confabulación fue la alteración de los límites de su distrito congresional, el cual extendieron desde la Calle 59 hasta la Calle 99. El nuevo territorio estaba densamente poblado por alemanes e irlandeses. Se esperaba que estos electores fueran hostiles a los tradicionales núcleos que formaban la base de apoyo a Marcantonio entre italianos, negros y puertorriqueños. No ocurrió así.

El activo "campeón de los pobres", como le llamaron los humildes pastores evangélicos de Harlem al inicio de su carrera política, redobló sus esfuerzos. Un centro adicional de campaña, siguiendo los mismos métodos, se inauguró en el 1484 de la Primera Avenida, cerca de la Calle 77, y no tardó en igualar, en afluencia de gente, a los cuarteles generales en Harlem. Y a pesar de todas las maniobras en contrario, Vito Marcantonio fue devuelto al Congreso por el pueblo en las elecciones de 1944.

En las siguientes elecciones la lucha de Marcantonio por retener su escaño en el Congreso atrajo la atención de todo Estados Unidos. El activo y audaz congresista se había ganado la admiración de la opinión pública progresista de la nación. Pero su lucha por las más avanzadas medidas del Nuevo Trato, sus combates contra la discriminación racial, por mayores oportunidades de educación para negros y minorías nacionales, y por la paz mundial, le ganaron igualmente el odio de los reaccionarios. A pesar de todo, volvió a ganar en 1946.

Muchos pensaban que era cosa de milagro que Vito Marcantonio lograra alcanzar tamañas victorias frente a enemigo an poderosos. No había tal. Lo que sí había era mucho respaldo popular ganado a fuerza de trabajo consecuente y de una defensa incansable de los pobres. Para ilustrar lo que quiero decir al hablar de trabajo, está en orden relatar una experiencia que oí de labios de Juan Emmanuelli.

Juan llegó a Nueva York desde su pueblo de Coamo, Puerto Rico, y al cabo de un tiempo ingresó en el Partido Comunista de Estados Unidos. Fue funcionario de ese partido y, como tal, organizador de la Sección Comunista en el Barrio Latino. Para esa época, el Partido Comunista tenía en Harlem gran influencia y sus dirigentes locales, negros y puertorriqueños eran figuras destacadas en la comunidad. De más está decir que participaban activamente en las campañas de Vito Marcntonio.

Vale aclarar que Vito Marcantonio, a pesar de las acusaciones en ese sentido, no creo que fuera nunca, formalmente, miembro del Partido Comunista. Fue lo que exactamente decía ser: líder del American Labor Party, instrumento político mucho más amplio que aquél. Pero, aun en los momentos más álgidos del rampante anticomunismo, no se identificó nunca con posiciones anticomunistas ni para conservar su alto puesto en el Congreso de Estados Unidos. De hecho, sus puntos de vista coincidían en todo momento con la línea general sustentada por los comunistas, por lo que, para todos los efectos, como no perdía oportunidad en señalar la reacción, era lo mismo. ¡Viene la anécdota!

En una de las campañas electorales interesaba Marcantonio que se hiciera llegar un mensaje, suscrito por él, a los electores de su Distrito Congresional. El tiempo apremiaba, y allí estaba el propio Marcantonio en sus cuarteles de campaña, estimulando a los que ayudaban voluntariamente, sin paga, en el engorroso trabajo de dirigir y pegar sobres. Juan Emmanuelli supervisaba la operación y, ya de madrugada, le dijo Marcantonio:

—Yo me retiro a descansar. Pero hay que echar al correo esos mensajes antes de que amanezca.

Juan respondió que podía irse seguro de que así se haría.

El trabajo tomó todavía más de una hora. Al cabo de ese tiempo, recogió todos los sobres y marchó en dirección a un buzón cercano. Cuando se acercó con intención de depositar la correspondencia, vió que había un hombre sentado en el borde de la acera, recostado en el poste del buzón, medio adormilado. Lo reconocí: era Vito Marcantonio, quien se incorporó inmediatamente y exclamó:

—¡Quería cerciorarme de que esos mensajes salían ahora mismo!

La reacción no desistió de su intención de sacar a Vito Marcantonio del Congreso. Recurrió a una nueva maniobra.

Esta vez la Legislatura de Nueva York aprobó una ley que obligaba a todo candidato que deseara participar en unas primarias de partido a tener la aprobación del cuerpo dirigente del mismo. El propósito era claro: evitar que Marcantonio se postulara en las primarias del Partido Republicano y del Partido Demócrata.

Y a pesar de eso, y de la virulenta campaña de ambos partidos, respaldada por casi toda la prensa, Vito Marcantoni logró apuntarse un triunfo más, esta vez como candidato únicamente del American Labor Party. Hizo falta una coalición reaccionaria todavía más inescrupulosa para lograr la derrota del "campeón de los pobres"... Pero me he adelantado a los acontecimientos. Volvamos al 1936.

Capítulo XXIV

FINES DE LA DECADA DEL 30: ESPAÑA Y OTROS SUCESOS QUE PRECEDEN A LA SEGUNDA GUERRA MUNDIAL

Si los graves sucesos de Puerto Rico a mediados de la década del treinta conmovieron a la comunidad puertorriqueña en Nueva York, casi puedo afirmar que igual efecto causaron los sucesos de España. Me refiero, claro está, a la rebelión de los generales. La causa de la República Española fue sentida como propia.

El pueblo democrático de Estados Unidos se colocó al lado del pueblo español en armas. Cientos de jóvenes, de todos los orígenes nacionales, manifestaron su deseo de incorporarse a las milicias populares. Este fue el origen de la Brigada Abraham Lincoln, que tanto se distinguió en España, y en la que peleó un buen número de puertorriqueños. Allí cayeron nuestros compatriotas Jorge y Pablo Carbonell, entre otros muchos héroes, los primeros combatientes de la causa antifascista. En Nueva York se sucedían los actos de solidaridad con la República Española y contra la intervención de Hitler y Mussolini.

A pesar de la heroica lucha del pueblo español, la situación del gobierno de Madrid se hacía cada día más difícil. Tocó al Congreso de Estados Unidos asestar a la República Española un golpe fatal: el 6 de enero de 1937 se decretó el Embargo de Armas que congelaba todos los envíos a la zona de guerra. Mientras los generales traidores recibían armamentos y tropas de Italia y Alemania, los gobiernos democráticos del mundo, primero con la hipócrita declaración de no intervención y luego con el Embargo de Armas, desarmaban al pueblo frente a la agresión conjunta de falangistas españoles, fascistas italianos y nazis alemanes.

A principios de año circuló en Nueva York una hoja impresa, firmada por Pablo Casals, en la que decía, en parte: "El pueblo de España no tiene culpa alguna de la guerra provocada por los militares... No puedo ser neutral en este conflicto. Nací del pueblo, estoy y siempre estaré con el pueblo... Aparte de mi preocupación artística, mi espíritu es profundamente democrático y ni el dinero ni el éxito lograrán cambiarme. Nunca olvidaré mi humilde cuna que me une a mi pueblo. Compadezco a los que se avergüenzan de su pasado, de su raza y de su patria. Ejemplo tan vergonzoso no debe seguirse. Nunca traicionaré a mi pueblo, ni a su causa, que es sagrada y justa...''

Al igual que el ilustre músico catalán, los artistas e intelectuales del mundo manifestron su apoyo solidario a la causa del pueblo español. En Nueva York se organizaron innumerables actos de protesta contra el Embargo de Armas. Uno de los más importantes se celebró en Palm Garden con Juan Marinello, el brillante escritor cubano, como orador principal. Fue la primera vez que tuvimos la oportunidad de oírle. Poco después, en el Club Julio Antonio Mella, en Harlem, Marinello dictó una conferencia sobre Maceo, el gran combatiente de la independencia de Cuba.

La lucha por la organización sindical de los trabajadores puertorriqueños continuaba. Para este tiempo tuvo gran resonancia una huelga en una fábrica de aparatos eléctricos en el Bronx. Ocurrieron violentas refriegas entre huelguistas y esquiroles, estos últimos protegidos por la policía. Numerosos huelguistas fueron arrestados, entre ellos Olimpia Méndez, una de las directoras del Comité de Organización Industrial (CIO). Se le acusó de arrojar pimienta molida a los ojos de un guardia que la atropellaba.

Mientras tanto, el Comité Pro Presos Políticos continuaba en campaña por la libertad de Pedro Albizu Campos y demás líderes nacionalistas. En medio de ese ambiente, llegó a Nueva York la noticia de la Masacre de Ponce, el 21 de marzo de 1937. Inmediatamente circuló en toda la comunidad puertorriqueña una indignada protesta suscrita por Vito Marcantonio, Gilberto Concepción de Gracia y J.M. García Casanova. La noche siguiente una multitud de puertorriqueños airados llenó el Park Palace. El acto fue presidido por Erasmo Vando. Hablaron, además de Concepción de Gracia y de Marcantonio, A.R.

Newhoff, R. Boneta, Filiberto Vázquez y José Santiago, este último destacado dirigente comunista puertorriqueño en Harlem.

Desde La Fortaleza, el Gobernador Winship pretendía hacer pasar a las víctimas por victimarios. El fiscal a cargo de la investigación, Rafael Pérez Marchand, renunció porque "no se le dejaba mano libre para investigar las causas del motín..." Fue la calificación que dio a la matanza la policía. La carta de renuncia de Pérez Marchand continúa, en parte: "El Procurador me dio órdenes para que diera preferente atención a nuevos arrestos de los jóvenes y personas que en mi opinión legal habían participado en el motín y que no arrestara a otro policía sin previa orden, hasta que se hubiera cumplido con los nuevos arrestos indicados. En cuanto a esta norma de conducta a seguir, no estuvimos de acuerdo el Procurador y yo, y desde luego, teniendo disparidad de criterio, él y yo, en este Departamento, no puedo seguir trabajando así... Y por eso renuncio".

La actuación arbitraria de fiscalía quedó demostrada en la investigación realizada por la Civil Liberties Union, bajo la dirección de Arthur Garfield Hayes. Su informe, suscrito por los directores de los diarios de Puerto Rico, descarta la calificación de "motín" y afirma que lo ocurrido en la esquina de las calles Aurora y Unión, en Ponce, fue "un asesinato en masa, cometido con premeditación y alevosía por parte de los guardias de orden público". Y acusa al Gobernador Winship de negar las libertades civiles a los puertorriqueños, "excediéndose arbitrariamente en las funciones de la gobernación".

Este informe, verdadera acta de acusación contra el General Winship y su régimen en Puerto Rico, fue leído en un acto celebrado en el Park Palace, el 30 de junio de 1937. Presidió el acto el propio Presidente de la Unión de Libertades Civiles de Estados Unidos, Roger Baldwin, quien manifestó, después de la intervención de Arthur Garfield Hayes: "La policía fue la única culpable del llamado motín. El Gobernador Winship es responsable por los 21 muertos y por los 100 heridos del Domingo de Ramos, en Ponce".

Por primera vez un puertorriqueño fue elegido a la Asamblea Legislativa del Estado de Nueva York: Oscar Rivera García. Fue postulado por el Partido Republicano, pero lo respaldó el American Labor Party y los fusionistas de Fiorello La Guardia. También tuvo el apoyo de puertorriqueños afiliados al Partido Demócrata, quienes constituyeron un comité formado, entre otros, por José Cabán Soler, Ramiro Medina, Bienvenido Durán y Gaspar Delgado.

Para este tiempo se publicó en Nueva York la noticia de la separación de Luis Muñoz Marín del Partido Liberal y de la creación de un nuevo movimiento denominado Acción Social Independentista. Esta agrupación, ASI, fue la matriz del Partido Popular Democrático.

En enero de 1938 estalló en San Juan y se extendió por todos los puertos de la Isla una huelga de trabajadores de muelles. Esta huelga tuvo gran significación: primero, porque los marinos a bordo de los barcos, organizados por la National Maritime Union, filial del CIO, le dieron su incondicional apoyo, y segundo, porque nuevos elementos, identificados con el Partido Comunista Puertorriqueño, comenzaron a destacarse en el movimiento obrero. En solidaridad con la huelga, se creó en Nueva York un comité integrado por Manuel Ortega, Harry de la Cruz, Joaquín Rosado, Aracelio Pagán , Juan N. Maissonet, Consuelo Marcial, José Martínez, Homero Rosado, Juan Emmanuelli, J. Enamorado Cuesta, A. Pacheco Padró y G. Concepción de Gracia.

Por iniciativa del director del diario *La Prensa*, José Camprubí, de nuevo se comenzó a trabajar por la unión de las organizaciones puertorriqueñas en una alianza representativa de toda la comunidad. Impulsaron la idea, entre otros, el legislador Oscar García Rivera, J.M. Vivaldi, J. Cabán Soler, César G. Torres y Laura Santiago. Tras una serie de reuniones, se constituyó la Confederación de Sociedades Puertorriqueñas bajo la presidencia de J.M. Vivaldi, con los vicepresidentes Tomás Gares, José Santiago, García Angulo, Laura Santiago y Angel Vidal. Entre otros, fueron designados miembros de su Junta de Directores Isabel O'Neill, Vicente Medina y Gregorio Domenech.

La campaña a favor de la República Española, contra el Embargo de Armas, culminó con un gran acto en el Madison

Square Garden. En el mismo hablaron los dirigentes españoles Juan Negrín, José Bergamín y Carmen Meana. Se aprobaron mensajes dirigidos al Presidente y al Congreso de Estados Unidos demandando la derogación del Embargo de Armas. Además de lo recogido en taquilla, la colecta del público alcanzó a más de 20.000 dólares. Vale señalar, por cierto, que los obreros puertorriqueños no escatimaron su apoyo económico a la heroica lucha del pueblo español.

Con motivo de hallarse en Nueva York una delegación de España, se organizó un desfile en el Barrio Latino. La manifestación, que recorrió las calles de Harlem, fue una de las más nutridas efectuadas hasta entonces. Culminó con un mitin frente al Park Palace, en el que hablaron Frank Quintana, Juan Emmanuelli y Gilberto Concepción de Gracia.

El 10 de junio de 1938 fue fecha de luto para los puertorriqueños, aun cuando la generalidad de nuestros paisanos no se percataran de ello. Ese día falleció un hombre a quien Puerto Rico le debe reconocimiento, y más aún la comunidad puertorriqueña en Nueva York. Me refiero a Arturo Alfonso Shomburg, quien vio la luz en San Juan el 24 de enero de 1874. Fueron sus padres Carlos y María Josefa Shomburg, antiguos residentes de Cangrejos, nuestro populoso Santurce de hoy.

Durante su infancia, la única escuela a que asistió Arturo Alfonso fue el Instituto de Párvulos, de los Padres Jesuitas, en San Juan. No permaneció allí mucho tiempo. Hasta donde se sabe, se educó a solas, por su cuenta. Pero desde niño se relacionó con tabaqueros, y de éstos recibió las primicias de su educación.

A los 17 años partió de Puerto Rico y se radicó en Nueva York. Trabajó como mensajero en un bufete de abogados. En sus horas libres daba clases de español. Como mensajero también trabajó en un banco. Pero aquí llegó a ser jefe del personal subalterno. En 1896 logró una posición de maestro de español en el sistema de instrucción pública.

Hasta la guerra hispano-americana vivió en la comunidad puertorriqueña. Luego se trasladó definitivamente a la barriada de los negros norteamericanos. Por esto algunos de los puertorriqueños que le conocieron llegaron a pensar que renegaba de su patria distante. No es verdad. Siempre mantuvo un gran cariño por Puerto Rico. Pero su interés por la historia del negro, sus orígenes africanos y sus contribuciones en América, lo llevaron a identificarse íntimamente con el pueblo negro de Estados Unidos.

De que Shomburg mantuvo siempre un interés en Puerto Rico lo demuestran las muchas veces que recurrió a la prensa en su defensa. La polémica en *The Globe*, en 1904, a la que hicimos referencia en otra parte de estas memorias, es un ejemplo. Para esa época, ya se había alejado de la comunidad puertorriqueña y vivía en el barrio negro de Nueva Jersey. Gozaba de gran prestigio en el movimiento cultural y progresista. Estaba concentrado en el estudio de la historia y sus contribuciones en ese campo le valieron, en 1922, la presidencia de la American Negro Academy.

En 1924 partió para España, y en el Archivo de Indias, en Sevilla, descubrió un caudal de datos sobre la participación de los negros en la conquista y colonización de América. Entre sus muchos descubrimientos, relata cómo el primer Obispo de Panamá fue un negro; cómo uno de los batallones del General San Martín, en la Batalla de Maipú, estaba formado por negros; cómo el famoso latinista de la Universidad de Granada, Juan Latino, era negro... Otros muchos datos significatvos sobre Haití y el papel de los negros en la historia de nuestro hemisferio, los dio a conocer Shomburg en Estados Unidos.

Pacientemente, en el curso de su vida, Shomburg reunió un valioso archivo de documentos y una rica biblioteca. Por sus méritos, la Universidad de Fisk lo nombró Director de su Departamento de Estudios y Archivos en 1930. Parte de su biblioteca se conserva en la Biblioteca Pública de Nueva York, en su ramal localizado en la Calle 136, cerca de la Avenida Lenox, y se conoce como Colección Shomburg.

Shomburg fue un escritor fecundo. Dedicó brillantes ensayos a Máximo Gómez, Antonio Maceo y a Plácido, el malogrado poeta cubano: Gabriel de la Concepción Valdés. El estilo de su inglés refleja su alma y su cultura hispanolatina. Conservó su forma impecable de escribir en español. Colaboró en muchos periódicos de Estados Unidos y del extranjero, entre otros, *The Crisis, American Review, African Times* y *Orient Review.*

Vaya este recuerdo como humilde reconcimiento a Arturo Alfonso Shomburg, aquel jovencito imberbe que en abril de 1891 fue recomendado por un tabaquero de San Juan a Flor Baerga, quien le tendió la mano como puertorriqueño, en Nueva York. Llegó aquí como emigrante y legó una rica obra a nuestros paisanos y a los norteamericanos negros: ¡magnífico ejemplo de identidad de pueblos oprimidos!

Si duro, en más de un aspecto, fue el 1938, más lo fue el 1939 para todo el pueblo progresista. Fueron éstos los años de ofensiva de las potencias nazifascistas en Europa, y del militarismo japonés en Asia. El 26 de enero de ese último año, las tropas de Franco ocuparon Barcelona y el Ejército Republicano retrocedió hasta refugiarse en Francia. Todavía Madrid resistió dos meses más, pero el 29 de marzo capituló y con él los últimos vestigios de la República Española. Con la caída de este heroico baluarte del antifascismo, parecieron extinguirse las esperanzas de los pueblos democráticos y progresistas del mundo.

El retiro de las Brigadas Internacionales, supuestamente como condición para el retiro de la ayuda militar alemana y las fuerzas armadas italianas, no mejoró la situación internacional del Gobierno Republicano. Alrededor de 3,000 latinoamericanos fueron milicianos voluntarios en España, entre éstos, unos 300 puertorriqueños de Nueva York y del propio Puerto Rico. Valdría la pena comprobar este último dato.

La caída de la República Española preparó el camino para la Segunda Guerra Mundial.

En Puerto Rico, el nuevo movimiento acaudillado por Luis Muñoz Marín despertaba las esperanzas del pueblo. La Acción Social Independentista se transformó rápidamente en el Partido Popular Democrático con el perfil de un jíbaro y su pava como insignia y, bordeando la misma, la consigna *Pan, Tierra y Libertad.* Muñoz Marín había iniciado su recorrido por los campos, internándose hasta los más apartados barrios rurales, hablando con la gente, tomándole el pulso al pueblo, explicando los problemas, realzando el valor del voto. Nadie, para ese entonces, vislumbraba que aquello sería el comienzo de una nueva época para nuestro país.

Mientras tanto, Pedro Albizu Campos seguía preso en Atlanta. Basándose en informes que recibía, hizo llegar a Nueva York su discrepancia con las actuaciones de algunos líderes de la Junta Nacionalista. Poco después don Pedro les retiró la confianza a los licenciados José Toro Nazario y Gilberto Concepción de Gracia y a Lorenzo Piñeiro. Estos renunciaron a sus puestos dirigentes, a pesar de que la Junta Nacionalista de Nueva York les dio un voto de confianza. Como resultado, poco después se formó la Asociación Pro Independencia.

En septiembre las hordas de Hitler invadieron a Polonia. Francia e Inglaterra se vieron envueltas en la guerra. El Presidente Roosevelt solicitó al Congreso la derogación del Embargo de Armas. Estados Unidos aún permanecería al margen del conflicto por algún tiempo, pero la suerte ya estaba echada.

Cabe apuntar que en diciembre de ese mismo año de 1919 murió en Washington Santiago Iglesias. Su cadáver fue traído a Nueva York, de paso a San Juan. Distinguidas personalidades le rindieron homenaje aquí, pero de sus antiguos camaradas el único que vi en el acto fue J.M. Vivaldi.

En el curso de estos últimos años había vivido yo en mi campito de Long Island. Distintas familias puertorriqueñas vivían en Elmont, Babylone, Floral Park, Smithtown, etc. Por cierto, los fines de semana sufrían de las pécoras, familiares o parientes, y hasta desconocidos, que viajando en su carrito viejo, se venían a pasar el día en las casas de campo, con invitación o sin ella. Bastante jeringa de esa clase tuve que soportar de personas que accidentalmente había conocido en alguna reunión o mitin. No porque sean paisanos hay que disimular el hecho de que esa clase de gente turba la tranquilidad de estos pueblitos con su alborotos infantiles y su descuido —tirando latas vacías de cerveza por las calles—, lo que nos gana mucha mala voluntad. ¡Hay que aprender a convivir!

Pero aparte del montón de *cacheteros* imprudentes, muchos fueron los días agradables que pasé allí, al aire libre en los días de calor, con verdaderos amigos y camaradas. Para Navidades y Reyes, tenía lechón asado y demás golosinas nuestras. Mi casa era un rincón de Puerto Rico, a pesar de la nieve.

Por lo demás, la vida era sumamente tranquila. Cultivaba mi huerto, en el que sembré frutos tropicales, aunque no se dieran, o se dieran apenas, además de las legumbres propias del clima, y criaba mis pollos y gallinas. Pero un día me cansó la tranquilidad, volvió a inquietárseme la sangre... ¡La vida (y la lucha) en la ciudad me llamaban!

SEXTA PARTE

A mediados de siglo

Capítulo XXV

BERNARDO VUELVE A LAS ANDADAS RESUELTO A ENFRENTARSE A NUEVOS ENTUERTOS

En las Navidades de 1939 volví a Nueva York. Conservaría la casa en el campo, pero me radicaría en la ciudad. Volvería a deshacer entuertos y a pelear por lo que la gente sensata considera utopías. Como promesa de Año Nuevo adopté la resolución de abandonar mi paraíso de pollos y legumbres y volver a meter el hocico en los problemas de mis paisanos. Sentía hambre de discusiones, de empeños y de bullas. Nueva York me esperaba.

Eso de que me esperaba es un decir. Pero tenía no pocas invitaciones para El Chico, el Havana-Madrid, el Casino Cubano... Me decidí por nuestra gente, y pasar la noche entre compañeros tabaqueros, comiendo pasteles y cuchifritos, mojándolos con *vino de la bañera.*

La fiesta por la que me decidí se celebró en el número 1 de la Calle 3, al este de la ciudad. En ese edificio vivía para esa época Quisqueya, la hija de Pachín Marín. Entre los asistentes recuerdo a Sandalio Marcial, Concepción Gómez García, José María Dieppa, Eduvigis Cabán, Valentín Flores, Lupercio Arroyo, Juan Rovira, Arcadio García, todos puertorriqueños. También estaban presentes los cubanos Generoso Reyes y Julio Velázquez. Había otros, casi todos tabaqueros, de los que quedaban vivos del grupo que arribó a Nueva York en los primeros años de este siglo.

Aunque haya quien no lo crea —los tabaqueros tuvieron fama de grandes bebedores—, sólo uno cuantos le dimos fuerte al licor esa noche. La mayoría eran enemigos de la bebida. Eso sí, todos comieron a más no poder. A pesar de los años en Nueva York, no había quien dejara pasar el azafate de los tostones y de los cuchifritos. Y de las morcillas, pasteles y lechón asado, ni hablar. La conversación giró sobre los mismos temas de medio siglo antes.

Hablamos de la lucha de los sindicatos, del problema de las viviendas, de los prejuicios raciales, del socialismo, del anarquismo, del régimen colonial en Puerto Rico... Observé un cambio ideológico: los que habían pertenecido a grupos radicales, eran ahora defensores de la independencia patria.

Yo apenas hablé. Me limité a escuchar. Había en mí algo de remordimiento por haberme alejado de la lucha en los últimos años. Aquella fiesta fue como un bañarme en el Jordán de nuevo.

Poco tiempo después tuve el placer de conocer a nuestra poetisa Julia de Burgos. Su fama la había precedido. Cuando le oí recitar sus poemas la juzgué entre las grandes celebridades de América. Ese juicio ha sido ratificado por los críticos.

Ya para esta época, el viejo Partido Socialista de Santiago Iglesias, a cuya Convención Constituyente, en Cayey, en 1915, había sido yo delegado, se había dividido. Prudencio Rivera Martínez dirigía un ala frente a Bolívar Pagán. Los primeros intentaban constituir en Nueva York un comité de su nuevo Partido Laborista. Como las personas interesadas eran amigos personales, asistí a la reunión. Estaban presentes J.M. Vivaldi, José Barros, William D. López, Jesús Ugarte, Felipe Rivera, entre otros. No coincidí con la idea y rehusé formar parte de lo que terminó en otra "mogolla" política: el Partido Tripartita de laboristas, liberales y republicanos (Rivera Martínez, Ramírez Santibáñez, García Méndez) que dividió a la vieja Coalición del Partido Republicano y el Partido Socialista y facilitó la victoria electoral del Partido Popular Democrático en 1940.

En los primeros días de marzo me entregué a un constante ajetreo. El gobierno de Francia, el nefasto gobierno de Daladier, para congraciarse con las potencias nazifascistas, ordenó la deportación a España de los refugiados republicanos. Entregarlos a la saña vengativa de Franco era como condenarlos de antemano al cadalso. En todas las ciudades democráticas del mundo se celebraron actos para detener el brazo del verdugo. Yo me lancé a esta lucha en Nueva York. Cientos de puertorriqueños, e hispanos en general, piqueteamos el Consulado de Francia y fuimos a Washington y piqueteamos la embajada.

Eramos los "antifascistas prematuros" y se lanzaba contra

nosotros la policía montada a caballo, dando palos a derecha e izquierda. Pero contribuimos a que se detuviera la orden de expulsión. Lo importante era ganar tiempo. Luego empezó la lucha por ayudar a sacar a los refugiados de Francia. Uno de los primeros barcos fue el *Sinaia*, que hizo escala en San Juan, en viaje hacia la República Dominicana y México. Miles de republicanos españoles, hombres, mujeres y niños, se vieron obligados a iniciar una nueva vida en América.

El 22 de marzo de 1940 se conmemoró el primer aniversario de la Masacre de Ponce en Nueva York. Dos actos se celebraron: uno auspiciado por la Junta Nacionalista, con la participación de Vito Marcantonio, Julia de Burgos, Octavio E. Moscoso y Gonzalo O'Neill; el otro, con la participación de Gilberto Concepción de Gracia, Lorenzo Piñeiro, Erasmo Vando y María Luisa Lecompte... Estos actos marcaron ya las dos orientaciones que adoptaría la lucha por la independencia de Puerto Rico de ahí en adelante.

A fines de ese mismo mes de marzo, apareció en la revista *Scribner's Commentator* un artículo titulado *"Welcome Paupers and Crime: Puerto Rico's shocking gift to U.S."* que, traducido al español, diría: "Bienvenida a los indigentes y al crimen: la sorprendente contribución que hace Puerto Rico a Estados Unidos". Entre otros infundios, el articulista aseguraba que de cada 18 puertorriqueños que llegaban a Nueva York, ni uno solo resultaba bueno. El grupo se dividía así: diez iban a vivir de la caridad pública, uno era tuberculoso, dos padecían de malaria, tres eran sifilíticos y los dos restantes venían a vivir en concubinato... En cuanto a las mujeres puertorriqueñas, todas se entregaban a la prostitución para mandar dinero a sus esposos en Puerto Rico.

Los puertorriqeños negros resultaban todavía peor. Estos sencillamente eran agentes de perdición y de vicio entre los negros norteamericanos. En fin, los puertorriqueños todos carecían de valores morales: por eso, a juicio del articulista, no les importaba hundirse en la más abyecta degradación moral.

Ese artículo provocó gran indignación en la comunidad puertorriqueña. Se organizaron distintos actos de protesta, entre los que hubo dos de gran relieve: el del Longwood Casino, en el Bronx, y el del Park Palace, en Harlem. En el primero participaron representantes de cuarenta sociedades de la comunidad. Se concluyó con varios acuerdos, entre éstos, que el Dr. Brailey Diffie, autor del libro *Puerto Rico: a Broken Pledge*, gran amigo de los puertorriqueños, contestara el artículo en la misma revista. En el segundo, convocado por la Asociación de Escritores y Periodistas Puertorriqueños, se comisionó a Antonio J. Colorado para dar respuesta cabal al artículo. En ambos actos la comunidad puertorriqueña dio muestras de gran conciencia y dignidad.

No debo pasar por alto un hecho de significación en la historia del movimiento obrero de Puerto Rico. El 31 de marzo de 1940 quedó formalmente constituida en San Juan la Confederación General de Trabajadores. Con motivo de un viaje a Nueva York de su presidente, Francisco Colón Gordiany, el 29 de junio se celebró en el Park Palace un acto de solidaridad con la CGT. En el mismo hablaron el propio Colón Gordiany, el congresista Vito Marcantonio, el líder de la International Workers Order, Jesús Colón, y Alberto E. Sánchez, secretario general de la Asociación de Choferes de Puerto Rico, una de las filiales de la nueva central sindical, y secretario general del Partido Comunista Puertorriqueño.

La situación internacional se complicaba. La famosa Línea Maginot, inexpugnable según los franceses, fue soslayada por las fuerzas de Hitler, quien penetró en Holanda y Bélgica como Pedro por su casa. El pesimismo invadía a Estados Unidos. No pocos yanquis comenzaron a aprender alemán, dando por sentado que el nuevo Atila conquistaría el mundo.

En mayo de 1940, el Presidente Roosevelt decía en un Mensaje al Congreso: "No pelearemos en Europa, pero defenderemos las Américas contra toda agresión... Solicito recursos para construir la Marina más grande del mundo y organizar un Ejército de Reserva de 800.000 hombres... Nuestro sistema de gobierno y nuestra independencia nacional están en peligro".

A fines de junio hubo una reunión de Cancilleres de las naciones del Hemisferio en La Habana. La Asociación de Escritores y Periodistas Puertorriqueños le dirigió un mensaje recabando la terminación del régimen colonial en Puerto Rico. Esta agrupación venía funcionando desde hacía algún tiempo, y, entre otros, estaba integrada por Rafael Torres Mazzorana, Angel M. Arroyo, Gonzalo O'Neill, Antonio J. Colorado, Erasmo Vando, José Enamorado Cuesta, Emilio Delgado, Manuel Ríos Ocaña, José Dávila Semprit, Antonio Coll Vidal, Max Vázquez, Lorenzo Piñeiro, Max Ríos, María Más Pozo, Clotilde Betances... Como puede apreciarse por estos nombres, contaba con una brillante matrícula.

Comentando el mensaje, Torres Mazzorana decía en un artículo de prensa: "Es evidente que los colegas sólo han querido aprovechar la coyuntura que ofrecen dos hechos insólitos planteados en la Conferencia de La Habana: el primero, que se hable de independencia para Jamaica, Curazao y Trinidad y demás colonias en el Hemisferio, como posibilidad de solucionar el problema de esas islas en caso de una victoria alemana... Sería un escarnio a la justicia y a la dignidad humana que Estados Unidos patrocinara la independencia de esas colonias europeas, mientras niega a Puerto Rico siquiera el derecho a gozar de una amplia autonomía.

"El segundo hecho es que Estados Unidos ha sentado un precedente al declarar que se impone garantizar colectivamente la seguridad de esos pueblos sometidos a coloniaje europeo. Si las naciones americanas lo creen así, entonces debieran preocuparse por la suerte de Puerto Rico. Hasta la fecha, todo lo que se nos ha dicho es que vamos a ser el Gibraltar del Atlántico..."

Cerca de 30,000 puertorriqueños se inscribieron en Nueva York para las elecciones de 1940. El 80 por ciento votó por la candidatura de Roosevelt para Presidente, y Wallace para Vicepresidente, y, naturalmente, por Vito Marcantonio para el Congreso. Pero el candidato del Partido Republicano en esas elecciones, Wendell Wilkie, conquistó alguna simpatía entre nuestros paisanos, a tal punto que se constituyó un comité puertorriqueño favoreciendo su candidatura. Lo formaron, entre otros, Rafael Bosch, Eduardo González, José Matienzo, Aparicio Henna y Pedro Gotay.

El Presidente Roosevelt inició su nuevo período en un ambiente de gran tensión. En el aire había un fuerte olor a pólvora. La gente moría como moscas en las calles de Londres víctimas de los incesantes bombardeos de la aviación alemana. Hitler estaba en el apogeo de su gloria infernal. Casi todo el continente europeo yacía rendido a sus pies y su ambición de conquista no tenía límites.

El 6 de enero de 1941 arribó a Londres Harry Hopkins, Embajador Especial del Presidente Roosevelt. Evidentemente, comprometería la ayuda ilimitada de Estdos Unidos en la defensa de Inglaterra. Toda la maquinaria industrial norteamericana se orientó hacia la producción de guerra.

El 22 de junio Hitler lanzó sus ejércitos contra la Unión Soviética. Ingleses y yanquis ofrecieron ayuda militar inmediatamente al gobierno de Moscú. Apenas una semana más tarde, el Embajador Especial Harry Hopkins conferenciaba en el Kremlin con Stalin. Y a su regreso a Washington, aseguró al Presidente Roosevelt que los pueblos soviéticos defenderían su suelo patrio pulgada a pulgada y pelearían mientras quedara un hombre o una mujer con vida en la Unión Soviética.

Mientras tanto, desde Berlín se dirigía una feroz campaña submarina contra los convoyes de barcos que llevaban la ayuda de Estados Unidos a Inglaterra y a la Unión Soviética. No se permitiría al poderío nazi imponer su dominio en los mares. El Congreso accedió a revisar la Ley de Neutralidad, permitió armar a los barcos mercantes y dio el visto bueno a la Marina para que protegiera las rutas comerciales. Al mismo tiempo, se multiplicó la construcción de barcos para reemplazar a los que hundían los submarinos alemanes. Muchos perecían al cruzar las aguas del Caribe frente a Puerto Rico. Casi todos los días se rescataban tripulaciones que eran llevadas a San Juan y allí asignadas a nuevos barcos.

Así las cosas, ya en franca beligerancia, ocurrió el sorpresivo ataque a Pearl Harbor, Hawaii, el 7 de diciembre, por la Marina de guerra del Japón. Y la guerra en mar, tierra y aire asumió verdaderas dimensiones mundiales.

Iniciamos el 1942 en plena contienda bélica. Había gran demanda de trabajadores en Estados Unidos. La corriente migratoria desde Puerto Rico aumentó considerablemente. Miles de nuestros paisanos se alistaron en las fuerzas armadas. Cientos de marinos puertorriqueños perecieron en los barcos mercantes hundidos por submarinos alemanes. El propio Puerto Rico fue víctima del bloqueo submarino, y en los primeros años de la guerra, durante largos meses, ni un solo barco mercante logró entrar en la bahía de San Juan.

Los grandes dirigentes de las potencias democráticas firmaron, en distintas ocasiones, declaraciones solemnes —la Carta del Atlántico fue una— reafirmando el derecho de autodeterminación de los pueblos, etc. Pero Puerto Rico, según parece, debía conformarse con ser el "Gibraltar de América". Y gracias.

La guerra absorbió la atención de toda la ciudadanía y la comunidad puertorriqueña de Nueva York centró sus mayores energías en el esfuerzo de guerra. Por mi parte, también yo me dispuse a hacer lo que estuviera a mi alcance para contribuir (valga la manida frase) con mi granito de arena a la derrota del nazifascismo. Abandoné definitivamente mi retiro campestre, cerré mi fabriquita de cigarros, que junto a mi huerto y mis pollos siempre tuve allí, y ofrecí mis servicios al gobierno. Después de algún tiempo, la Agencia de Recursos Humanos me indicó: "Dados sus conocimientos de idiomas y su experiencia en el periodismo, debe personarse a la Oficina de Censura Postal..."

El 12 de marzo de 1942, luego de las formalidades de un examen, fui aceptado como escribiente de baja categoría, cosa que no me perturbó. Como puertorriqueño, bien sabía que estaba destinado a ser peón... Fue la suerte que nos cupo con España y la que sufrimos con los yanquis, sin que hasta ahora haya cambiado.

Más de mil puertorriqueños estaban empleados en la Censura Postal en Nueva York. Ni uno solo, durante todo el curso de la guerra, logró ascender a un puesto ejecutivo de importancia. Esto, a pesar de que se contaban muchísimos graduados de Universidad, con títulos profesionales, artistas destacados, escritores, etc. Y el gran sarcasmo era que casi todos los jefes de categoría no pasaban de ser legos en idiomas, incultos, y la generalidad no tenía conciencia de la delicada función que le habían encomendado.

A la luz de mi experiencia, puedo afirmar que si los distintos departamentos y agencias, bajo el Presidente Roosevelt, hubieran funcionado con la crasa ineficiencia de la Oficina de Censura Postal, la guerra se hubiera perdido o, por lo menos, se hubiera prolongado mucho más tiempo, con la pérdida adicional de vidas. La mayoría de los altos funcionarios alcanzaron sus puestos, no por capacidad, sino por padrinaje político... Aparte, dicho sea de paso, de que entre los jefes había un semillero de homosexuales, con los consiguientes chismes e intrigas del género.

Como ocurre por lo general en esos casos, los que no pertenecen a la fraternidad de los invertidos tienen las puertas cerradas. La contraseña secreta despeja el camino de los ascensos para los favoritos, sin importar habilidades y talento. La extensión de la plaga provocó varias investigaciones. Vale aclarar que hasta donde llega mi conocimiento, entre los homosexuales no se contaron puertorriqueños.

Entre nuestros paisanos de gran capacidad recuerdo, trabajando en la Censura Postal, a Luis Querro Chiesa, José Pastrana, Lic. Bert Malavé, Francisco Carballo, Luis Torres Colón, Lic. J. Ramos, Elisa Belpré, Martha Lomar, Munita Muñoz Lee, Lic. Bello y otros muchos que sería prolijo enumerar. De los mencionados solamente Chiesa y Pastrana alcanzaron algún rango, algo así como capataces de la peonada.

Está en orden dejar constancia de otro dato: más del 80 por ciento de los puertorriqueños que solicitaron empleo en la Censura Postal demostraron, mediante examen de la Comisión de Servicio Federal, su dominio de dos idiomas, por lo menos, más las demás materias. Ninguna otra nacionalidad arrojó un promedio tan alto. Además, me consta el magnífico trabajo que hicieron nuestros paisanos. Y, sin embargo, todavía se nos considera a los puertorriqueños como personas sin habilidad y faltos de madurez... La verdad es que aquellos de los nuestros que triunfan en este país tienen que ser superiores a sus iguales.

En las páginas que siguen relataré algunas experiencias de esos años. Escribo cuando esos hechos son cosa del pasado, y a pesar de eso, todavía siento indignación y rabia por los vejámenes de que fuimos víctimas. No me mueve ningún rancio patriotismo, y menos el deseo de ocultar las fallas de los míos. Soy de los que creen que si mi vino es malo debemos guardarlo para vinagre... Escribo lo que sigue porque me duele el espíritu ver tanta gente buena y de sólida cultura subordinada a un trato oprobioso y obligada a aceptar la injusticia para poder vivir.

Iremos al grano en el próximo capítulo.

Capítulo XXVI

*DONDE SE DA CUENTA DE COMO BERNARDO
INGRESO A LA CENSURA Y OTRAS EXPERIENCIAS
DE LA GUERRA*

En 1942 la Alemania nazi intensificó su guerra submarina en el Caribe. La audacia de esas naves llegó al punto que, un día de marzo, bombardearon la Isla de Mona, cercana a la costa de Mayagüez. A principios de año, el viejo vapor *Coamo*, que regularmente hacía la travesía a Nueva York, llegó a San Juan tras un viraje lleno de peligros con 71 supervivientes de un barco canadiense hundido cerca de nuestras costas. El *San Jacinto*, otro barco de la misma ruta, con pasajeros puertorriqueños, fue también a parar al fondo del mar... Como consecuencia del cerco submarino, a mediados de año la escasez de alimentos en Puerto Rico se hizo angustiosa.

Era cuantioso el número de barcos que perecían en el mar. Las pérdidas de tonelaje, naturalmente, se mantenían en secreto, y en Puerto Rico eran pocos los que sabían la verdad de la situación. Sólo de vez en cuando se permitía que alguno que otro desastre trascendiera a la prensa. El pueblo no tenía conciencia cabal de la efectividad del bloqueo submarino. Alguna idea puede cobrarse por las líneas que siguen:

El 25 de febrero, un mercante con carga para Puerto Rico fue torpedeado a 20 millas de Guánica. Veintidós supervivientes con cuatro cadáveres lograron llegar en botes salvavidas a tierra... El 27 de abril un barco que había sido perseguido en el Caribe por tres submarinos alemanes llegó a Norfolk, Estados Unidos, con 50 supervivientes de otra nave hundida... El 10 de junio, René Matos, marino mercante puertorriqueño, relató en Nueva York cómo su barco fue sorprendido por submarinos alemanes en aguas de Trinidad:

"Fue cerca de las cuatro de la madrugada. Nuestro barco navegaba con todas sus luces apagadas. Soplaba un fuerte viento. Repentinamente, sin que tuviéramos oportunidad de usar el cañón giratorio que llevábamos a bordo, sentimos el estallido de dos torpedos, uno tras otro... Nuestro barco se fue a pique en breves minutos. Cuatro tripulantes, paisanos nuestros, perecieron hechos pedazos por la explosión. El resto de la tripulación pudimos meternos en los botes salvavidas... El submarino dejó flotando sobre las aguas una antorcha luminosa, y favorecidos por esa claridad logramos alejarnos de la zona del desastre. Durante doce horas navegamos al garete. Habíamos ya perdido la esperanza de salvarnos cuando avistamos un avión y le hicimos señales desesperadamente. Nos acertó a ver y avisó a la patrulla costanera... Nos recogió un barco que iba en dirección a Ponce. Allí atracamos y se hospitalizó a los compañeros heridos. Los demás no quisimos quedarnos en Puerto Rico y pedimos que nos trajeran a Nueva York, y aquí estamos, dispuestos a coger barco de nuevo."

Todas las islas del Caribe, incluyendo, naturalmente, a Puerto Rico estuvieron por momentos al borde del hambre. Se sufrió necesidad extrema de los alimentos más indispensables. Dolorosamente se demostró lo penosa que es la dependencia. Y después de aquella trágica experiencia, todavía seguimos en igual dependencia, a pesar de que a fines de ese año hablando en Nueva York, dijo Luis Muñoz Marín en su capacidad de Presidente del Senado: "Nuestro *status* político debe resolverse no más tarde del establecimiento de la paz, al lograrse la victoria sobre los poderes totalitarios, y debe resolverse de acuerdo con la expresión democrática del pueblo borinqueño y en armonía con los altos postulados de la Carta del Atlántico..."

Vito Marcantonio presentó al Congreso un extenso informe sobre la situación de Puerto Rico, y entre otras cosas, decía: "En la Isla hay 325.000 desempleados... El país carece de alimentos. No hay arroz, ni habichuelas, ni bacalao, elementos principales de la mesa nativa. El costo de la vida se ha elevado en más del 175 por ciento de lo normal. Una libra de manteca, por ejemplo, cuesta más de un dólar. Reina el mercado negro... Yo sugiero que se traigan a Estados Unidos obreros puertorriqueños para trabajar en condiciones decentes; que se permita la entrada de buques extranjeros —de Cuba, Santo Domingo, Argentina, etc.— a todos los puertos del país para que lleven comida; que se envíen semillas para intensificar la siembra de granos, y que se asigne, no importa la situación marítima, cierto tonelaje marítimo para llevar y traer productos esenciales a la economía de ese pueblo".

Bajo la presión de ese ambiente vivíamos los puertorriqueños en Nueva York, siguiendo con ansiedad las noticias de Puerto Rico, ya en la. prensa, en la radio o de boca en boca. Puede imaginarse mi estado de ánimo el día que fui entrevistado, por primera vez, en la Oficina de Censura Postal. Me hallé frente a un individuo corpulento, de tez mate, acicaladamente vestido y de gestos amanerados. Preguntó sobre mi preparación académica y pasó luego a hacer preguntas sobre mis hábitos de vida. Finalmente, comenzó a examinarme sobre peculiaridades de la lengua castellana, haciendo sus preguntas en forma cada vez más cruda e hiriente. Y terminó diciendo:

—Los puertorriqueños no escriben ni hablan propiamente el idioma español.

—Yo creo conocer bastante bien mi idioma— respondí.

Al mismo tiempo, me revestí de una calma total, acostumbrado como estoy a que me jeringuen con esa clase de cantaleta. Pero el individuo, con aire petulante, se puso de pie y continuó el interrogatorio, paseándose, orondo y jactancioso, por su despacho. Evidentemente, se había embotellado y recitaba de carretilla recursos gramaticales utilizados en la enseñanza del idioma, el siglo pasado, en España. Así pues, me disparó a quemarropa:

—Dígame. ¿de qué cosa hablo yo cuando empleo las palabras *prótesis, epéntesis, paragoge, síncopa, aféresis, metátesis, antítesis* y *sinalefa*?

Sentí cómo la sangre se me agolpaba en la cabeza, pero conservé la serenidad. Sin decir palabra, me puse de pie, recogí mi sobrero y mi abrigo, y me dispuse a marcharme. Cuando ya tenía la mano puesta en el picaporte de la puerta, exclamó con aire de triunfo:

—¿Ve usted cómo los puertorriqueños no saben español?

Yo me volví. Por un tiempo la gramática fue mi pasatiempo, y mientras liaba cigarros, como gimnasia mental, me dedicaba a memorizar giros gramaticales y modos de dicción. Seguramente el jactancioso pedante no lo esperaba. Y sin subir el tono de la voz, pero en forma cortante, dije:

—Mire, señor, lo que usted tiene en la cabeza es una *botella*. Usted no conoce nuestro idioma. Pero yo no he venido aquí a enseñarle. Tampoco he venido a solicitar una plaza en la Real Academia de la Lengua Española. Y usted tampoco tiene carapacho de académico... Pero quiero hacerle un favor. Para que no vaya a encontrarse en apuros cuando se le rompa la *botella*, le enseñaré una clave sencilla para recordar esas figuras de nuestra preceptiva. Coja un lápiz y escriba la palabra *pepsamas*, voz caprichosa que contiene cada una de las primeras letras de esos modos de dicción. Vea: *p*, de prótesis; *e*, de epéntesis; *p*, de paragoge... ¡y así sucesivamente!

Con la sangre hirviendo y sin más ceremonia, le di la espalda y abandoné la oficina. Me fui pensando que debía desistir de mi intención de contribuir en algo al esfuerzo de guerra... Volvería a mi chinchal, refugio de mi dignidad, fortaleza de mi independencia.

Había olvidado el incidente cuando un día recibí la llamada a examen. Luego supe que el indviduo que me había interrogado pertenecía al clan de los homosexuales. Evidentemente, no quería ningún hombre feo, como yo, por aquellos contornos.

Una vez aceptado por la Oficina de Censura Postal, me asignaron a la sección que revisaba la correspondencia privada de los soldados. Todos, menos tres, éramos puertorriqueños. Pronto me di cuenta de que estábamos realizando una tarea innecesaria. Nos pasábamos los días leyendo chismes de familia, relatos sobre el perro de la casa, las aves de corral, las condiciones de la finquita de la que había salido el soldado... Y mientras tanto, había miles de espías italianos, alemanes y japoneses operando a través de todo el Hemisferio.

Los agentes enemigos concentraban sus esfuerzos en descubrir el movimiento de los barcos. Como hemos señalado antes, los submarinos alemanes perseguían especialmente los convoyes cuando navegaban por aguas del Caribe. Forzosamente tenían que pasar entre las islas de Cuba y Santo Domingo, por el canal de la Mona, entre Santo Domingo y Puerto Rico, o recorrer el mar al norte de las Antillas. Sin duda, había espías apostados en distintos puntos del Caribe, que averiguaban la formación de los convoyes y la salida de los barcos. Utilizando el correo internacional, en cartas comerciales o familiares, transmitían informes en clave. Como se daba preferencia a la correspondencia aérea, ésta llegaba a su destino mucho antes de que partieran los barcos. No era difícil, pues, enviar mensajes radiales clandestinos a los submarinos en su mismo centro de operaciones.

Había sobrados fundamentos para sospechar que alguna parte de esa red de comunicaciones se colaba a través de la Oficina de la Censura Postal en Nueva York. Pero a ninguno de los jefes superiores se le ocurría el medio capaz de detener el flujo de esa información de espionaje. Todos sus afanes se concentraban en emplear los métodos clásicos de censura: pruebas químicas, cámaras oscuras, laboratorio, intentos de descifrar claves, etc. Pasábamos el día dando carreras, llevando correspondencia sospechosa a los expertos, despegando sellos de correo en busca de mensajes microfílmicos, alisando pliegues en los sobres, etc. Nada descubríamos. Y mientras tanto, los desastres marítimos continuaban.

Un día, en una reunión de delegados de distintas secciones, una paisana nuestra —¡jíbara maliciosa!— cuyo nombre lamento no recordar dijo:

—¡Caramba! Si se sospecha que hay espías utilizando el correo aéreo para dar informes sobre la salida de los barcos, ¿por qué no se detiene tres o cuatro días ese correo, como se hace con los cables? Así, cuando esas cartas lleguen a su destino, ya los barcos estarán fuera de la zona de peligro.

La sugerencia era de puro sentido común. Quizá, por lo mismo, no se le había ocurrido a los sesudos jefes, que evidentemente carecían de ése y de otros sentidos... Uno de ellos, el que demostraba mayor talento, acogió con simpatía la sugerencia y la transmitió a la Oficina Central de la Censura, en Washington. Fue inmediatamente adoptada, y todo parece indicar que resultó efectiva. Lo cierto es que en los siguientes tres meses la efectividad de los submarinos alemanes en el Caribe se redujo en más del 50 por ciento... ¡Pensar que si a algo se debió, fue a la sugerencia de aquella jíbarita nuestra, heroína anónima!

Cansado de leer la correspondencia entre soldados y sus familiares, pedí traslado a otra sección. La nueva mesa a que fui asignado estaba compuesta por un grupo de carcamales aristocráticos: un conde de un país balcánico, arruinado; una vieja rusa, antigua dama de compañía de un príncipe moscovita; tres diplomáticos retirados; una francesa recompuesta, partidaria del "amor libre"; cuatro o cinco personas más, incoloras, y cuatro puertorriqueños talentosos... Jefe de sección lo era nuestro paisano Luis Quero Chiesa.

Parecerá exagerado y habrá quien me tache de fanático, pero la verdad es la verdad: todo el trabajo de importancia recaía sobre los puertorriqueños. Examinábamos materiales del género *diplomático*. Pero tampoco me agradó ese trabajo, así es que, de nuevo, pedí traslado. Y tuve la suerte de que me asignaran a la Unidad Internacional que bregaba con asuntos políticos, relaciones obreras, intrigas, etc.

A poco de estar en ese departamento, me di cuenta de las fallas fundamentales de la Censura. Algo diré sobre esto más adelante.

En 1943 Washington intensificó su campaña diplomática para ganarse la buena voluntad de los países del mundo. Ese fue el propósito de las misiones de Harry Hopkins y Wendell Wilkie. Igualmente, la razón del viaje del Vicepresidente Henry A. Wallace a América Latina. Es que no había en su personalidad la menor traza de arrogancia yanqui. He aquí el tono típico de sus discursos, y cito uno de ellos: "Hablo como un agricultor amigo vuestro y no como un representante diplomático americano... Nada puede ayudar más a exterminar la miseria entre los hombres como el desarrollo científico de la agricultura en todas las naciones... El desarrollo agrícola en América Latina debe complementarse con su desenvolvimiento industrial".

En ese mismo año el problema colonial de Puerto Rico volvió a ponerse sobre el tapete. El 2 de abril presentó el senador Tydings su Proyecto de Independencia. A esa acción, dos días más tarde, respondió Luis Muñoz Marín diciendo: "Mi partido no tiene mandato popular para el asunto del *status*". Y con esas palabras se colocó al margen de la gran decisión, y siendo el jefe del partido mayoritario, era como matar el proyecto.

Por su parte, los dirigentes del Partido Republicano y del Partido Socialista pusieron el grito en el cielo. Alegaron que Tydings, quien para entonces era Presidente del Comité de Asuntos Insulares del Senado, no tomaba en cuenta las aspiraciones de los "estadistas". El 7 de abril, en una acción de friendo y comiendo, la Legislatura acordó enviar una Comisión a Washington para presentar "recomendaciones sobre el status y otras medidas de gobierno propio".

El Proyecto Tydings y la actitud vacilante del liderato del Partido Popular Democrático, con Muñoz Marín a la cabeza; provocaron grandes discusiones en la comunidad puertorriqueña de Nueva York. Un artículo de Luisa A. Quintero en *El Diario* dio expresión a los sentimientos generales. Decía, en parte:

"Inmensa sorpresa y amarga decepción me ha causado la reacción desfavorable a ese Proyecto... A los desaforados gritos de injusticia norteamericana, de unos; de imperialismo yanqui, de otros; de pulpo que nos exprime robándonos la savia de la vida, y cosas por el estilo, que se oyen a diario, se responde gallardamente por Estados Unidos con una oferta decente y digna. Y los puertorriqueños se amilanan. Temen por la labor rehabilitadora de la Isla. Lloran, diciendo que no quieren separarse de Norteamérica... Por primera vez me siento avergonzada de la inercia y de la abulia que se ha apoderado de mi pueblo."

Por iniciativa de la Asociación Pro Independencia, que dirigían Gilberto Concepción de Gracia y Lorenzo Piñeiro, el 13 de junio de 1943, en Oddfellows Hall, Calle 106 esquina Avenida Park, se celebró un congreso de sociedades puertorriqueñas con el propósito de aunar fuerzas de apoyo a la independencia. En este acto el congresista Vito Marcantonio dio a conocer su nuevo Proyecto de Independencia. En el mismo se pretendía salvar las objeciones y críticas que se habían levantado contra el Proyecto Tydings: se garantizaba la extensión de crédito financiero por parte de Washington a la naciente República y se hacían concesiones económicas muy favorables para Puerto Rico. Los delegados de las 17 agrupaciones allí presentes se juramentaron para seguir laborando por la independencia, y a ese fin se estableció un comité conjunto integrado por Modesto Muñoz, Arturo Jiménez, Pedro Biaggi, Vicente Rolón, Luis Rivera, Erasmo Vando, Juanita Arocho, Carlos Cancel, Alfonso Pasarell, Juan Emmanuelli, José Santiago y María Teresa Babín.

El semanario *Pueblos Hispanos*, que dirigía Juan Antonio Corretjer, y era apoyado por el Partido Comunista de Estados Unidos, se hizo eco de ese movimiento. Esta lucha de respaldo a los proyectos de independencia presentados por Tydings y Marcantonio en el Congreso provocó la primeras disensiones en el Partido Popular Democrático. En San Juan, se celebró el primer Congreso Pro Independencia, con el respaldo de la mayoría de los legisladores de ese partido y la mayoría también de sus alcaldes. Muñoz Marín no se mostró hostil de primera intención y hasta solicitó que se le considerara miembro de esa organización unitaria del sentimiento independentista. Pero pocos años después, declararía incompatible la militancia en esa agrupación y en su partido. Esto provocaría la escisión entre el independentismo y el movimiento popular-democrático.

Y si así ocurría en Puerto Rico, no podía ocurrir menos en la comunidad puertorriqueña de Nueva York. La verdad es que de nada valió la experiencia de la Segunda Guerra Mundial para resolver el problema del colonialismo en lo que respecta a nosotros... Seguiríamos en las mismas, como se verá en el capítulo siguiente.

Capítulo XXVII

ALGUNAS REALIZACIONES ANONIMAS,
SIN PRETENSION DE RECOMPENSA,
Y EL AÑO CLAVE DE 1945

Mi jefe inmediato en la Censura Postal había sido izquierdista en su juventud, si es que no comunista. Y como nadie es más reaccionario que un comunista arrepentido, era enemigo irreconciliable del socialismo, especialmente de la Unión Soviética.

El hombre tenía talento, pero la fobia lo cegaba. Ni siquiera paraba mientes en que la Unión Soviética, y las fuerzas socialistas y comunistas en el mundo entero, formaban al frente de la lucha contra el nazifascismo. Nada le importaba que Estados Unidos, en ese momento, estuviera peleando en las mismas barricadas. A su alrededor predominaban los individuos más rabiosamente antisoviéticos.

Esa sección, puede decirse, era la más importante de la Censura. Allí se examinaba toda la correspondencia y demás documentos relacionados con intrigas internacionales. El grupo era una verdadera Torre de Babel: ciudadanos de ascendencia polaca, finlandesa, húngara, rusa, alemana, italiana, árabe, francesa, etc. Estudié a fondo todo el personal y decidí ponerle la proa a los que saboteaban el esfuerzo conjunto de guerra de Estados Unidos y la Unión Soviética. Comencé por ganarme la buena voluntad del jefe. Como sé, por experiencia, que el lado flaco de todas las personas es la vanidad, aproveché un momento a la hora del almuerzo y lo abordé diciéndole:

—¡Caramba, Mr. Fulano! Perdone que lo interrumpa. Hace poco leí uno de sus libros y me despertó gran interés por los Balcanes. Usted es una autoridad en esa región y yo reconozco mi ignorancia... ¿Podría hacerle algunas preguntas?

De más está decir que me gané al hombre, y desde ese día me dedicó no menos de media hora para ilustrarme. Yo seguía humildemente sus explicaciones, que no eran tontas, aunque viciadas de odio. Nada me interesaban sus juicios que de ninguna manera minaban mis convicciones socialistas. Pero aquella relación me dio base para intervenir en distintas investigaciones.

Yo tenía un fichero de los agentes nazis en América Latina, y seguía sus publicaciones y conocía su técnica de trabajo. No sé qué valor concreto tuvieron mis informes, pero puedo decir, a manera de ejemplo, que preparé y entregué un extenso memorando sobre las operaciones de Karl Lunning... Este agente fue fusilado en La Habana e 10 de noviembre de 1942.

Recuerdo haber rendido informes sobre las actividades de Jacobo Napp, Von Helmuth y Dietrich Niebuhr, del círculo de espionaje alemán en Argentina. Hubo otros... Si hago mención de esto, no es en busca de crédito personal.

Ignoro, repito, el resultado concreto de mis informes. Pero no hay que olvidar que para ese entonces, en Berlín se tejían los más fantásticos planes con respecto a América Latina. Especialmente los países del cono sur, con su gran población de ascendencia alemana e italiana, eran el objetivo codiciado. Entre los sueños de Hitler se contaba la formación de una República Austral Suramericana.

Hoy parece todavía más fantástico ese proyecto. Pero no hay que minizmizar a los agentes de Berlín y Roma. Eran individuos de gran habilidad, con amplias relaciones en los países latinoamericanos. En muchos de ellos campeaban por sus respetos, identificados con la oligarquía de esos países, en íntima relación con los círculos gobernantes. No fue hasta mediados de 1943 cuando, como resultado de las protestas y manifestaciones de las agrupaciones obreras y partidos u organizaciones democráticas, se empezó a contrarrestar la propaganda nazifascista y las operaciones de espionaje en el Hemisferio.

Un día fue atrapada en nuestra sección una valija diplomática con cientos de certificados de nacimiento procedentes de pueblos de España y Portugal. Cuando esos documentos llegaron a mi mesa de trabajo, recordé inmediatamente el *racket* de certificados de nacimiento de Puerto Rico. Mis sospechas fueron mayores cuando descubrí que iban dirigidos a abogados de México, Buenos Aires y Río de Janeiro.

Detuve esa correspondencia e inicié una pesquisa por los consulados de esos países en Nueva York. Los nombres de tales profesionales no se hallaban en la matrícula de los respectivos Colegios de Abogados. Me convencí de que aquellas actas de nacimiento estaban destinadas a fines ilegales, posiblemente para nuevos espías... Como resultado de mi informe, se decomisaron los documentos.

Entre esos documentos hallé uno que me pareció de suma importancia. Se trataba de un pliego de instrucciones de la jefatura de la Marina de Guerra de España dirigido a todos los barcos que navegaban bajo su bandera, incluyendo los mercantes. Se pedía que, desde ese momento en adelante, se notificara la posición de cualquier convoy marítimo de Estados Unidos, dos horas después de su encuentro. Es claro que los submarinos alemanes no ignoraban las señales de la Marina de Guerra de España.

Me place recordar esos hechos, sin ninguna petulancia, porque me satisface haber contribuido en algo a la victoria de los pueblos contra las potencias nazifascistas. Pero nada me enorgullece tanto como la labor, de hecho humanitaria, que desde la Censura Postal en Nueva York realicé a favor de los republicanos, socialistas y comunistas españoles. No sé cuántas vidas salvé, pero estoy seguro de que no fueron pocas.

Por nuestra sección pasaba toda la correspondencia de España. Desgraciadamente, el hombre a cargo de la misma me era sumamente sospechoso. Por sus ideas y opiniones, era un falangista de cuerpo entero. En más de una ocasión le oí decir: "Todos los republicanos españoles son agentes del comunismo internacional".

Debe recordarse que, en esos años, en casi todas las capitales latinoamericanas, incluyendo San Juan de Puerto Rico, había una legión de fanáticos de la Falange Española. Y fue a América, especialmente a México, donde vinieron a refugiarse miles de exiliados españoles tras la caída de la República.

Aún estaban muy abiertas las heridas de la sangrienta Guerra Civil. El correo de distintas ciudades de América Latina venía lleno de cartas con acusaciones contra personas residentes en España. Muchas eran cartas anónimas denunciando supuestas conspiraciones contra el régimen de Franco, fraguadas por dirigentes republicanos, socialistas o comunistas en el exilio. Pero algunas de esas cartas venían firmadas por líderes conocidos, que se habían destacado en la Guerra Civil, y ahora se referían a nuevas conspiraciones, dando nombres, etc. ¡No se necesitaba mucha imaginación para comprender lo que suedería a los mencionados en esas cartas al llegar éstas a la Censura, en Madrid!

Tan pronto me percaté de la situación, hice que se detuviera esa correspondencia. Había cartas, ¡nada menos!, firmadas por Negrín, el último jefe del Gobierno Republicano; por Aguirre, el líder de los vascos; por Prieto, el jefe del Partido Socialista; por Comorera, el líder catalán, etc. Sospeché que se trataba de falsificaciones y que todo era parte de un plan abominable para que Franco siguiera asesinando a antiguos militantes de los partidos republicanos y obreros de España.

Recurrí a toda la malicia de jíbaro que puede haber en mí. Conseguí firmas auténticas de los líderes españoles, obligué a los jefes superiores a traer un calígrafo, y se comprobó que las cartas eran apócrifas. Pude así lograr que no llegaran esas cartas criminales a su destino.

Para realizar esta labor, cultivé la más estrecha amistad con todos los empleados.. La mayoría eran mujeres. Les hacía regalos, entre otras cosas, legumbres y frutas de mi huerto. Salía e invitaba a comer lo mismo a jóvenes que a viejas, a bonitas que a feas... Esto me valió una horrible fama de Don Juan. Pero no me arrepiento: creo que la labor que realicé me exonera de la injustificada fama.

Pero esas acciones me ganaron algo más: la mala voluntad de muchos de los jefes. Sabía que el resultado no se haría esperar. Decidí adelantarme, y por eso aproveché una de las reuniones que se celebraban de vez en cuando para discutir la marcha del trabajo. Pedí la palabra y me desahogué de todos los vejámenes sufridos. Denuncié la incompetencia de los jefes, la ineficiencia general... Casi todos los compañeros de trabajo me aplaudieron, asintiendo y ratificando mis palabras.

Ese apoyo evitó que se me formularan cargos. Pero sabía que tenía mis días contados. La semana siguiente a la refriega, presenté mi renuncia. De nuevo volví a mi campo, a mi huerto y a mi chinchal de cigarros. Y así terminó mi aventura de deshacer entuertos en la Censura Postal, en Nueva York en aquellos años de la Segunda Guerra Mundial.

Me volví, también, a mis libros. Vale apuntar que desde mi llegada a Nueva York comencé a comprar libros y para este tiempo contaba con una apreciable biblioteca. En mis primeros años me aproveché de las innumerables librerías de segunda mano que existían en el Bowery y a lo largo de la Cuarta Avendia, desde Astor Place hasta la Calle 14. Era un placer recorrer esas librerías, examinando cientos de volúmenes y viejas colecciones de periódicos. Para ese entonces se encontraban muchos libros en español. La demanda de éstos no era mucha, de manera que se compraban por una chavería. Así se explica que, ya para 1920, tuviera yo en la sala de mi casa una biblioteca de no menos de seiscientos volúmenes. Por cierto, eso fue causa de no poca discordia en mi hogar. Con las más o menos frecuentes mudanzas, no era poco trabajo embalar y trasladar los libros. A veces resultaba más rompecabeza que el traslado de los pocos muebles con que contaba.

A mediados de la década del veinte comenzó a despertarse un mayor interés por el estudio de la cultura española. Creció la demanda de libros en nuestro idioma, y esto puso fin a las gangas. Mi adquisición de libros no fue tan abundante. También mi biblioteca mermó como resultado de la crisis. No pocos días tuve que recurrir a unos libros para pagarme el almuerzo.

Pero, a pesar de todo, mi biblioteca creció a tal punto que al marchar a vivir a Long Island doné más de cien ejemplares a la Liga Puertorriqueña. Conservé los que a mi juicio tenían mayor valor para mí. Al fondo de la casa, en el patio, levanté una estructura de madera y en ella instalé las dos cosas más preciadas: mis libros y mi chinchal.

Un día, cansado de tan largo destierro, me entró la morriña en el cuerpo y quise regresar a Puerto Rico. Algún tiempo antes, en el Club Obrero Español, en Harlem, había asistido a la celebración de la victoria del Partido Popular Democrático en las elecciones del 44. El copo había sido completo; Luis Muñoz Marín barrió en todos los distritos electorales. Estuvieron presentes Consuelo Marcial, dirigente obrera puertorriqueña en Nueva York, quien había presenciado la campaña electoral en Puerto Rico; Alberto E. Sánchez, entonces Secretario General del Partido Comunista Puertorriqueño y uno de los dirigentes de la CGT; Jesús Colón, Presidente del sector hispano de la International Workers Order, y muchos otros dirigentes y miembros de las agrupaciones radicales. Recordaba esa celebración, en la que a pesar de las dudas de algunos, todos albergábamos grandes ilusiones en el nuevo gobierno.

Soñaba con un viaje de regreso, de San Juan a Cayey, y me imaginaba subiendo la Piquiña hasta entrar al pueblito que abandoné en 1916. Pensaba recorrer la Isla... Pero el viaje no resultó como esperaba.

Con profundo dolor en el alma regresé a la Babel de Hierro, y por momentos me pareció estar condenado a vivir nuevamente los sinsabores del emigrante. Para remate, al regresar a la casa de campo, descubrí una pérdida irreparable: el agua había inundado "mi biblioteca", que, como antes señalé, era también mi chinchal, y perdí libros y papeles para mí importantes. Salvé lo que pude, y entre lo que rescaté hallé parte de un *Diario* que llevé por un tiempo. Copio a continuación notas escritas en el curso del año 1945:

Enero 4 — Hasta hoy no había tenido oportunidad de leer el artículo publicado por el *New York Times*. Nunca hubiera creído que periódico tan serio publicara información tan prejuiciada. Se titula: *"Puerto Rico: a case to be heard"*. Y entre otras barbaridades, dice: "El problema económico de esa isla surge de la incapacidad de los isleños, hasta la fecha, a pesar de los 46 años de ayuda benéfica de la Madre Patria, para desarrollar una forma satisfactoria de vida..."

¡Con que Estados Unidos es nuestra Madre Patria!

Enero 5 — Luisa A. Quintero ha reaccionado contra el artículo del *Times*. Dice en un artículo: "En primer lugar, Estados Unidos no es la Madre Patria de los puertorriqueños... Hay que ver que la industria y el comercio están controlados por intereses extranjeros..." Etcétera.

¡Bien!

Enero 14 — Hoy es mi cumpleaños. He vivido 60 años borrascosos. Acaba de llamarme por teléfono Gloria Canejo, una de "mis muchachas" de los días de la Censura, preguntando por mi salud. Anoche regresó de Búfalo, adonde fue a pasar la luna de miel. Me habló entusiasmada del debut allí de nuestra Graciela Rivera.

Febrero 4 — Todos estamos muy contentos. El general Mac Arthur entró triunfalmente a Manila. Los ejércitos soviéticos están a 38 millas de Berlín... ¡La guerra acabará pronto!

Marzo 5 — Hoy se iniciaron las audiencias en Washington sobre el Proyecto Tydings de Independencia. En nombre de los independentistas declaró Juan Augusto Perea. Atacó a Muñoz Marín... ¡Qué papel el de mi antiguo amigo Muñoz Marín! Cada día se asemeja más a su padre en los tiempos del Pacto con Sagasta.

Marzo 7 — El senador Tydings declaró a los periodistas que "Puerto Rico jamás será un estado de la Unión". Dijo que había realizado una encuesta entre los miembros del Congreso y que "todos concuerdan con esa opinión". Concluyó diciendo: "No se debe engañar a los puertorriquenos con esperanzas falsas".

Marzo 9 — Once de los 19 miembros del Senado de Puerto Rico y 22 de los 28 miembros de la Cámara, en mensaje al Comité de Asuntos Insulares del Congreso de Washington,. piden la aprobación del Proyecto Tydings. Esta actitud de los legisladores del PPD es un desafío a Muñoz Marín...

Marzo 11 — El racionamiento de combustible continúa. No tengo calefacción en la casa. Casi tres años hemos aguantado estoicamente para ganar la guerra. No hay duda de que el pueblo norteamericano ha respondido gallardamente... ¿Qué recompensa nos traerá el porvenir?

Abril 12 — Estoy fabricando cigarros en mi chinchal. Oigo una música de Chaikovsky en la radio. De pronto se interrumpe. Con voz profunda, rota de emoción, el locutor anuncia que acaba de morir, en Warms Springs, Georgia, el presidente Roosevelt. El sucesor será Harry S. Truman... ¡Qué lástima que no sea Henry Wallace!

Abril 24 — Estamos de fiesta en casa. Se acaba de anunciar que las tropas soviéticas y las tropas yanquis se abrazan, triunfantes, en las calles de Berlín. ¡Cuánto daría por estar seguro de que esa fraternidad de hoy no se enfriará mañana!

Abril 27 — Muñoz Marín ha declarado que su partido está comprometido a celebrar un plebiscito. El Congreso de Estados Unidos, a su juicio, debe someter alternativas. Al mismo tiempo afirma que la isla no podría mantener la independencia sin ayuda económica...

Abril 28 — Se anuncia la muerte de Adolfo Hilter. Alemania se rinde incondicionalmente.

Junio 4 — La Legislatura de Puerto Rico envía al senador Tydings una propuesta sustituta a su Proyecto de Independencia. Los senadores y representantes que hace poco pedían la independencia a secas, ahora vacilan.

Junio 20 — Asistí en Harlem a una reunión de unificación de la comunidad puertorriqueña... Se nombró un comité.

Agosto 5 — Leo en los periódicos de San Juan que puertorriqueños acaudalados están invirtiendo en la Florida. Se menciona a Serrallés, Roig, Ramírez de Arellano, García Méndez y Cabassa... Cada día me convenzo más de que la clase capitalista de Puerto Rico no está afincada en el suelo nativo. La gente acaudalada de ayer fueron españoles. Los de hoy son americanos. ¡En el pecado va la penitencia!

Junio 6 — Estados Unidos ha lanzado una bomba atómica sobre la ciudad de Hiroshima, en el Japón.

Agosto 8 — Otra bomba atómica, esta vez sobre Nagasaki.

Agosto 17 — Paz.

Setiembre 7 — El senador Tydings acaba de decir a una comisión de independentistas venidos de Puerto Rico: "No favorezco las medidas confusionistas de la Legislatura. Solamente se discutirá mi plan de independencia. Lo demás quedará sobre la mesa".

Noviembre 4 — Asistí a un agasajo en honor a Francisco Colón Gordiany, el destacado líder de la Confederación General de Trabajadores. La impresión que saqué es que la división de la CGT es definitiva. ¡No hay conciliación posible! Me temo que de ahora en adelante el movimiento obrero en Puerto Rico se transformará en una olla de grillos.

Esas notas dan idea de la situación en que vivíamos. Establecida la paz, nos iniciamos en una nueva época... ¡No tan nueva!

Capítulo XXVIII

COMO SE HIZO FRENTE A LA CAMPAÑA DE VILIPENDIOS Y OTRAS LUCHAS EN DEFENSA DE PUERTO RICO

Con el fin de la guerra, todos los puertorriqueños, no importa el lugar del mundo donde estuvieran, pensaban que el problema de soberanía de Puerto Rico habría de resolverse pronto. Una de las cuestiones más importantes en discusión en los foros internacionales era, precisamente, la abolición del colonialismo. ¡Quién iba a pensar que se iniciaría su desaparición rápidamente en Africa y demás continentes, y en la misma región del Caribe, con Jamaica, Trinidad y Barbados, sin salir Puerto Rico de su condición colonial!

La cuestión del *status* fue punto clave en el transcurso de 1946. Había una razón adicional para que Washington prestara atención al clamor de Puerto Rico: nuestra contribución al esfuerzo de guerra. La propia oficina de Puerto Rico en Washington, en su Boletín de Información del 16 de septiembre, decía: "Cálculos recientes sobre bajas puertorriqueñas en la última guerra mundial, según cifras oficiales, colocan a Puerto Rico en segundo lugar (después de Hawaii) por el número de soldados muertos y desaparecidos. Los cómputos se han hecho a base del promedio de habitantes de los distintos estados".

El 5 de enero de 1946 se inició en Nueva York la Conferencia de Essex House sobre el problema político de Puerto Rico. Hasta esa fecha, jamás se había celebrado un acto tan representativo sobre nuestro país en Estados Unidos. Lo auspiciaron muchas prestigiosas agrupaciones progresistas norteamericanas, entre otras, el Consejo de Ciencias, Artes y Profesiones, la Liga Nacional de Abogados, el Consejo Obrero de Asuntos Africanos, el Congreso Nacional Negro, el Consejo Pro Democracia Pan Americana. Participaron destacadas personalidades, como Joseph M. Coffee, Elmer Benson, Paul Robeson, Vito Marcantonio, Howard Fast, Canada Lee... Entre los puertorriqueños, estuvieron presentes el representante de Puerto Rico en Washington, Jesús T. Piñero, y los legisladores Baltasar Quiñonez Elías y Vicente Géigel Polanco.

En el curso de las deliberaciones se hizo hincapié en que "no puede haber un mundo libre sin un Puerto Rico libre". Y, finalmente, se adoptó por unanimidad una declaración que decía, en parte: "Demandamos que Estados Unidos reconozca inmediatamente el derecho que tiene Puerto Rico a su propia determinación, incluyendo su independencia, con justas garantías económicas..."

El 24 de abril se presentó en el Congreso de Estados Unidos el proyecto que había preparado una comisión de la Legislatura de Puerto Rico. Consistía en una amalgama kilométrica que establecía tres distintos *status:* la República Independiente, el Estado Federado y el Pueblo Asociado. De ser aprobado, se pasaría a celebrar un plebiscito para que los electores se decidieran por uno de los tres. El adefesio, que nadie tomó en serio —ni en San Juan, ni en Nueva York, ni en Washington— movió al *New York Times* a hacer el siguiente comentario con respecto a Puerto Rico: *"They want divorce. but with alimony".* Es decir: "Quieren el divorcio, pero con pensión alimenticia".

Estados Unidos se hallaba frente al problema de reconvertir su economía de guerra en una de paz. Se inició la cesantía de trabajadores y se pretendió imponer la rebaja de salarios. El movimiento obrero amenazó con acciones de resistencia. Pero una coincidencia de intereses dio la clave para que la nación saliera airosa de la encrucijada. Estados Unidos no se beneficiaba en forma alguna con la postración económica de Europa. Había que ayudar a su reconstrucción, y al hacerlo, se mantendría el ritmo de desarrollo de su poderosa maquinaria industrial. Tal fue el origen del llamado Plan Marshall.

Había que fortalecer, internacional y nacionalmente, el sistema capitalista. En el terreno nacional, no se hicieron esperar nuevas medidas que tendían a frenar el ascenso democrático de las masas trabajadoras. Una de ellas fue la suplantación de la progresista Ley Wagner de Relaciones del Trabajo. Al término mismo de la Segunda Guerra Mundial comenzaron a hacerse notar los síntomas de la "guerra fría".

Como tantas veces ha ocurrido en la historia de Estados Unidos, los sectores no anglosajones de la población serían tomados como chivos expiatorios. La soga siempre se parte por lo más delgado. Los puertorriqueños volverían a ser víctimas de crueles atropellos. Y reaccionarios y chauvinistas hallaron justificación en el hecho de que, en estos años, pareció como si Puerto Rico fuera a vaciarse en Nueva York.

El 2 de julio de 1946 zarpó de San Juan el *Marine Tiger* con mil puertorriqueños con destino a nuestra gran ciudad. De ahí en adelante, ese barco, mal acondicionado para transportar pasajeros, continuó haciendo frecuentes viajes con su carga de emigrantes. El barco llegó a hacerse parte de un nuevo folklore puertorriqueño, a tal punto, que a los recién llegados a Nueva York se les conocía por el epíteto de "Marine Tigers". En ese mismo mes de julio inauguró la Pan American sus vuelos regulares entre San Juan y Nueva York.

Las cifras del censo muestran claramente el acelerado aumento de la emigración puertorriqueña a Estados Unidos. Como procedentes de Puerto Rico, se informan 1.904 personas en 1940; el año siguiente, 988 personas, y el siguiente, 1.837. De ahí en adelante, se acelera el aumento: 2.599 en 1943; 7.548 en 1944; 14.704 en 1945; 21.531 en 1946; y ya para abril de 1947, en esos cuatro meses solamente, han arribado a Nueva York 26.000 puertorriqueños... Súmense a lo anterior, 60.000 niños puertorriqueños nacidos en Nueva York en los últimos siete años.

La campaña de diatribas contra los puertorriqueño movió a nuestra compatriota Pilar Pacheco a decir en un artículo publicado por el diario *La Prensa*: "El *New York Journal* y el *World-Telegram* han dejado de mano a los japoneses, a los alemanes y a los rusos, para embestirle a los puertorriqueños... Volvemos a ser blanco del periodismo barato, sensacional y sucio".

De nuevo Vito Marcantonio tomó la iniciativa y convocó a un acto de repudio a la difamadora campaña de la prensa. El Park Palace se llenó con residentes del Barrio Latino de Harlem. Hablaron, entre otros, Manuel Medina, Jesús Colón, Pedro Hernández y el propio Marcantonio. Yo también consumí un turno. Todos los oradores coincidimos en que había que contrarrestar esa maliciosa campaña. A ese fin, se designó un comité, presidido por el doctor Leonardo Covello, con la encomienda de redactar un manifiesto y elaborar un plan de acción que diera continuidad a la defensa de la comunidad puertorriqueña.

En una asamblea posterior, celebrada en el mismo lugar, se leyó y aprobó el manifiesto y se resolvió darle permanencia a la asamblea con el nombre de Convención Pro Puerto Rico. El manifiesto fue ampliamente distribuido en universidades, iglesias, sindicatos obreros, y fue, además, enviado a las agencias de prensa. La nueva agrupación se regiría por una Junta Directiva compuesta por José Ramos López, Maisonave Ríos, Carmen Cintrón, Juanita Arocho y yo.

Lejos estábamos nosotros de pensar que la campaña difamatoria asumiría todavía una bajeza mayor. Así lo percibimos el 20 de octubre de 1947, día en que el *World-Telegram* inició una nueva serie de artículos sobre los puertorriqueños. Desgraciadamente, no contábamos con un órgano de prensa capaz de combatir a ese periódico en su mismo terreno.

Pero contábamos con *Liberación*. Se había iniciado en 1945 como órgano oficial del Comité Coordinador de la República Española. El interés primordial que reflejaban sus páginas era la lucha antifranquista. Esto, inevitablemente, limitaba su alcance. De ahí que surgiera un movimiento para dar mayor amplitud al periódico, lo que habría de lograrse en la medida en que respondiera a las necesidades de la comunidad puertorriqueña. Carmen Meana, persistente líder republicana española, quien era prácticamente el alma del periódico, dio calor a la idea. Y así, a comienzos de 1946, sin dejar de defender la causa de la República Española, *Liberación* se transformó en un vocero más a tono con la ciudad en que se publicaba.

El semanario *Pueblos Hispanos* había desaparecido. Otros periódicos hispanos se publicaban en Nueva York, pero ninguno demostraba la fibra y el nervio necesarios. Depositamos nuestra esperanza en *Liberación* y numerosas agupaciones comprometieron su apoyo. Distintos puertorriqueños comenzaron a colaborar, y a su redacción ingresó Rafael López Rosas y, más tarde, José Luis González. Yo asumí la responsabilidad de la venta de anuncios, y a esa tarea dediqué gran parte de mi tiempo ese año, logrando darle relativa solvencia económica al periódico.

Liberación fue una trinchera en defensa de la comunidad puertorriqueña y de los residentes hispanos en general. Pero, en verdad se necesitaba más. Las mismas asambleas celebradas en el Park Palace, con la destacada participación del batallador congresista Vito Marcántonio, no trascendían las fronteras de Harlem. Si queríamos lograr mayor impacto en la opinión pública norteamericana, había que dar a nuestra lucha una mayor amplitud. Eso pensaba, y cuando expresé en una reunión mis inquietudes, todos los compañeros presentes coincidieron. Y luego de discutir a fondo el problema, llegamos a la conclusión de que la manera de romper el aislamiento y proyectar más ampliamente nuestra campaña de defensa de la comunidad puertorriqueña, era lograr interesar a uno de los grandes sindicatos obreros de Nueva York.

Había varios sindicatos con creciente matrícula puertorriqueña: la International Ladies Garment Workers Union, por ejemplo... ¡Ah! Pero la alta burocracia de esa unión tenía los oídos sordos a las necesidades de los trabajadores puertorriqueños. Y concluimos que donde podríamos despertar más interés y lograr mayor colaboración con nuestra causa sería en la National Maritime Union, uno de los más militantes sindicatos del CIO en esos momentos y, también, con una creciente matrícula puertorriqueña.

No nos equivocamos. El 22 de octubre, a instancias de gran número de marinos puertorriqueños, en la sala principal de la NMU, en Nueva York, se celebró una nutrida asamblea para organizar la protesta contra los artículos del *World-Telegram*. Dirigieron la misma nuestros paisanos, miembros del sindicato, Juan Alejandro, Benito Hernández y Luis Díaz. El acto terminó con la designación de una comisión de 20 marinos que irían a entrevistarse con el director del periódico y le dejarían saber nuestro repudio.

Yo acompañé a la comisión en el cumplimiento de la encomienda. El editor-jefe de la empresa periodística, Lee B. Woods, accedió a recibirnos. Tan pronto entramos a su despacho, le informamos que el objeto de nuestra visita era protestar por la campaña de falsedades y calumnias que llevaba a cabo su periódico contra los hijos de Puerto Rico. Exigimos que se retractara y publicara, con igual despliegue, una rectificación.

Nos dejó hablar sin interrumpirnos, como quien oye llover. Se irguió luego en su butaca, altiva y despreciativamente, y dijo:

—Yo creo que todo lo dicho en esos artículos es verdad.

Le contradijimos y reafirmamos nuestra protesta. Pero él se limitó a hacer un gesto con la mano, girándola en semicírculo, al tiempo que decía:

—Los hombres y mujeres del trópico son individuos incapaces y carentes de madurez.

Uno de los marinos exclamó en tono airado:

—¡Por esas mismas ideas de superioridad racial tuvimos que pelear la guerra contra los nazis!

Con despreciativa condescendencia, el editor-jefe se sonrió, y con evidente intención provocadora, hizo un chiste asqueroso sobre las mujeres puertorriqueñas. Evidentemente, su intención era provocarnos hasta la violencia con el propósito, probablemente, de sumar a su campaña periodística cualquier posible incidente con nosotros.

Comprendimos que estábamos en la cueva del león, y ningún incidente de esa naturaleza ayudaría a nuestra causa. Haciendo acopio de serenidad, nos retiramos.

Nos retiramos, pero sintiendo arder en nuestros oídos los conceptos despreciativos que se repetían, reiteradamente, en las páginas del *World-Telegram*. He aquí algunos a manera de muestra:

"Los puertorriqueños desorganizan la economía y socavan las costumbres de la comunidad adoptiva..." ¡Se refiere, naturalmente, a Nueva York!

"Son causantes (los puertorriqueños) de la mala e increíble situación de viviendas..."

"El más grave aspecto de este mal estado de salud de los recién llegados (los puertorriqueños, naturalmente) es que la gran mayoría se encuentra trabajando en restaurantes, hoteles y clubs de la ciudad bregando con las comidas, los platos y demás utensilios de cocina, y recogiendo la ropa en las lavanderías."

"Prevalece entre ellos (de nuevo, los puertorriqueños) un alto índice de tuberculosis."

"Y como si no fuera eso bastante, a eso se une el crecido por ciento de enfermedades venéreas que padecen (los puertorriqueños, seguro), más tifoidea, disentería y otras dolencias que sufren, padecimientos todos que se transmiten fácilmente a los alimentos y enseres que pasan por sus manos."

"Los puertorriqueños se han apoderado con mano de hierro de los empleos en las cocinas de los hoteles, restaurantes, hospitales y lavanderías."

"Por su poca madurez, condición común entre la gente del trópico, muchos de ellos compran muebles a crédito, y no cumplen como personas formales con los compromisos de pago."

Y después de toda esa andanada, el golpe más bajo todavía: "La policía ha seguido a grupos que acaban de llegar al aeropuerto de Terterboro, en Nueva Jersey, y se ha descubierto que van directamente a las oficinas de socorro público (relief) en el Barrio Latino de Harlem".

"La ciudad no necesita a esos obreros... El gobierno debe echarlos."

O, por lo menos, se sugería: "Debe declararse que existe una situación de insalubridad y epidemia en Puerto Rico, y establecer estaciones sanitarias para el examen físico de todos los que llegan, tanto en los terminales aéreos como en los muelles".

Y entonces, el golpe final: "En el club político de Marcantonio encuentran la oportunidad de mitigar su hambre... Hay quien insinúa que Marcantonio envía dinero a la isla para conseguir votos y poder político en su distrito".

La respuesta a esos insultos gratuitos la dimos el 1º de noviembre de 1947 con un masivo piquete de más de mil personas frente a la redacción del *World-Telegram*. Tres días antes, delegados de 33 agrupaciones nos reunimos en el local de la NMU, y allí se planeó la actividad.

El día del piquete amaneció frío y lluvioso, pero a pesar del endiablado clima, la militancia de nuestra gente no decayó un solo instante. Cientos de carteles o pancartas expresaban la dignidad tradicional puertorriqueña y acusaban a los editores del periódico de abusar de la libertad de prensa para vilipendiar a un pueblo honesto y trabajador. Junto a nosotros marcharon, en esa ocasión, el congresista Vito Marcantonio y el concejal de la ciudad, líder negro del Partido Comunista de Estados Unidos, Ben Davis.

El piquete, que se extendía por varias cuadras, tuvo amplia repercusión. Vale apuntar que, desde la acera opuesta, algunos destacados puertorriqueños observaban. Entre otros, el millonario Pedro Juan Serrallés y los artistas Rosita Ríos y Bobby Capó. Observaban, digo... Una vez más la defensa de Puerto Rico recaía sobre los trabajadores.

La campaña antipuertorriqueña y los actos llevados a cabo en Nueva York para contrarrestarla causaron inquietud en Puerto Rico. Como resultado, surgió un movimiento de solidaridad con nuestras luchas. Y con el propósito de coordinar ambas acciones, hice un viaje a San Juan pagando los gastos de mi propio pecunio.

Me entrevisté en Puerto Rico con innumerables personas. Distintos delegados participarían con nosotros en un próximo congreso de las sociedades puertorriqueñas. Se cultivaba la idea de fundar en Nueva York la Casa de Puerto Rico. Pero estas nuevas actividades darían al traste por las causas de siempre: luchas intestinas, rencillas, envidias... A mi regreso, se hizo patente que se incubaba una nueva situación.

En una reunión de la Junta Directiva de la Convención Pro Puerto Rico alguien planteó la cuestión de mi reciente viaje. Sospeché en seguida el origen de ese plantamiento. En San Juan me había percatado de la suspicacia con que líderes políticos, especialmente del Partido Popular Democrático, observaban nuestras acciones. Resentían la influencia de Vito Marcantonio y su papel en las luchas puertorriqueñas. Evidentemente, pretendían imponer su dirección a través de las recién establecidas oficinas del Gobierno de Puerto Rico en Nueva York. Temían al radicalismo político y a la preponderancia del pensamiento independentista en nuestras actividades.

El tema de mi viaje fue un simple pretexto. Pero provocó un acalorado debate. Se alegó que yo estaba identificado con el Partido Comunista y otras agrupaciones de izquierda, y que no debía haber asumido en San Juan la representación de la Convención Pro Puerto Rico. Los que hacían esas acusaciones olvidaban, con mala intención, naturalmente, que esas mismas agrupaciones izquierdistas son las que marchan a la vanguardia en la defensa de nuestros derechos. Pero cuando la pasión y el prejuicio ciegan, ya no se puede razonar... Opté por renunciar.

Había servido, y eso era lo importante. Y como siempre, me dije: ¡Vuelvo a mi chinchal!

Capítulo XXIX

*UN CAPITULO INCONCLUSO Y SU LECCION
NO ESCRITA: SIEMPRE ES MAS INTERESANTE
VIVIR QUE ESCRIBIR*

El 5 de agosto de 1947 el Congreso de Estados Unidos concedió a Puerto Rico el derecho a elegir su Gobernador. Después de tantos esfuerzos, y tras haberse librado, con nuestra participación, una guerra mundial en que se debatió el derecho de los pueblos a su independencia, eso era todo lo que se nos reconocía. ¡Grandioso parto de los montes!

Precisamente, días más tarde, el delegado de la Unión Soviética a la Organización de Naciones Unidas, en discurso pronunciado en la Asamblea General, acusó a Estados Unidos de mantener "un sistema colonial en Puerto Rico". Y meses más tarde, el 12 de noviembre, arribó a Nueva York una comisión integrada por Rafael Pérez Marchand y Antonio Ayuso Valdivieso, este último director del diario *El Imparcial*, para hacer entrega, en la Secretaría General de ese alto organismo, de un Memorial sobre Puerto Rico.

Explicando los motivos de su viaje, en acto celebrado en Nueva York, Ayuso Valdivieso manifestó: "Nuestra misión ante las Naciones Unidas es solamente pedir que se investigue la situación política en PuertoRico y que se permita a la población expresar su voluntad. El documento que hemos entregado está firmado por 105 ciudadanos prominentes que repudian el estado colonial".

Leyendo esas informaciones, me asalta el deseo de regresar a Puerto Rico. Pero una nueva perspectiva me tira aquí de la mano. Se ha iniciado un movimiento hacia un "Tercer Partido" que encabezaría la candidatura presidencial de Henry A. Wallace. Este hombre que goza de la simpatía de puertorriqueños, chicanos y de todos los sectores hispanos o latinoamericanos de la población. Sería una buena contribución organizar ese apoyo. Sería una gran oportunidad para ayudar a nuestra gente...

INDICE

276

Segunda Parte
Antecedentes históricos

Tercera Parte
Después del 98

Cuarta Parte
La década del 20

Quinta Parte
Los años de la depresión

La composición tipográfica
de este volumen se realizó
en el Taller Huracán
Ave. González 1002
Río Piedras, Puerto Rico.
Se terminó de imprimir
en noviembre de 1994
en Impresora Editora Teófilo, S. A.
Santiago, República Dominicana

La edición consta de
3,000 ejemplares.